Emilio Vasari

Ein Kämpfer für Europa

Otto Habsburg im Europa-Parlament

Emilio Vasari

Ein Kämpfer für Europa

Otto Habsburg im Europa-Parlament

Herold-Druck- und Verlags-GmbH München
Oberösterreichischer Landesverlag Gesellschaft m.b.H.

Aus dem Ungarischen übersetzt von Lisbeth Virányi
Lektorat: Lilian Gebert

CIP-Kurztitelaufnahme der Deutschen Bibliothek
Vasari, Emilio:
Ein Kämpfer für Europa: Otto Habsburg im Europa-Parlament / Emilio Vasari. (Aus d. Ungar. übers. von Lisbeth Virányi). – München: Herold; Linz/Donau: Oberösterreichischer Landesverlag Ges.m.b.H., 1982.
ISBN 3-87332-005-3 (Herold)
ISBN 3-85214-372-1 (OLV)

Entwurf des Einbandes: Ferry Rotter
Druck: Oberösterreichischer Landesverlag Gesellschaft m.b.H. Linz/Donau
Printed in Austria
ISBN 3-87332-005-3 (Herold)
ISBN 3-85214-372-1 (OLV)

Inhaltsverzeichnis

I.

Die kaiserlich-königliche Vergangenheit

Dienstag, 17. Juli 1979.

Für Millionen ein Tag, wie jeder andere.

Und doch wird dieser Tag, irgendwann, nach Jahrzehnten oder nach Jahrhunderten, als bedeutendes Datum in die europäische Geschichte eingehen.

Ein historischer Tag, eine historische Wende: die Eröffnung des Europa-Parlamentes.

Die Mitwirkenden an diesem Ereignis sind Millionen und aber Millionen europäische Wähler. Zum ersten Mal seit Menschengedenken hat die Bevölkerung von neun Ländern Europas in direkter Wahl jene gewählt, die sie in einem gemeinsamen Parlament vertreten und in ihrem Auftrag am Aufbau der Vereinigten Staaten von Europa mitarbeiten sollen. Eine geschichtliche Mission ist es und die Helden dieser Mission, ihre Wegbereiter, sind 410 Frauen und Männer: Europas erste, direkt gewählte gesetzgebende Körperschaft.

Unter den 410 ist auch ein mittelgroßer, schlanker, dunkelgrau gekleideter Herr, mit schnellen Bewegungen und elegantem Schritt, zwischen fünfundsechzig und siebzig, jedoch mit der Energie und dem Aussehen eines Fünfzigjährigen. Von Jugendlichen begleitet, kommt er an diesem historischen Tag zum Eingang des supermodernen „Palais de l'Europe". Während etwas weiter entfernt sich in schlanken Linien der einsame Turm des gotischen Domes am Himmel von Straßburg abzeichnet, steht hier neben dem Park der Orangerie schwer und wuchtig der riesige Block des Europa-Parlamentes.

In dem Augenblick, da der mittelgroße Mann in den Reihen der Ankommenden erscheint, beginnt das Surren der Fernsehkameras auf der Terrasse vor dem Haupteingang, die Apparate richten sich auf den Eintretenden, beobachten jede schwungvolle Bewegung seiner Hand. Einen Kranz von Mikrophonen hält man ihm entgegen und bestürmt ihn mit Fragen – was er von der heute beginnenden ersten Sitzung dieses direkt gewählten europäischen Parlaments erhofft und was er überhaupt von diesem Parlament erwartet?

Sie befragen ihn, wie auch viele andere gewählte Abgeordnete, doch vielleicht mit etwas größerem Interesse, da diesem Augenblick erbitterte Kämpfe vorangegangen waren. Sie sind neugierig auf diesen Mann, denn unter den 410 gibt es viele, die es gerne gesehen hätten, wenn er niemals auch nur die Schwelle des Europa-Parlamentes überschritten hätte, wenn er niemals ein Europa-Abgeordneter geworden wäre.

Einer ist er, einer von 410.

Vor rund siebenundsechzig Jahren hat die Weltpresse schon von ihm geschrieben. Man berichtete über den Augenblick seiner Geburt, ja sogar schon vorher, in Erwartung seiner Geburt, ratend, ob es wohl ein Bub wird oder ein Mädchen.

Inmitten der Berge kam er hinter den weitleuchtenden Fenstern eines kleinen Schlosses in der Nacht des 20. November 1912 zur Welt, genau um 2.45 Uhr morgens, wie die Zeitungen am nächsten Tage meldeten. Sie berichteten auch, das Neugeborene sei ein gesunder, kräftiger Knabe, laut ärztlichem Bulletin von normaler Konstitution (Temperatur 37,3, Puls 84).

Aus den österreichischen Nadelwäldern wurde noch in der gleichen Nacht ein Telegramm in die Hauptstadt Ungarns, nach Budapest, gesandt, wo in der königlichen Burg von Ofen der betagte Herrscher der Österreichisch-Ungarischen Monarchie. Franz-Joseph I., damals seit längerer Zeit residierte. Im Telegramm wurde der Kaiser von Österreich und König von Ungarn gebeten, Taufpate zu sein. Er übernahm die Patenschaft und das Neugeborene bekam bei der Taufe 17 Namen, als ersten Franz-Joseph, der nächste war jener, der bis zum heutigen Tage sein Name blieb: Otto.

An diesem 20. November 1912 schrieb Österreichs und gleichzeitig auch Mitteleuropas angesehenste Tageszeitung über den eben zur Welt gekommenen Knaben: „In dem neugeborenen Kind zeigt sich dem Kaiser Franz Joseph der künftige Träger der Herrschergewalt in der Österreichisch-Ungarischen Monarchie, ein Kaiser, der nach menschlicher Wahrscheinlichkeit wohl erst im letzten Viertel des 20. Jahrhunderts berufen sein wird, die Schicksale dieses Staates hoffentlich zu ruhigeren Tagen zu lenken, als wir sie jetzt erleben . . .“

Der Schreiber des Artikels im Wiener Blatt „Neue Freie Presse“ konnte damals nicht ahnen, daß im letzten Viertel des 20. Jahrhunderts Europa und die Welt unruhiger und gefährdeter sein würden als im November 1912. Und er ahnte auch nicht, daß es dann keine Österreichisch-Ungarische Monarchie mehr geben und Franz Joseph Otto nicht Kaiser sein würde. Die lebhafteste Phantasie hätte sich nicht vorstellen können, daß dieses Neugeborene, dessen Ankunft Millionen Untertanen sehnsüchtig erwartet hatten und dessen Geburt als wichtiges Ereignis an den europäischen Königshöfen registriert wurde, – einst in einer gefährlichen und unruhigen Welt, als 67jähriger Mann, ohne Krone, als einer von 410, bei der Entstehung der Vereinigten Staaten von Europa Hilfe leisten würde, als Sachverständiger, als Politiker, als – Dr. Otto von Habsburg.

Hinter dem Mann, der nun als ein vom Volk gewählter Abgeordneter die Schwelle des Straßburger Europa-Parlamentes überschreitet, liegt eine bewegte Vergangenheit, liegen fast sieben Jahrzehnte voll von Glanz und Niederlagen, Hoffnungen und Enttäuschungen, ausgefüllt von fairem Kampf, Fleiß, zäher und harter Arbeit für eine Heimat, größer als Österreich-Ungarn:
für Europa.

Wie gestaltete sich dieses außergewöhnliche Schicksal, wie verwirklichte sich das Leben des Thronfolgers der großen Donaumonarchie? Welche Erfahrungen und Ergebnisse dieses Lebens sind es, die derjenige mit in das Straßburger Parlament bringt, von dem es im Augenblick seiner Geburt in ganz Europa hieß, daß er im letzten Viertel dieses Jahrhunderts – ein Kaiser sein würde?

Hätte jemand 1912 behauptet, daß es zehn Jahre später keine Österreichisch-Ungarische Monarchie mehr geben würde, wäre er wohl von jedem für verrückt oder wenigstens für einen Spinner gehalten worden. Denn in diesem vielsprachigen Reich gab es zwar Spannungen, nationale Streitigkeiten und kühne Wunschträume übertriebener Nationalisten sprachen von Zerfall und Lostrennung, aber das waren nur Träumereien, und sie prallten an den nüchternen Tatsachen ab. Die Realität war, daß die Österreichisch-Ungarische Monarchie eine der gesündesten wirtschaftlichen Einheiten ganz Europas bildete und ihre Bürger im Vergleich zu anderen europäischen Staaten in einem gewissen gleichmäßigen Wohlstand lebten. In relativem Wohlstand und in absoluter Rechtssicherheit. Einerseits gab es die durch den über sechzig Jahre herrschenden alten Franz Joseph gewährleistete Beständigkeit, andererseits die Vorbereitung der vom Thronfolger Franz-Ferdinand bereits geschmiedeten Reformpolitik. Parallel wirkte jene politische Kunst, die sechshundert Jahre den Bestand der Dynastie Habsburg gesichert hatte:

erhalten und entwickeln, bewahren und erneuern, und auf diese Weise – fortbestehen, verbleiben.

Warum hat die „Neue Freie Presse“ damals angenommen, daß der 1912 im niederösterreichischen Schloß Wartholz geborene Otto von Habsburg voraussichtlich erst im letzten Viertel des Jahrhunderts den Thron besteigen würde? Wieso bestand überhaupt Aussicht darauf, daß er in die Reihe der Habsburgischen Thronerben und Kaiser eintreten werde.

1912 hieß der Thronfolger Franz-Ferdinand und nicht Karl, Ottos Vater. Weshalb konnte der erstgeborene Sohn Erzherzog Karls und seiner jungen Gemahlin Zita von Bourbon-Parma mit dem Thron rechnen? Müßte nicht der Sohn des Thronanwärters Franz Ferdinand im Falle des Todes seines Vaters der künftige Herrscher werden? Für die Bevölkerung der Monarchie war es klar, jeder wußte es, daß Franz-Ferdinand eine morganatische Ehe geschlossen hatte und daß die dieser Ehe entstammenden Kinder von vornherein von der Thronfolge ausgeschlossen waren.

Die Erbfolge der Habsburger-Dynastie sah im wesentlichen vor: Thronfolger war immer der Sohn des Herrschers. Der Sohn des betagten Kaiser Franz-Joseph I., Kronprinz Rudolf, war durch Freitod aus dem Leben geschieden. Der eine Bruder des Kaisers, Maximilian, wurde als Herrscher nach Mexiko berufen und hatte damit auf die österreichisch-ungarischen Thronrechte verzichtet. Bald darauf wurde er von den mexikanischen Aufständischen hingerichtet. Der zweite Bruder Franz-Josephs, Erzherzog Karl-Ludwig, starb 1896. Sein Sohn war Franz-Ferdinand, der spätere Thronfolger. Karl-Ludwigs anderer Sohn, der Bruder Franz-Ferdinands, war der „schöne Otto“, wie das Volk diesen bei den ungarischen Husaren dienenden, künstlerisch veranlagten Erzherzog nannte. Infolge der morganatischen Heirat Franz Ferdinands ging die Thronfolge an seinen Neffen Karl über.

Im Jahre 1912, als das Kind von Karl und Zita zur Welt kam, ahnte niemand, daß 1914 in Sarajewo die mörderischen Kugeln fallen würden. Die Wiener „Neue Freie Presse“ hat daher mit Recht die Zukunft folgendermassen berechnet: nach dem Tod des hochbetagten Franz-Joseph würde Franz-Ferdinand gut einige Jahrzehnte regieren. Nach dessen Tod käme Karl auf den Thron, diesem würde dann sein Sohn Otto folgen.

Es war daher vorauszusehen, daß Franz Joseph Otto erst im letzten Viertel des 20. Jahrhunderts die Führung des großen mitteleuropäischen Reiches übernehmen könnte.

Das Leben dieses Kindes begann im Schatten des Thrones. Der „kleine Otto“ war ein sonniger, fröhlicher Knabe, ein blondgelockter Dreikäsehoch, der den Kaiser immer heiter stimmte, wenn er ins Arbeitszimmer stürmte und ihm befahl, ihn auf den Knien reiten zu lassen. Der Monarch verstarb am 21. November 1916, einen Tag nachdem Otto von Habsburg vier Jahre alt geworden war. Im Trauerzug, an der Hand seiner tiefverschleierten Mutter, trippelte der kleine Freund des greisen Herrschers und das Volk von Wien beobachtete ihn, ihn der noch nicht wußte, daß das Reich, dessen Erbe er war, sich mitten in einem Krieg auf Sein oder Nichtsein befand.

Nach dem düsteren Prunk des Begräbnisses in Wien nimmt er wenige Monate später an einem freudigen Ereignis teil: sein Vater, der bereits Kaiser ist, wird in der zweiten Hauptstadt des Donaureiches, in Budapest, zum König gekrönt. Aus einem oberen Fenster der Ofener Königsburg sieht Otto zu, wie sein Vater den Krönungshügel hinaufgaloppiert und das gezogene Schwert in einer weihevollen Handlung jeweils einmal in jede der vier Himmelsrichtungen schwingt. Er sieht, wie das ungarische Volk seinem Vater begeistert zujubelt. Er, der in einem vom größten ungarischen Maler, Gyula Benczur, entworfenem blütenweißen kleinen Magnatengewand am Fenster steht, ruft in kindlicher Freude aus der Höhe dem König zu: „Papa! Papa!“

Der Glanz und die Pracht des kaiserlichen und königlichen Milieus dauerte jedoch nicht mehr lange. Nur mehr zwei Jahre.

Nach dem Ältesten, Otto, waren inzwischen weitere Geschwister zur Welt gekommen: Adelheid, dann Robert, Felix und Karl-Ludwig. Danach folgten noch Charlotte und Elisabeth.

Das Leben der kaiserlichen Familie spielte sich teils in Wien, in Schönbrunn, teils in Budapest, innerhalb der Mauern der Ofener Burg ab, dann wieder in dem kleinen Palais in Laxenburg oder in der Villa in Baden bei Wien. Manchmal tollte Otto am Fuße der Tannen in seinem Geburtsort Wartholz bei Reichenau herum oder im ländlichen Zuhause der ungarischen Könige, im Schloß von Gödöllö. Von Geburt an hatte er neben den österreichischen Erziehern eine ungarische Amme und einen ungarischen Sprachlehrer. Dadurch hatte Otto zwei Muttersprachen und lernte von klein auf die beiden wichtigsten Sprachen der Doppelmonarchie. Der Erfolg blieb nicht aus. Als seine Eltern dem ungarischen Pozsony (Preßburg) im Jahr 1918 einen Besuch abstatteten, überreichten Bauern der Gegend dem kleinen Thronfolger ein Geschenk. Zu ihrer großen Überraschung dankte er ihnen herzlichst auf ungarisch. Kaum sechs Jahre alt hatte er sich damit schon die Liebe eines Volkes, der Ungarn, erworben. Die Freude, die seinen ungarischen Worten folgte, war die schönste Belohnung für sein fleißiges Sprachstudium.

Während dieser kleine Bub sorglos im Kreise seiner Geschwister und Freunde spielte, näherte sich das Ende des Ersten Weltkrieges, eine der größten Tragödien Europas. Ottos Vater, Kaiser Karl, war ein Friedenspolitiker. Nach der Thronbesteigung, Ende 1916, begann er unverzüglich mit diesen Bemühungen.

Vor allem versuchte er, seinen Verbündeten, den deutschen Kaiser Wilhelm II., von der Notwendigkeit eines Friedensschlusses zu überzeugen. Bei den wiederholten Treffen betonte er immer wieder, daß die Kraft der Österreichisch-Ungarischen Monarchie fast erschöpft sei, das Land könne keine weiteren blutigen Jahre mehr aushalten, man müsse den Krieg beenden. Mit den Gegnern verhandelte er auf vier verschiedenen Ebenen. Gegenüber den westlichen Verbündeten England und Frankreich setzten die Friedensinitiativen über seinen Schwager, Prinz Sixtus von Bourbon-Parma, ein. Darüber hinaus gab es die sogenannten Revertera-Armand- sowie die Mensdorff-Smuts-Verhandlungen, schließlich noch diplomatische Verhandlungen mit dem amerikanischen Präsidenten Wilson. Alle diese Versuche Karls wurden jedoch vereitelt, teils durch die Siegeszuversicht der Generäle des deutschen Verbündeten, hauptsächlich aber wegen der ebenfalls siegestrunkenen Zuversicht der Politiker der Entente-Mächte, eines Ribot und eines Clémenceau. Während Kaiser Karl mit seiner Friedenspolitik keinen Erfolg hatte, starben inzwischen weitere Millionen in den Schützengräben, in jenem Krieg, den englische Historiker später als einen „europäischen Kurzschluß“ bezeichneten.

Eine der Folgen dieses europäischen Kurzschlusses war der Zusammenbruch des Donaureiches und der Thronverlust der Habsburg-Dynastie – sowohl in Österreich als auch in Ungarn.

Otto selbst hatte in diesem Weltdrama für einen Augenblick auch eine Hauptrolle, in der Nacht vom 30. auf den 31. Oktober 1918 in Ungarn. Das Herrscherpaar Karl und Zita hatten in diesem Jahr, am 25. Oktober, die große ungarische kalvinistische Stadt Debrecen (Debrezin) besucht, um die verzagenden Bewohner aufzurichten. Otto und seine Schwester Adelheid waren in diesen Wochen in Gödöllö auf Erholung. Der König und die Königin mußten wegen der Krise in der österreichischen Regierung, respektive wegen deren Umbildung, nach Wien zurückeilen, die Kinder blieben in Gödöllö. Wenige Tage später setzten in Budapest bereits Unruhen ein. Michael Karolyi, der „rote Graf“, hatte mit republikanischen Schlagworten die Macht an sich gerissen. Am 31. Oktober 1918 ermordete in Budapest eine terroristische Gruppe den ehemaligen Ministerpräsidenten István (Stephan) Tisza, während ein anderer Teil dieser Attentäter sich auf den Weg nach Gödöllö machte. Europa und die Welt wußte damals bereits von Jekaterinburg, von der Ermordung der Familie des Zaren, der Zarenkinder. Kaiserin Zita dachte bei der Nachricht von der Ermordung Graf Tiszas verzweifelt an die Möglichkeit eines zweiten Jekaterinburg.

Telephonanweisung an Gödöllö: Otto und seine Schwester müßten sofort nach Wien aufbrechen. Hauptmann Walla, Kommandant der Leibgarde, weckte sie im Morgengrauen. Unter Umgehung der in Aufruhr befindlichen Hauptstadt Budapest, auf abenteuerlichen und aufregenden, oft versteckten Wegen, da und dort vor meuternden roten Soldaten fliehend, dann wieder von königstreuen Soldaten unterstützt, brachte Walla in einem Tag die kaiserlichen Kinder nach Wien. Der kleine Thronfolger, damals an jenem 1. November 1918 kaum sechs Jahre alt, wird zum ersten Mal zum Verbannten, das erste Mal zum Emigranten: eines seiner Heimatländer, Ungarn, mußte er verlassen, eilend, fliehend, wie es so oft in Königsdramen vorkommt.

Mit dieser Flucht begann eine lange, in ihrer Dauer nicht geahnte Odyssee im Leben dieses Kindes. Eines der schönsten und legendärsten riesigen Schlösser Europas, die Residenz Maria Theresias, Schönbrunn, wurde nur mehr vorübergehend Obdach für Otto und seine Geschwister. Denn schon zehn Tage später mußte die Familie auch von hier fort, Österreich ist Republik geworden und die Umstände zwingen den Kaiser – den Kriegsverlierer, der den Krieg nicht wollte und verzweifelt für den Frieden gearbeitet hat –, sein Zuhause zu verlassen. Die kaiserliche Familie übersiedelte am 11. November in das kleine Schloß Eckartsau. Otto sah Wien nur noch einmal, am 17. März 1919, als die Kinder zu einer Röntgenuntersuchung in die Hauptstadt gebracht wurden. Da in der Umgebung von Eckartsau fortwährend verdächtige Gestalten auftauchten, entsandte der englische König einen Oberst zum Schutz seiner österreichisch-ungarischen Verwandten.

Die neuen Herren der Macht störte die Anwesenheit des Herrscherpaares. So ist die Familie am 23. März 1919 gezwungen, auch dieses Schloß zu verlassen, Österreich zu verlassen. Der Zug durchquerte jenes Land, aus dem die Habsburger eine Weltmacht geschaffen hatten, ließ Wien hinter sich, das die sechshundert Jahre habsburgischer Herrschaft zur Weltstadt erhoben hatte, zum Paris Mitteleuropas. Die Garnitur fuhr durch das kaisertreue Tirol und erreichte die Schweiz. Sie passierte die Grenze und von den Lippen eines sechsjährigen Thronfolgers kam der unbewußte Seufzer: „Dies hier ist nicht mehr meine Heimat . . .“

Die Schweiz, das Land, das „nicht seine Heimat“ war, aus dem seine Ahnen einst fortzogen, wurde jetzt für drei Jahre sein Zuhause. Es folgt eine unruhige Zeit mit Wanderschaft und Umzug. In diesen drei Jahren hatte die Familie vier Wohnsitze. Zuerst eine kleine Villa der Mutter Zitas in Wartegg am Ufer des Bodensees, gemeinsam mit vielen anderen Verwandten. Dann am Genfer See, eines der geräumigeren Häuser von Prangins, hierauf in einem Hotel in Hertenstein am Vierwaldstätter See und schließlich wiederum in Wartegg am Bodensee.

Während der Jahre des Schweizer Aufenthaltes ereigneten sich die beiden historischen Unternehmungen von Vater und Mutter, Kaiser und Kaiserin, genauer gesagt König und Königin, die das Kind Otto bereits intensiv und bewußt erlebte. 1921 versuchte Karl, als ungarischer König, die Restauration und reiste zweimal nach Ungarn. Zuerst zu Ostern, allein, dann das zweite Mal im Oktober gemeinsam mit Zita. Bei der ersten Aktion wußte Otto im voraus nichts von dem Plan, bei der zweiten jedoch unterrichteten ihn die Eltern vor der Abreise über das Unternehmen, ihn als einzigen von den Kindern.

Warum versuchte der verbannte Herrscher die Rückkehr? Aus drei Gründen. Der erste war, daß zahlreiche Personen des ungarischen, politischen Lebens, vor allem ein großer Teil des Offizierskorps, seine Rückkehr verlangte und ihm drängende Botschaften in die Schweiz übermittelten. Zweitens Karls verständlicher Wunsch, sich wieder an die Spitze jenes Landes zu stellen, auf dessen Verfassung er kaum vier Jahre vorher den Eid abgelegt hatte. Drittens drängte ihn der französische Ministerpräsident Briand, den ungarischen Thron wiederzugewinnen.

Frankreich, vor allem Briand und sein Kreis, aber auch Staatspräsident Poincaré, sahen nach dem Ersten Weltkrieg ein, daß es ein Fehler gewesen war, die Österreichisch-Ungarische Monarchie zu zerstückeln. Paris war der Ansicht, daß gegen eine eventuelle Vormachtstellung Deutschlands in Europa das beste Gegengewicht eine katholische Großmacht wäre, ein unter Habsburger-Fahne stehender Donaustaat. Oder wie es Ministerpräsident Briand ausdrückte: „Wenn Kaiser Karl jetzt zurückkehrt und den Thron wiedergewinnt, werden wir einen treuen Verbündeten Frankreichs und Großbritanniens als König und eine französische Prinzessin als Königin von Ungarn haben." Die Frage ist berechtigt, warum man in Paris und in Prangins an Ungarn dachte und nicht an Österreich.

Im Gegensatz zu Österreich war Ungarn ein Königreich geblieben. Genauer gesagt, es war aufs neue ein Königreich geworden. König Karl hatte 1918 nicht auf den ungarischen Thron verzichtet, ebensowenig wie auf den österreichischen, sondern er hatte sich nur vorübergehend von den Regierungsgeschäften zurückgezogen. Graf Michael Károlyi, der ungarische Kerensky, hatte zwar die Republik ausrufen lassen, deren Präsident er wurde, aber seine kraftlose Herrschaft scheiterte, er übergab die Macht im März 1919 an Béla Kun, den ungarischen Beauftragten Lenins. Hundert Tage lang war Ungarn eine Räterepublik, die Herrschaft Béla Kuns ein blutiges Regime. Dem kommunistischen Terror ging jedoch die Luft aus, weil die ungarischen Bauern, nachdem viele von ihnen durch die berüchtigten „Lenin-Buben" hingerichtet worden waren, sämtliche Lebensmittellieferungen einstellten. In Ungarn gab es eine Wahl und das neue Parlament stellte mit Gesetzesartikeln I von 1920 das Königreich wieder her. Bis zur Rückkehr des Königs sollte ein interimistischer Reichsverweser das Land verwalten. Nikolaus von Horthy, der ehemalige Admiral der Monarchie, wurde dafür ausersehen. Er galt als kaiser- und königstreuer Offizier. Im Herbst 1918, als er in Wien dem König seine letzte Meldung erstattete, versicherte er Karl und Zita seiner stetigen Treue. Über diese Schönbrunner Audienz hat sich Horthy einem ungarischen Diplomaten gegenüber folgendermaßen geäußert: „Ich habe dem bedauernswerten Kaiser versprochen, daß ich bis zu meinem Lebensende mit jedem Atemzug seiner Sache weiterdienen werde, ich versicherte ihn meiner unwandelbaren Treue, die auch das mir unterstellte Offizierskorps teile, und daß wir alle gewiß nichts unterlassen werden, um ihm wieder zu seinen Rechten zu verhelfen!"

Mit Ungarn wurde im Juni 1920 der Friede von Trianon geschlossen. Dem Drängen der ungarischen Hauptstadt und Paris folgend, machte sich Karl im März 1921 auf den Weg nach Budapest. Vorher hatte er ein Sieben-Punkte-Abkommen mit Briand getroffen:

1. Sofortige Anerkennung Karls, sobald dieser in Ungarn die Macht ergreift.
2. Unmittelbare Aufnahme von wirtschaftlichen Beziehungen.
3. Frankreich gewährt Ungarn einen Kredit.

4. Sollte Karl von außen angegriffen werden, würde Frankreich sofort Waffenhilfe leisten.

5. Französische Truppen dürften erst eingreifen, bis Karl es verlange.

6. Die Gebietsverluste Ungarns sollten überprüft und „bis zu einem gewissen Grad" korrigiert werden.

7. Eventuelle ungarnfeindliche Aktionen der Nachfolge- bzw. Nachbarstaaten sollten verhindert werden, gegebenenfalls durch Entzug der diesen Ländern von Frankreich gewährten Kredite.

Trotz dieser umsichtigen diplomatischen Vorbereitungen glückte das Unternehmen nicht. Karl reiste zuerst mit der Bahn heimlich durch Österreich nach Ungarn, in die westungarische Stadt Szombathely (Steinamanger). Dort traf er den Ministerpräsidenten Graf Paul Teleki, dann ging es weiter nach Budapest. In einem zweistündigen dramatischen Treffen verweigerte Nikolaus von Horthy die Übergabe der Macht. Diese erste Heimkehr Karls, obwohl sie mißlang, machte ihn im Lande so populär, daß der König im Oktober 1921 einen neuerlichen Versuch wagte. Diesmal reiste er mit Zita per Flugzeug aus der Schweiz nach Ungarn, landete im westlichen Teil in der Nähe von Sopron (Ödenburg) und bildete dort seine Regierung. Die Garnisonen in Westungarn leisteten dem König den Eid und der königliche Zug setzte sich Richtung Budapest in Bewegung. Vor der Hauptstadt ließ jedoch Horthy auf den Zug des Königs schießen. Karl wollte keinen Bürgerkrieg; bevor er die Reise angetreten hatte, war er überzeugt, daß Horthy vor einem Blutvergießen zurückschrecken würde. Nun gab er bei Budaörs seinen Truppen den Befehl, keinen Widerstand zu leisten. Es war der 23. Oktober 1921. Der König und die Königin wurden auf die Insel Madeira verbannt. Der körperlich und seelisch erschöpfte Kaiser und König erkrankte im Frühjahr 1922 an einer Lungenentzündung und am 1. April um 12 Uhr 23 Minuten endete ein menschliches und königliches Leben, das ein besseres Schicksal verdient hätte.

„Le roi est mort, vive le roi!" Der König ist tot, es lebe der König? Der noch nicht ganze zehn Jahre alte Otto von Habsburg wurde nun eigentlich König, – König und Kaiser. Ganz natürlich war er in diesen Gedanken hineingewachsen und – in die Verantwortung. Als die Kinder im März 1921 erfahren hatten, daß ihr Vater in Szombathely (Steinamanger) angekommen war, brachen sie in Freudenrufe aus und Otto rief triumphierend: „Hurra! Papa ist wieder in Ungarn!" Nach dem zweiten Versuch, das heißt nach dem endgültigen Scheitern, als die Schweizer Polizei die Umstände der Abreise der Eltern feststellen wollte, fragte ein

Kriminalbeamter auch Otto, was er von der Sache gewußt habe. Otto antwortete damals: „Ja, Papa ist verreist. Für einen Herrscher ist die Erfüllung seiner Pflicht wichtiger als persönliches Glück."

„Pflicht!" Seit er denken konnte, war es das, was Otto immer wieder sah, empfand und erlebte. Er sah seinen Urgroßonkel Franz-Joseph stets über seinen Schreibtisch gebeugt, sah seinen Vater und seine Mutter unentwegt arbeiten und merkte, wie bei ihnen ein einziges Wort alle Müdigkeit überwand: die „Pflicht". Als in der Verbannung in Funchal der Vater Tag für Tag mit ihm spazierenging und mit ihm sprach, strömte aus jedem seiner Worte der Gedanke des Pflichtgefühls und des Verantwortungsbewußtseins. Er rief ihn, als einzigen von den Kindern, an sein Sterbebett, denn er wollte, daß Otto erlebe, wie ein christlicher Monarch stirbt. Dort, am Sterbelager, legte ein zehnjähriger Knabe ein Gelübde ab: er wolle ebenso treu und pflichtbewußt seinen Völkern dienen, wie es sein Vater getan hatte.

Das war seine Thronbesteigung, dieses Gelübde. Wenn er auch in Wirklichkeit nie einen Thron besteigen konnte, begleitete ihn doch die Pflichterfüllung auf seinem ganzen Lebensweg. Dieses ausgeprägte Pflichtbewußtsein hat ihn zu dem gemacht, was er auch heute mit siebzig noch ist.

War es damals, im Jahre 1922 eine Illusion, zu glauben, daß Otto einst König oder Kaiser werden könnte? Nein, es war nicht unbedingt eine Illusion. Seine Mutter konnte nicht im voraus wissen, ob sich die Gelegenheit bieten würde, die es Otto zur Aufgabe macht, in irgendeinem Teil des gewesenen Reiches die Verpflichtungen eines Herrschers zu übernehmen. Sie wollte das Denken und das Leben des Kindes nicht zu sehr mit dem Schmieden von Restaurationsplänen belasten. Was sie wollte – und darin stimmte der frühreife zehnjährige Junge mit ihr überein – war: falls irgendwann, irgendwo sich dieser historische Augenblick ergeben würde, sollte Otto nicht unvorbereitet sein. Vielleicht etwas trivial ausgedrückt: Zita wollte Otto zum Kaiser und König erziehen und hatte sich damit zu einem Schritt entschlossen, von dem nicht sicher war, ob er Früchte tragen und Gewinn bringen werde oder nicht, der aber getan werden mußte. Nun, die Zukunft hat dann gezeigt, daß das unmittelbare Ziel, eine Restauration, zwar nicht verwirklicht werden konnte, jedoch der Einsatz aus der Sicht Ottos nicht vergebens war. Bis zum Zeitpunkt dieser Erkenntnis ist allerdings viel Wasser die Flüsse Europas hinabgeflossen und Zita und Otto sind dem ursprünglichen Ziel mehrmals nahe gekommen, fast zum Greifen nahe.

Die Kinder- und Schuljahre waren von ausschlaggebender Wichtigkeit für die spätere Zukunft Ottos und es ist der Mühe wert, einige grundlegende Umstände genauer zu betrachten.

Beim Tode Karls blieb Zita mit sieben Halbwaisen allein und einen Monat später kam das achte Kind zur Welt. Die Söhne: Otto, Robert, Felix, Karl-Ludwig und Rudolf, die Töchter: Adelheid, Charlotte und die neugeborene Charlotte-Elisabeth. Was nun und wohin? Nach dem Tode des Kaisers hörte auch die Verbannung auf, die Familie konnte gehen, wohin sie wollte. Genauer: wohin sie konnte. In der Not findet sich immer Hilfe. Alfons XIII., König von Spanien, bot ihnen an, auf der Iberischen Halbinsel, auf spanischem Boden zu leben. Kaiser Karl hatte im fernen Madeira, in der Kirche Nossa Senhora do Monte die ewige Ruhe gefunden. Die Lebenden aber zogen in ein Schloß bei Madrid, ein Schloß von historischer, habsburgischer Vergangenheit. „El Pardo", diese uralte Burg, wo der große Kaiser Karl V. einst regierte, „in dessen Reich die Sonne nie unterging". Auf Otto, wie es sich nach Jahrzehnten zeigte, blieb dieses Intermezzo nicht ohne Wirkung; aufnahmebereit atmete er die geschichtsträchtige Luft ein, die der einstige Wohnort des großen Ahnen ausstrahlte. Aber „El Pardo" mit seiner Pracht wirkte interessanterweise bedrückend auf die ganze Familie. Nach den Jahren der Verbannung, den überfüllten und gedrängten Unterkünften in der Schweiz und auf Madeira, war es schwer, sich wieder an die fast schönbrunnischen Umstände zu gewöhnen, – doch ohne die Macht, die man in Schönbrunn oder der Burg von Ofen besaß. Zita und die größeren Kinder empfanden es als unrichtig, einen Lebenswandel zu führen, der ihrer wirklichen Situation und ihren schwachen finanziellen Mitteln nicht entsprach. Um es alltäglich zu formulieren: sie wollten sich nicht weiter strecken, als die Decke reichte.

Deshalb entschied Zita, nach Beratungen mit den österreichischen, ungarischen und spanischen Freunden ihres Mannes, daß für die große Familie ein entsprechender, nicht aufwendiger, ständiger Wohnort gefunden werden müsse. Aus diesem Grund zogen sie von El Pardo in die bescheidenere Burg von Bilbao, wohnten dann übergangsweise in einem Hotel in San Sebastian und ließen sich schließlich in einem baskischen Fischerdorf nieder, das in diesen Jahren Weltruhm erlangte, weil die Familie des verstorbenen Kaisers von Österreich und Königs von Ungarn dort wohnte: Lequeitio.

Ein viereckiges, einstöckiges Haus, die Villa Uribarren, wurde ungefähr zehn Jahre lang die Heimat Ottos, seine Schule und Werkstatt. Aus den großen Pädagogen der früheren Monarchie stellte Zita einen Lehrer-Rat zusammen. Dieser Rat entschied: Otto sollte den Stoff der derzeitigen österreichischen und ungarischen Gymnasien lernen, sollte sich also als Privatschüler genau jenes Wissen aneignen wie jeder andere österreichische und ungarische Gymnasiast. Der kleine Thronfolger sollte sich von einem gleichaltrigen Budapester oder Wiener Jungen nur darin unterscheiden, daß er nicht in einer, sondern in zwei Sprachen den Lehrstoff zweier Länder in sich aufnahm. Und dies in etwas kürzerer Zeit als in einer öffentlichen Schule. Der ungarische Präsident des Lehrer-Rates war der ehemalige Kultusminister Jànos Zichy, der österreichische der frühere Ministerpräsident Hussarek. Zu Otto kamen sowohl aus Österreich als auch aus Ungarn hervorragende Lehrer nach Lequeitio. Für seinen ungarischen Unterricht sorgte das ungarische Episkopat unter der Führung des Erzbischofs von Esztergom mit den besten Geistlichen des Benediktinerklosters von Pannonhalma.

Otto stand vor sechs Uhr früh auf, arbeitete schon um sechs an seinen Hausaufgaben, und – außer einer kurzen Mittagspause – verbrachte er zehneinhalb Stunden täglich mit intensivem Studium. Und er tat dies gerne. Nur ganz selten lehnte er sich gegen die doppelte Belastung und den übermäßig großen Unterrichtsstoff auf, im allgemeinen eignete er sich freudig alles Wissenswerte an. Er war nicht nur Privatschüler, er war ein Schüler von besonderem persönlichem Fleiß. Alles interessierte ihn, doch am meisten Geschichte. Er war in der selten glücklichen Lage, mit der Geschichte Europas die Geschichte der eigenen Familie zu lernen, oder umgekehrt: durch seine Familiengeschichte lernte er die Geschichte von ganz Europa kennen. Gibt es einen besseren Ansporn?

Natürlich war das Haus in Lequeitio kein gefängnisartiges Internat und hinter Otto standen keine rücksichtslosen Schulmeister, um ihm das Wissen einzubläuen. Die strengste Disziplin war eine freiwillige; sie kam von ihm selbst. Es blieb immer noch Zeit zur Entspannung, zur Erholung. Die sieben Geschwister waren gute Spielgefährten, die Kinder des Fischerdorfes gute Kameraden und die alten Fischer gute Erzähler. Durch Radtouren und Schwimmen wurde für Bewegung gesorgt. Später kamen ausgezeichnete Offiziere aus Wien, Budapest und Prag, die die Habsburger-Kinder Reiten und Fechten lehrten. Otto spielte auch etwas Tennis. Nur ein „heimischer" Sport fehlte, das Skifahren –, und ein Erlebnis: verschneite Weihnachten.

Aber der Weihnachtsbaum von zu Hause, der fehlte nie. Jeden Dezember kam eine schöne, frische Tanne direkt aus Tirol. Die Tiroler

Bauern ließen es sich nicht nehmen, dem „kleinen Kaiser“ und seinen Geschwistern einen Christbaum zu bringen. Unter dem Baum gab es immer auch Geschenke aus der Heimat. Einmal kam aus Budapest eine prachtvoll geschneiderte ungarische Magnatenkleidung, ein anderes Mal schickte ein Wiener Schüler seine Münzen, dann wieder bat ihn ein gleichaltriger ungarischer Student, er möge seine Markensammlung annehmen.

In diesen Jahren begann eine Art Wallfahrt aus den Ländern der ehemaligen Monarchie nach Lequeitio. Hatte eine ungarische Fußballmannschaft ein Gastspiel in Madrid oder Barcelona, so machten sie einen Abstecher zu den Kindern „des Königs“. Wiederholt wählten österreichische Pfadfinder das Baskenland zum Reiseziel, um dann mit „dem Otto“ in Lequeitio beim Lagerfeuer die Schlußfeier abzuhalten. Einmal pilgerten einige Ungarn nach Lourdes, betreut von ihren Priestern. Ihr Leiter schlug vor, weiterzugehen, nach Lequeitio „zur Familie“. Dieser Reiseleiter war ein zielbewußter, junger Priester von eiserner Willenskraft; später kam er zu Weltruhm als Märtyrer für die Kirche und für Ungarn: Kardinal Mindszenty.

Aber es kamen nicht nur Pilger aus Lourdes zu Otto, er selbst machte wiederholt Wallfahrten zu diesem berühmten Mariengnadenort. Die tiefe Gläubigkeit hatte er von Vater und Mutter übernommen. In der Religion fand er nicht nur Trost, sondern auch ein Programm. In diesen Jahren las er mehrere Male das Buch von P. Lhande „Le Christ dans la banlieu“, das die Wohnverhältnisse in den Armenvierteln der europäischen Großstädte beschreibt und dem als Ideal eine Art Evangeliums-Sozialismus vorschwebt. Dieses Buch gab dem heranwachsenden Otto den Anstoß, öfters die Eisenwerke von Bilbao und das Heim des einen oder anderen dort Beschäftigten zu besuchen. Später, als er sich der Reifeprüfung näherte, studierte er bewußt die Lebensumstände und Unterhaltsbedingungen einzelner Arbeiterfamilien. Er kam zu der festen Überzeugung, daß man die Armut nicht dulden kann, daß man keine Situationen schaffen darf, in denen das Leben irgendeiner Familie hoffnungslos wird. Dieses von Lhande geweckte Gefühl wurde noch durch eine andere Lieblingslektüre seiner Jugend vertieft: David Copperfield. Natürlich fehlte es auch nicht an lustigen Büchern und Abenteuer-Romanen. Der Held des Dreißigjährigen Krieges, General Pappenheim, machte einen großen Eindruck auf ihn und auch die Erzählung von Géza Gárdonyi über die Türkenkriege und den Kampf der Ungarn gegen die heidnischen Muselmanen. Damals begriff er, und auch als Erwachsener glaubte er weiter daran, daß der Charakter und der Wille des einzelnen ausschlaggebend sind, ja daß der einzelne selbst die Geschichte lenkt.

Abgesehen davon, daß sich das Ideal der sozialen Gerechtigkeit tief eingeprägt hatte, wurde sein Gefühlsleben in diesen Jahren stark davon beeinflußt, daß ständig Besucher aus dem Donauraum eintrafen. Dieser Umstand war von besonderer Bedeutung als Gegengewicht zu einem früheren traurigen Erlebnis, das damals, im zarten Kindesalter, wie ein Schock auf ihn gewirkt hatte, und vielleicht zu einem bleibenden Eindruck geworden wäre, ohne dieses „Gegenmittel". 1918 sah er, wie manche österreichischen und ungarischen Soldaten sich das „K" Emblem, den Anfangsbuchstaben seines Vaters, von der Kappe rissen. An dem einen Tag bezeugten diese Soldaten noch untertänige Treue ihrem Kaiser und König gegenüber, am anderen, als die Wende kam, befreiten sich dieselben Leute schleunigst von ihren Abzeichen. Das Kind konnte diesen Anblick noch nicht in Worte fassen, nur innerlich fühlte es die Ungeheuerlichkeit. Er wußte damals noch nicht, daß er nur allzu Menschlichem gegenüberstand. Untreue, Verrat, Flucht vom sinkenden Schiff, pfiffige Charakterlosigkeit, Ducken vor dem neuen Gebieter, – all diese Begriffe waren dem kleinen Erzherzog fremd. Es erfaßte ihn ein mit Bestürzung gemischter Schmerz, der noch jahrelang nachwirkte. Balsam auf die Wunde brachten jetzt die Besucher aus der Heimat, der Umstand dieser Besuche selbst. Er sah mit Freude und Stolz, daß es Treue und Liebe auf der Welt gab, daß Jahr für Jahr Menschen aus der alten Heimat kamen. Und es kamen nicht nur Altersgenossen seiner Mutter, sondern auch die seinen, er konnte mit ihnen österreichische Lieder singen oder schwungvolle ungarische Weisen. Er mochte etwa sechzehn Jahre alt sein, als er, frühreif, jene Lebenserfahrung formulierte, daß die Menschen nicht „nur gut" oder „nur schlecht" sind und daß neben der Untreue immer auch die Treue steht, daß es auf der Welt genauso viel Licht wie Schatten gibt . . .

Der Besucherstrom hielt an. Es gab keinen Abschnitt in seinem Leben, von Lequeitio bis Straßburg, in welchem nicht Liebe und Vertrauen, Bereitschaft zur Zusammenarbeit, Gaben und auch Bitten ihm entgegengebracht wurden. Immer wieder bereiteten ihm die Söhne der Völker des Donauraumes – und zwar nicht nur Monarchisten sondern auch Republikaner aller Altersklassen – dieses besondere Erlebnis.

Mit der Zeit wandelte sich die Verehrung und galt nicht mehr nur dem Träger einer historischen Vergangenheit, sondern seiner eigenen Person, seinem Charakter, seinem Wissen, seinem Fleiß, dem, was Otto von Habsburg aus eigener Kraft geworden war.

Die politische Ausbildung Ottos verlief problemlos. Viele der einstigen Staatsmänner der ehemaligen Donaumonarchie besuchten das baskische Fischerdorf regelmäßig und informierten Zita über die in der Heimat eingetretene Entwicklung. An diesen Sitzungen nahm Otto immer teil, als politischer Eleve mit guter Beobachtungsgabe und gutem Gedächtnis. Außerdem las er gerne die Memoiren großer historischer Persönlichkeiten, aber auch jene weniger bekannter Politiker. Er wurde in diesen Jahren zu einem geübten, methodischen Zeitungsleser. Das Haus in Lequeitio hatte die in Österreich, Ungarn, Frankreich und England erscheinenden führenden Zeitungen abonniert und die Nachrichten und Ereignisse wurden im Familienkreis diskutiert. Die Entwicklung in den alten Heimatländern und jede Wandlung der Weltpolitik war der verbannten Familie stets gegenwärtig. Dies umso lebendiger, als es unter den Politikern, deren Namen in den Nachrichten vorkamen, manche gab, mit denen die Eltern einst zu tun gehabt hatten. Ein Treffen Briand-Stresemann, die Aussöhnung zwischen Frankreich und Deutschland, waren Ereignisse, deren Hauptakteure persönliche Bekannte waren. Auf diese Weise fühlt und wertet man die Politik anders, jene Politik, die laut eines französischen Ausspruchs „die Geschichte der Gegenwart" ist.

Neben der alten und neuen Geschichte war ein Lieblingsfach Ottos die Geographie. Er verschlang Reisebeschreibungen und kannte früh die Weltkarte, ja er hatte sie sozusagen im Kopf. Man könnte sagen: mit dem Globus im Schulzimmer lernte er schon in der Jugend global zu denken.

Die ungarische Literatur zog ihn mächtig an und er schätzte viele ihrer Dichter. Sein Maturathema war János Arany, der bedeutendste unter ihnen, in dessen Werken nicht nur die ungarische Sprache zur vollen Entfaltung kommt, sondern auch die teils ausgelassene, teils schwermütige ungarische Seele. Aus den Erzählungen von János Arany lernte Otto von Habsburg die Gemütsart der einen Hälfte der Monarchie kennen. Die Matura-Prüfungen fanden in Lequeitio statt. Aus Wien und aus Budapest kam je eine ordentliche Studien- bzw. Prüfungskommission, und im Beisein seiner Professoren bestand er die Matura in beiden Sprachen mit Auszeichnung. Unter den österreichischen Maturathemen ist erwähnenswert, daß er eine mündliche Prüfung über die Entwicklung des Britischen Weltreiches ablegte und, was noch interessanter ist, zwanzig Minuten lang über Karl Marx und die Anfänge des Sozialismus sprach. Von da an blieb Karl Marx ein ständiger geistiger Weggenosse des Habsburgers; er hat seine Lehren und deren Fehler, die Brauchbarkeit und Unbrauchbarkeit, genau studiert und abgewogen und es gibt wohl keinen eingefleischten Marxisten, der die Bücher des Meisters und den ganzen Marxismus besser kennen würde als Otto von Habsburg. In Lequeitio hat er nicht nur von ehemaligen k. u. k. Offizieren fechten gelernt, er hat sich auch die notwendige Dialektik angeeignet, um mit dem Marxismus die Klinge zu kreuzen.

Nach der Matura wollte er selbstverständlich die Universität besuchen. Da die verschiedenen, an sich ausgezeichneten Hochschulen Spaniens einen etwas zu einseitigen nationalen Lehrstoff hatten, mußte man Universitäten jenseits der Pyrenäen in Betracht ziehen. Infolge des Zusammenwirkens von Überlegungen und glücklichen Umständen, sowie Einladungen von Freunden, übersiedelte die Familie nach Belgien und Otto inskribierte an einer der fortschrittlichsten und bedeutendsten Universitäten der Zeit, an der von Löwen. Er konnte bereits sehr gut französisch, denn noch während seiner Gymnasialzeit besuchte er ein Jahr lang das Benediktinergymnasium von Clervaux in Luxemburg, um sich in dieser Sprache zu vervollkommnen. So bereitete ihm das überaus vielseitige und schwierige Studienprogramm in Löwen kein Problem. Er studierte Jura und Staatswissenschaften und ergänzte dies durch eine gesonderte diplomatische Ausbildung und einen Kurs in Nationalökonomie. Deutsch, ungarisch und spanisch sprach er fehlerfrei, englisch lernte er ausdauernd und erfolgreich, er verstand tschechisch, las fließend kroatisch, und hier in Löwen erlernte er – was wenige ausländische Studenten bereit waren zu tun – die flämische Sprache, so wie er in Lequeitio baskisch gelernt hatte. Er bemühte sich, bewußt, nicht nur die Weltsprachen, die Sprachen „der Macht“ zu erlernen, sondern hielt es für wichtig, auch die Minoritäten, deren Kultur und Seele, zu verstehen. Das war zum Teil habsburgisches Erbe und habsburgische Pflicht. Seine selbstgewonnene persönliche Überzeugung war, daß das Rechtsempfinden und der Humanismus jeder politischen Macht daran gemessen werden kann, wie sie sich den völkischen, religiösen oder andersdenkenden Minderheiten gegenüber verhält.

Steenockerzeel ist der Name jenes Ortes, der für Otto und die Familie in Belgien zu dem wurde, was in Spanien Lequeitio war. Hier hatten großzügige Freunde sehr günstig eine schloßartige Villa zur Verfügung gestellt, eine kleine „Wasserburg“ in der Ebene von Brabant. Ottos Geschwister besuchten in Brüssel die öffentliche Schule, er aber fuhr jeden Morgen per Fahrrad zu einer Bahnstation und von dort mit dem Zug nach Löwen. An der Universität genoß er unter den Studenten bald großes Ansehen, einfach weil er mehr wußte als jeder andere, und auch – weil er bescheiden war. Es war allen bekannt, daß der „Duc de Bar" (das stand im Reisepaß) Sproß einer mächtigen Dynastie war, Kaisersohn und Erzherzog. Aber der, den die Studienkollegen kennenlernten, war nicht hochmütig, sondern ein offenherziger, intelligenter junger Mann, ein guter Kamerad, und ausnehmend höflich. Ein ehemaliger Kollege, an der Universität gewissermaßen sein Rivale, der spätere Vizepräsident des Exekutivkommitees der Europäischen Gemeinschaften und belgische Finanzminister Albert Coppé, hat eine Episode aufgezeichnet, die für den jugendlichen Otto charakteristisch war und es auch heute noch ist. Die beiden Studenten kannten sich noch nicht, das heißt, nur Coppé wußte vom anderen, wer er war. Einmal kamen sie sich auf einem engen Korridor der Universität entgegen und einer von beiden mußte zur Seite treten, um den anderen vorbeizulassen. Coppé sagte schon von weitem zu sich selbst: „Ich weiche auf keinen Fall aus, ein freier Brüsseler Bürger gibt nicht klein bei, nur weil der andere ein Erzherzog ist". Aber was geschieht – geht die Geschichte Coppés weiter –, während er sich dies alles innerlich vorsagt, wird er plötzlich gewahr, daß der österreichische Erzherzog zuvorkommenderweise beiseite getreten ist und mit einer höflichen Verbeugung den Weg für ihn freimacht . . . Sie wurden bald gute Freunde. Das Ende der Erzählung von Albert Coppé: „Was aber den Wettbewerb in den Studien betrifft, gebe ich gerne zu, daß er, Otto, der bessere war . . ."

Das Ansehen des jungen Habsburgers, des Studenten von Löwen, im Kreise seiner Kollegen, wurde dann durch einen äußeren Umstand noch erhöht, einer Laune des Schicksals, die mit einer Blinddarmoperation anfing. Nach der Operation durfte Otto sein Fahrrad nicht benützen und so stand man vor dem Problem, wie er zur Universität kommen sollte. Die Lösung: man kaufte ihm einen Gebrauchtwagen, und bald fuhr er stolz, mit der souveränen Überlegenheit eines Autobesitzers, täglich zur Universität. Selbstverständlich erwies er dann mit dem Fahrzeug gerne dem einen oder anderen seiner Studienkollegen einen Freundschaftsdienst. Damals war ein Auto für einen Studenten, selbst ein fortwährend reparaturbedürftiger Gebrauchtwagen, ein erstrangiges Statussymbol innerhalb der Studentengesellschaft. Er hat nicht nur Verstand – sagten sie –, er hat auch ein Auto, und das ist schon etwas!

Als Zerstreuung diente manchmal die Jagd. Er war ein Meisterschütze.

Zu Studienzwecken zog er sich vor Prüfungen zeitweilig in eine Ortschaft an der Küste zurück und machte lange Spaziergänge am Meeresstrand.

Zum Abschluß seiner Universitätsstudien schrieb er eine fast 400 Seiten lange Dissertation und verteidigte sie am 27. Juni 1935 vor den Professoren der Fakultät. Er hatte ein heimatliches Thema gewählt. Der Titel seiner Doktorarbeit: „Coutumes et droits successoraux de la classe paysanne et l'indivision des propriétés rurales en Autriche" („Das gewohnheitsrechtliche und gesetzliche bäuerliche Erbrecht und die Unteilbarkeit des ländlichen Grundbesitzes in Österreich"). Er trat für die Unteilbarkeit des bäuerlichen Grundbesitzes ein, denn er sah darin ein Pfand für die Unabhängigkeit der bäuerlichen Gesellschaft und für ihren Wohlstand. Die Fragen der mitteleuropäischen Landbevölkerung beschäftigten den jungen Habsburger auch in anderer Beziehung. Seine Schwester Adelheid schrieb nämlich ihre Doktorarbeit an der Universität in Brüssel über die Probleme der ungarischen Einzelgehöfte. Da Otto besser ungarisch konnte, half er Adelheid bei der Aufarbeitung des wissenschaftlichen Quellenmaterials. Beide wurden im Laufe dieser Studien zu prinzipiellen Befürwortern der Idee, die ungarischen Bauern zu mehr Grund und Boden kommen zu lassen, und Otto riet schon damals den ungarischen Aristokraten mit großem Grundbesitz, eine freiwillige, vernünftige Bodenreform durchzuführen.

Mit der Zeit rückten politische Fragen in den Mittelpunkt. Aus Budapest und aus Wien langten immer mehr Wünsche in Steenockerzeel ein und der frischgebackene Doktor wurde zum Zentrum verschiedener politischer Kombinationen. Auf wissenschaftlichem Gebiet hatte er bereits Erfolge errungen. Er hatte seine Studien mit Vorzug abgeschlossen und bekam als besondere Ehrung dic Notc „La plus grandc distinction", noch dazu mit den Glückwünschen der Professoren, „avec félicitations". Eine Auszeichnung, dic damals an dcr Univcrsität Löwen, von den vielleicht besten Professoren Europas, nur in den allerseltensten Fällen verliehen wurde. In der Politik standen ihm noch die kleineren und größeren Kämpfe bevor.

Das Doktorat war übrigens schon der Weg in die Politik, in die Europa-Politik. Neben dem Hauptthema mußte er noch zusätzlich einige andere Fragen behandeln und eines seiner Prüfungsthemen war: die wirtschaftliche Zusammenarbeit zwischen den Ländern des Donauraumes.

Bestens vorbereitet und mit großer Überzeugung legte der junge doctorandus dar, daß die europäischen Kleinstaaten allein wirtschaftlich nicht lebensfähig seien, ohne Zusammenarbeit unterliegen müssen, daß sie gemeinsam mehr erreichen können. Nur eine Integration könne die Sicherheit der Staaten und den Wohlstand ihrer Völker gewährleisten. Die Ansicht, die Otto von Habsburg als Student in Löwen vertrat, wurde zum politischen Programm seines Lebens: die europäische Integration, die Projektion der notwendigen Zusammenarbeit der Donauländer auf eine europäische, kontinentale Dimension. Die Geschichte hat sehr bald diesem vorausblickenden 23jährigen Studenten recht gegeben.

In der Zeit von Steenockerzeel haben drei große Persönlichkeiten einen guten und bleibenden Einfluß auf ihn ausgeübt.

Die eine war Van Zeeland, der spätere belgische Ministerpräsident, der den europäischen Horizont Ottos erweiterte und ihn in die Geheimnisse des schweren Handwerks der parlamentarischen Demokratie einführte, in die Kunst, Parteien zu lenken und Koalitionen zu formen.

Die zweite außergewöhnliche Persönlichkeit war sein Onkel, der Bruder seiner Mutter, Sixtus, Prinz von Bourbon-Parma. Dieser überaus hochgebildete, vielgereiste Aristokrat erzog ihn zur globalen Anschauung und dazu, daß man bei jeder Frage immer auch den Ursprung wissen und bei jeder Handlung das Endziel klar vor Augen haben müsse. Darüber hinaus hat er von Sixtus gelernt, keine Zeit zu vergeuden und Leerläufe zu vermeiden, was ihm in all den Jahren von großem Nutzen war. Das Leben – sagte sein Onkel – ist voll von verlorenen fünf Minuten, in welchen wir gar nichts tun; wer diese vielen fünf Minuten nicht verschwendet, bringt es weiter als andere.

Schließlich wirkte auf seinen Geist und sein Gefühl Marschall Lyautey, einer der großen Militärs seiner Zeit, der französische Held der nordafrikanischen Feldzüge und des ersten Weltkriegs. Als im Jahre 1921 Ministerpräsident Briand den Vater Ottos zur ungarischen Restauration drängte, war es Marschal Lyautey, der damalige französische Generalstabschef, der diesen Gedanken am meisten unterstützte. Als ihm nun Otto, als Student, in seiner Wohnung in Paris einen Höflichkeitsbesuch abstattete, verneigte sich der greise Marschall in tiefer Ergriffenheit vor dem jungen Habsburger und seine Augen wurden feucht. Denn Lyautey war aus Lothringen gebürtig, seiner Heimat und ihrer Tradition zutiefst verbunden, und sah in Otto – den Herzog von Lothringen. Otto war von dieser Szene erschüttert. Er, der einem unbekannten Löwener Studenten bereitwillig Platz gemacht hatte, stand jetzt einem weltberühmten, alten Herrn gegenüber, der ihm förmlich ehrerbietig huldigte. Er begriff jedoch, daß diese Huldigung nicht seiner Person galt, sondern der habsburgischen Vergangenheit: jenen sechshundert Jahren, die trotz Stürmen und Revolutionen Europa viel aufbauende Kraft gegeben und selbst viel in Europa aufgebaut hatten. Otto verstand damals auch, daß ihm diese sechshundert Jahre Verpflichtungen auferlegten. Er sah sich als Glied einer langen Kette, in welcher der einzelne Habsburger, und jetzt gerade er, nur ein Teilchen ist. So verließ er, sehr ergriffen, aber auch wieder recht fröhlich gestimmt, die romantisch-schöne Residenz des Marschall Lyautey.

Als Mitte 1935 Otto von Habsburg Dr. Otto von Habsburg wurde, war er längst nicht mehr nur ein fleißiger Student der politischen Wissenschaften, sondern seit gut fünf Jahren auch eine im Mittelpunkt ernster politischer Spekulationen stehende Persönlichkeit. Neben seinem selbsterworbenen Doktortitel hatte er nämlich noch einen anderen Rang, den ihm das Habsburg-Erbe übertragen hatte. Nach dem Hausgesetz der Habsburger und in den Augen vieler, in den Nachfolgestaaten der ehemaligen Monarchie lebender legitimistischer Bürger, war Otto bereits Kaiser und König, obgleich ohne Thron. Mit achtzehn Jahren wurde er, laut der alten die Dynastie regelnden Verfügungen, großjährig, und damals legte seine verwitwete Mutter die Vormundschaft nieder. Für zwei Tage – und nicht mehr – unterbrach Otto das Tag und Nacht andauernde Studium und Schloß Steenockerzeel wurde zum Schauplatz einer erhebenden und glücklichen Zeremonie: der feierlichen Volljährigkeitserklärung.

20. November 1930. Körbeweise kamen Briefe, Telegramme, Glückwünsche aus allen Ländern. Unter den Geschenken fand sich Honig von einer Bauernfrau aus Tirol, ebenso wie ein goldenes Eßbesteck von ungarischen Aristokraten. Zum Geburtstagsabendessen am 19. November erschien Otto in einer prachtvollen ungarischen Magnatenkleidung, am 20. zur Volljährigkeitszeremonie im schlichten schwarzen Anzug. Der Augenblick war auch durch seine Einfachheit beeindruckend. Kaiserin und Königin Zita verlas mit feierlicher Stimme eine Erklärung, in der sie verkündete, sie sei im Sinne des Hausgesetzes und des Testamentes ihres Mannes bisher Vormund gewesen, jetzt aber sei Otto großjährig und von diesem Augenblick an der Chef der Familie Habsburg. Sie, die Mutter, grüße ihren Sohn als Kaiser und König. Der 18jährige „Kaiser und König“ dankte seiner Mutter, daß sie ihn mit so viel Sorgfalt und Liebe großgezogen hatte, und bat sie, während der Studien-

jahre an der Universität seine politische Mitarbeiterin zu sein, ihm mit ihrem politischen Rat zur Seite zu stehen und gegebenenfalls ihn auch als Familienchef zu vertreten.

Für Monarchisten und Legitimisten war Otto nunmehr Kaiser und König. Zu diesem Zeitpunkt, am 20. November 1930, hatte das nur eine prinzipielle Bedeutung, denn es gab keine Aussicht auf eine praktische Erfüllung. Nicht viel später kam jedoch eine ungewöhnliche Wende: nach einigen Monaten begannen in Europa jene politischen Kombinationen um die Person Otto von Habsburgs, die die Möglichkeit einer Restauration in näherer oder fernerer Zukunft, entweder in Ungarn oder in Österreich, in Erwägung zogen. Es war darin viel Phantasie, aber auch ebensoviel Realismus. Eines ist sicher: während in den dreißiger Jahren zum Beispiel nie jemand, nicht einmal im Traum, eine Romanov-Restauration in Rußland erwähnte, tauchte die Möglichkeit einer eventuellen Habsburg-Herrschaft oft auf, sowohl in der Weltpresse als auch in den einzelnen europäischen Staatskanzleien. Einerseits als Hoffnung, andererseits als Bedrohung.

Bis 1930 – Karl war nicht mehr am Leben und Otto minderjährig – gab es nicht den leisesten Anschein dafür, daß die sorgfältige Erziehung zum Herrscher, die Otto zuteil wurde, von ihm jemals auch ausgeübt werden könnte. Jedenfalls war die politische Entwicklung der beiden größten Nachfolgestaaten der Monarchie in den zwanziger Jahren recht eigenartig. Österreich kämpfte lange Zeit mit wirtschaftlichen Krisen und polarisierte sich stark zwischen den politisch konservativen und den sozialdemokratischen Kräften. Die Bevölkerung war gefühlsmäßig monarchistisch; treffend stellte die Wiener „Arbeiter-Zeitung“ fest, Österreich sei eine „Republik ohne Republikaner“. Auch Ungarn zeigte ein eigenartiges Bild, als „Königreich ohne König“. Da die Staatsform Ungarns ein Königreich war, kombinierte die internationale Presse Anfang der dreißiger Jahre, daß der volljährige Otto von Habsburg eventuell einen Versuch der Restauration in Ungarn unternehmen könnte. Das war aber mehr eine journalistische Mutmaßung, denn in Ungarn saß Miklós von Horthy fest im Sattel. Er dachte nur an die Erhaltung seiner eigenen Position und wollte von einer Rückkehr Otto von Habsburgs nichts wissen – obgleich in kirchlichen und politischen Kreisen sowie in der Bauernschaft, nicht nur bei den Legitimisten, der Wunsch nach einer Restauration nie verstummt war. Eine mögliche Wiederkehr der Habsburger, beziehungsweise Ottos, hat dennoch, obwohl Österreich auch in der Staatsform eine Republik war, hier früher konkrete Formen angenommen als im ungarischen Königsreich. Warum? Aus internationalen und aus innerpolitischen Gründen.

Die internationale Ursache war, daß sich Österreich, um die innere Lage zu festigen, Deutschland immer stärker näherte. Die Sozialdemokratische Arbeiterpartei Österreichs wollte schon unmittelbar nach dem Krieg einen „Anschluß", da damals in Deutschland eine sozialistische Regierung am Ruder war. Otto Bauer, der starke Mann der Partei, gab die Parole aus: „Anschluß an Deutschland, Anschluß an den Sozialismus", und Karl Renner, der sozialistische Politiker, wollte schon damals Österreich den Namen „Südostdeutschland" geben. Später, als in Deutschland die Majorität der Sozialisten und ihre Regierungsmacht erloschen war, drängten die österreichischen Sozialdemokraten einige Zeit lang nicht mehr zum Anschluß. Bald kam die Sozialdemokratische Partei Österreichs in die Minderheit und es folgte ein Jahrzehnt des christlichsozialen konservativen Lagers. Im Februar 1930 verhandelte der österreichische Kanzler Johannes Schober in Berlin mit der Regierung Brüning über die Einführung einer österreichisch-deutschen Zollunion. Der Plan wurde im März 1931 spruchreif, doch als die Welt davon erfuhr, setzte ein weltweiter Protest ein. Die Siegermächte des ersten Weltkrieges befürchteten, daß die Zollunion ein Vorspiel zur politischen Vereinigung der beiden Staaten sein könnte. Briand, der damalige französische Außenminister, ließ seinen österreichischen Kollegen wissen: Paris würde den eben ausgehandelten Kredit an Österreich streichen, würde der Plan nicht fallengelassen.

Die Möglichkeit einer eventuellen Vereinigung Österreichs mit Deutschland beunruhigte auch Italien. Rom wollte eine solche Entwicklung auf jeden Fall verhindern. Eine Chance zur Vereitelung sah die italienische Politik darin, sich – nach jahrzehntelangem Widerstand – der Idee einer Habsburg-Restauration zuzuwenden. Als Sensation wurden zwei Artikel des italienischen Blattes „Tribuna" vom 25. April und 2. Mai 1931 aus der Feder eines nichtgenannten italienischen Staatsmannes gewertet, die den Titel trugen „Quo vadis Austria?". Der Autor der Artikel führte aus: Italien müsse seine habsburgfeindliche Einstellung überprüfen, denn es bestehe kein Anlaß mehr, diese aufrechtzuerhalten. Statt einer österreichisch-deutschen Zollunion müßte Italien die Idee einer österreichisch-ungarischen Zollunion unterstützen. Eine solche wirtschaftliche Zusammenarbeit würde zu einem politischen Bündnis führen, und zwar – sollte die Monarchie wiederhergestellt werden – in Form einer Personalunion. Die österreichisch-ungarische Verbindung würde in diesem Teil Europas politische Stabilität bedeuten. Italien würde dies kräftig fördern, ja auch Frankreich würde dies tun, denn es wäre ein Gegengewicht zur österreichisch-deutschen Vereinigung, zur Idee des Anschlusses. Der Artikel endet: Italien bindet heute, nach zwölf Jahren, der Anti-Habsburg-Pakt nicht mehr, deshalb kann es „seinen bisherigen Standpunkt sowohl in der Frage einer österreichisch-ungarischen Annäherung als auch in der einer Restauration der Monarchie überprüfen“; der Thron des heiligen Stephan in Ungarn müsse besetzt werden. Falls eine Restauration der Habsburger erfolgen sollte, hätte Italien keine Bedenken. Der englische Historiker Professor Macartney stellte in seinem Werk „Hungary“ fest: die Artikel in „Tribuna“ hätten nicht ohne die Zustimmung Mussolinis erscheinen können. Auf die „Tribuna“ Artikel folgte wenige Monate später eine andere Sensation, die Kombination einer politischen Heirat: die ehemalige Kaiserin und Königin Zita besuchte die italienische Herrscherfamilie, weil angeblich die Verlobung Ottos mit der jüngsten Königstochter, Prinzessin Maria, knapp bevorstand. Wahr davon war nur, daß Zita im Juni 1931 zum ersten Mal seit dem Krieg nach Italien fuhr, ihre in Pianore lebende Mutter besuchte, in Rom Papst Pius XI. und im Ferienort San Rossore das italienische Königspaar traf. Am darauffolgenden Tag erwiderten diese den Besuch bei Zita in Pianore. Von Verlobung war keine Rede, die jungen Leute kannten sich nicht einmal. Dieser Besuch, so kurz nach den Artikeln in der „Tribuna“, brachte den Gedanken einer Habsburg-Restauration in die Kolumnen der Weltpresse und hielt er sich dort jahrelang.

Dies umso mehr, als sich inzwischen in Österreich, aus innenpolitischen Gründen, das Lager der Monarchisten gestärkt hatte. Die österreichische Finanzkrise, das Aufnehmen enormer Kredite im Ausland und damit das Anwachsen der Zinsenlasten wollten nicht aufhören. Das innenpolitische Leben polarisierte sich in gefährlichem Ausmaß; neben dem kleinen Staatsheer entstanden viel größere Parteiheere, auf der marxistischen Seite der „Republikanische Schutzbund“, auf der konservativen die „Heimwehr“. Nachdem die Linken 1927 den Justizpalast angezündet hatten, verschärfte sich die Polarisierung noch mehr; es bahnte sich die unversöhnliche Gegenüberstellung des sogenannten „Austromarxismus“ und des „Austrofaschismus“ an, der Bürgerkrieg lag ständig in der Luft. Im Mai 1932 wurde Engelbert Dollfuß, ein konservativer Politiker von nicht alltäglicher Begabung, Bundeskanzler.

Ganz allmählich kam Dollfuß, trotz seiner republikanischen Einstellung, zu der Überzeugung, daß man sich nicht länger dem Gedanken einer Habsburg-Restauration verschließen dürfe. Langsam, aber sicher nahm er den Standpunkt ein, man müsse Österreich eine stabilisierende Ideologie geben. Dazu war es notwendig, die glorreiche historische Vergangenheit wieder ins Leben zu rufen, um durch diese den österreichischen Patriotismus zu wecken. Die Stärkung der österreichischen Vaterlandsliebe hielt er auch deshalb für unumgänglich, weil sich in Österreich die nationalsozialistische Agitation immer mehr verbreitete und mit offen aufrührerischer Absicht zwischen Bregenz und Graz, Salzburg und Wien auftrat, nachdem Hitler in Deutschland an die Macht gekommen war. Als Gegengewicht zur nationalsozialistischen Agitation stellte Dollfuß im sozialen Bereich das Programm der päpstlichen sozialen Enzykliken in den Vordergrund und als stabilisierenden Faktor gegenüber der deutschen Anziehungskraft den Patriotismus. In der Armee wurden die alten kaiserlichen Uniformen wieder eingeführt, der Bundeskanzler rief einen der populärsten Habsburger aus der Emigration zurück, Erzherzog Eugen, den legendären Soldaten.

In den dreißiger Jahren erholte sich die monarchistische Bewegung und wurde immer stärker. Es begann damit, daß ein Tiroler Ort, Ampaß, im Dezember 1931 Otto von Habsburg zum Ehrenbürger ernannte. Das war offener Widerstand gegen das Gesetz von 1919, das die Habsburger des Landes verwies, denn eine Ehrenbürgerschaft gibt dem Betreffenden das Recht, sich in der Gemeinde niederzulassen. Die Initiative von Ampaß blieb nicht die einzige. Otto hatte nämlich in einem eigenhändigen Brief dem Bürgermeister und der Bevölkerung von Ampaß für die Ehrenbürgerschaft gedankt. Von da an mußte er noch viele eigenhändige Briefe schreiben, denn dem Beispiel von Ampaß folgten erst Dutzende, dann Hunderte von österreichischen Gemeinden, die auch einen Brief vom „Kaiser" bekommen wollten. Das amerikanische Blatt „New York Times" berichtete am 2. Juni 1935, also wenige Wochen bevor Otto seine Doktorprüfung ablegte, folgendes: seit Ampaß haben in Österreich, bis zum 1. Juni 1935, 700 Gemeinden Otto zum Ehrenbürger gewählt, und 200 vaterländische Vereine zum Ehrenmitglied. Bis zum Einmarsch Hitlers im Jahre 1938 gab es dann 1603 sogenannte „Kaisergemeinden" in Österreich und 475 Vereine, die Otto ersucht hatten, die Ehrenmitgliedschaft anzunehmen. Die Gemeinde Ampaß hatte überdies eine Erklärung herausgegeben, in der ausgeführt wurde, daß die Landesverweisung der Habsburger 1919 ein gesetzeswidriger Akt war, Otto auch heute noch österreichischer Staatsbürger sei und ihm das „Heimatrecht" zustehe.

Dollfuß, der das Erstarken der Monarchisten beobachtete, begann Verhandlungen mit Ottos österreichischem Stab. An der Spitze dieses Stabes standen Max von Hohenberg, der Sohn des in Sarajewo ermordeten Thronfolgers Franz Ferdinand, ein ausgezeichneter, hochangesehener Diplomat und guter Organisator, und Friedrich von Wiesner, der besonders viele Arbeiter und junge Leute in das monarchistische Lager brachte. Dazu gehörte noch Ernst Karl Winter, Vizebürgermeister von Wien, ein hervorragender Schriftsteller, der auch zu den Sozialdemokraten gute Verbindungen pflegte. Er war ein großer Bewunderer Ottos und reiste öfters nach Steenockerzeel. Max von Hohenberg und Wiesner besuchten Dollfuß regelmäßig und Karl Winter, der ein Frontkamerad und guter Freund von Dollfuß war, drängte den hitlerfeindlichen österreichischen Kanzler zu einer baldigen Restauration, jenen Mann, den Hitler wegen seines kleinen Wuchses spöttisch nur „Millimetternich" nannte.

Im Frühjahr 1933 entsandte Dollfuß seinen Kultusminister, den monarchistisch eingestellten späteren Kanzler Kurt von Schuschnigg, zu Otto. Das Treffen fand in Paris statt, im Hotel Cayré, wo Otto von Habsburg gewöhnlich abstieg. Schuschnigg teilte Otto mit, daß Bundeskanzler Dollfuß, obgleich republikanischer Gesinnung, die Zusammenarbeit mit ihm wünsche und bereit wäre, seine Heimkehr und die Rückgabe des habsburgischen Privatvermögens ernstlich in Erwägung zu ziehen. Im Austausch dafür ersuche er, die Monarchisten mögen die Organisation „Vaterländische Front" unterstützen, deren Ziel die Stabilisierung des politischen Lebens sei. Nach Ansicht Schuschniggs sei es nicht zu leugnen, daß die allgemeine Stimmung in Österreich dafür günstig wäre, obwohl die Möglichkeit einer Restauration nicht ganz gegeben erscheine. Otto verwies auf seine im Ausland aufgebauten Kontakte und vertrat Schuschnigg gegenüber die Meinung, daß einer Restauration keine unüberwindlichen außenpolitischen Hindernisse im Wege stünden. Er wäre bereit, bei den westlichen Regierungen die Bestrebungen des Dollfuß-Regimes zu unterstützen, denn seiner Überzeugung nach wäre es das Allerwichtigste, die nationalsozialistische Agitation abzuwehren.

Im holländischen Doohdrecht wurde Otto auch von der zweiten Führungspersönlichkeit der österreichischen Politik, Ernst Rüdiger Fürst Starhemberg, aufgesucht, dem Leiter der „Heimwehr" und späteren Vizekanzler. Zu diesem Zeitpunkt war Starhemberg von seinem früheren

Interesse an Hitler bereits geheilt und zu einem Bewunderer Mussolinis geworden. Der Duce seinerseits begeisterte sich noch nicht für Hitler, sondern verachtete ihn. Zu Starhemberg äußerte er die Meinung, die deutschen Nationalsozialisten seien „Mörder und Homosexuelle, ihr Vordringen würde das Ende der europäischen Zivilisation bedeuten." Otto von Habsburg warnte Starhemberg, daß die österreichische Regierung sich nicht ausschließlich auf Italien verlassen dürfe, sondern sich mindestens im gleichen Maße das Wohlwollen Englands und Frankreichs sichern müsse. Auch ein Weg zur Zusammenarbeit mit den österreichischen Sozialdemokraten sollte gefunden werden, denn ohne sie sei die Basis der Regierung nicht breit genug. Dies war allerdings Starhemberg nicht recht, denn seiner Ansicht nach gehörte die parlamentarische Opposition ausgeschaltet. Otto hingegen wies darauf hin, daß die sozialdemokratische Opposition die Hälfte der Wählerschaft repräsentiere und man alle Kräfte zusammenfassen müsse, um der von Hitler drohenden Gefahr zu begegnen.

Dollfuß stand zu seinem Wort, dem Versprechen, das er Otto durch Schuschnigg gegeben hatte. Am 1. Mai 1934 wurde die neue Verfassung proklamiert, in der die habsburgfeindlichen Gesetzestexte von 1919 fehlten. Das Habsburger-Gesetz blieb nur mehr als „einfaches" Gesetz bestehen und Dollfuß stellte in Aussicht, daß es bald auch als solches aufgehoben würde. Die neue Verfassung sah übrigens die Wahl des Staatsoberhauptes durch die Bürgermeister der österreichischen Gemeinden vor. Dies wurde vielfach dahingehend interpretiert, daß – in Anbetracht der ständig wachsenden Zahl der „Kaisergemeinden" – die neue Verfassung zugunsten Otto von Habsburgs erfolgt sei, als psychologische Vorbereitung einer Restauration.

Am 24. Juli 1934 führte Ernst Karl Winter bis tief in die Nacht hinein ein Gespräch mit seinem engen Freund, dem Kanzler Dollfuß. Er bat um Gnade für einen zum Tod verurteilten Sozialdemokraten. Ansonsten drehte sich das Gespräch um die Habsburg-Restauration. Die Schlußfolgerung von Dollfuss, nach der langen und gründlichen Diskussion, war: obgleich die Staaten der Kleinen Entente – zwar nicht die Völker, jedoch ihre Regierungen –, wegen einer österreichischen Habsburg-Restauration bestimmt viel Lärm schlagen würden, müsse eine solche erfolgen, denn das sicherste Rezept sei: H gegen H (Habsburg gegen Hitler). Er bat Winter, nach Steenockerzeel zu fahren und Otto mitzuteilen: das Habsburger-Gesetz von 1919 werde in kürzester Zeit auch als einfaches Gesetz außer Kraft gesetzt und die Familie würde ihr rechtmäßiges

Privateigentum zurückerhalten. Er, Dollfuß, sei nunmehr zur Erkenntnis gelangt, daß im Interesse der inneren Konsolidierung die Monarchie wiedererrichtet werden müsse.

Am nächsten Tag, dem 25. Juli, geschah der Mord an Bundeskanzler Dollfuß; die Attentäter waren aus München gesteuerte österreichische Nationalsozialisten.

In die Zeit, in der sich die Kontakte Otto – Dollfuß entwickelten, fällt noch ein anderes wichtiges Ereignis: auch Hitler wollte mit Otto von Habsburg Verbindung aufnehmen. Das geschah im Januar 1933, als Otto für seine Dissertation Material suchte und sich zu Forschungszwekken an der Staatlichen Bibliothek in Berlin aufhielt. Er benützte die Gelegenheit, um den Staatspräsidenten Hindenburg und die beiden Brüder Hohenzollern, die Söhne des deutschen Kaisers, in Potsdam zu besuchen. Hitler trennten nur mehr Wochen von der Machtübernahme, er fühlte sich fest im Sattel. Als er erfuhr, daß Otto von Habsburg in Berlin sei, ließ er ihm durch einen seiner Parteigenossen, den Hohenzollern Prinzen August Wilhelm, die Nachricht zukommen, er möchte ihn gerne treffen. Otto wehrte diese Einladung elegant ab: sein Berliner Aufenthalt würde zu einem „Politikum" werden, wenn er sich jetzt mit dem Führer der Opposition träfe, und dies wolle er nicht. Hitler gab jedoch seine Absicht nicht auf und versuchte ein zweites Mal, nun über Hermann Göring, Otto von Habsburg zu Verhandlungen einzuladen. Otto lehnte jedoch auch das Abendessen bei Göring ab. Hitler hatte damit gerechnet, daß Otto von Habsburg für ihn die konservativen österreichischen Kreise gewinnen könne. Er hatte dem jungen Habsburger die Rolle eines österreichischen Papen zugedacht, umsomehr, als er unter den jugendlichen Mitgliedern des deutschen Kaiserhauses viele Anhänger besaß. Womit er jedoch nicht gerechnet hatte: Otto war nicht nur ein Habsburger, er war auch Staatswissenschaftler und ein absoluter Verfechter des Rechtes und der Menschenwürde, daher lehnte er jede totalitäre Ideologie, somit auch die Hitlers, aus tiefster Überzeugung ab. Der damals 21jährige Otto erkannte und verkündete kristallklar, daß eine Weltanschauung die prinzipiell – und im Besitz der Macht auch praktisch – dazu tendiere, eine Minderheit der Gesellschaft, zum Beispiel das Judentum, zu registrieren und zu vernichten, in die sichere Katastrophe führe. Daher müsse man gegen deren Machtergreifung mit allen Mitteln ankämpfen. Ein junger, glühender Jurist hatte das getan, was in der damaligen Zeit kaum jemand wagte: er hatte zu Hitlers Einladung zweimal „nein" gesagt. Hitler übernahm einige Tage später, am 30. Januar 1933, die Macht und Otto verließ eiligst Berlin. Von da an sprach Hitler, wenn Otto von Habsburgs Namen fiel, nur vom „ungezogenen Bürschchen".

Dieses „ungezogene Bürschchen" hat dann dem Führer sehr viele schlaflose Nächte bereitet. Wie aus den Botschaftsmeldungen und diplomatischen Aufzeichnungen zwischen 1934 und 1938 ersichtlich ist, vor allem aus den Berichten des deutschen Botschafters in Wien, Franz von Papen, fand nach der Ermordung Dollfuß' bis zum „Anschluß" eine Art Wettlauf Hitler – Habsburg in Österreich statt. Während Otto die Herzen der Österreicher für sich gewann, besetzte Hitler das Land militärisch.

Im Juli 1934, zum Zeitpunkt der Ermordung von Dollfuß, hatte Adolf Hitler nicht die geringste Aussicht auf eine „Übernahme" Österreichs, während die Habsburg-Restauration gerade damals immer mehr in den Vordergrund rückte, eben als eventuelles Mittel, die durch Hitler drohende Gefahr zu bannen. Die Ermordung des österreichischen Kanzlers durch die Nationalsozialisten hatte die österreichische Bevölkerung und ganz Europa dermaßen erschüttert, daß damals Berlin allem Geschehen in Österreich, welchem Machtwechsel auch immer, wortlos und ohnmächtig gegenüber gestanden wäre. Hier hätte sich die historische Gelegenheit geboten, Österreich zu einem Bollwerk gegen das Vordringen Hitlers nach Wien und in den Donauraum auszubauen.

Otto und der Kreis seiner Berater erkannten dies deutlich. Otto in Steenockerzeel und der Wiener Stab, Wiesner, Max von Hohenberg, sowie die mit den Monarchisten und vor allem mit Otto zusammenarbeitenden österreichischen aktiven Diplomaten, die die internationale Situation gut überschauen konnten. Der österreichische Hauptdelegierte beim Völkerbund, Emmerich von Pflügl, und andere gaben eine Beurteilung der Lage ab. Die Unabhängigkeit Österreichs sahen sie im gegenwärtigen Augenblick nicht bedroht, die Gefahr würde sich aber verstärken und zur Dauerbedrohung werden, wenn sich Österreich nicht ideologisch und in jeder anderen Beziehung gegen Hitlers nationalsozialistischen Einfluß wappnet und wenn man zuwartet, bis die internationale Isoliertheit Hitlers aufgehört hat. Man müsse daher den von Dollfuß eingeführten „Frontgeist" und die Stärkung des österreichischen Patriotismus fortsetzen. Otto hielt es darüber hinaus für notwendig, daß sich das Regime mit den Sozialdemokraten aussöhne. Die ständestaatliche Verfassung Österreichs hatte nichts daran geändert, daß das Lager des Austrosozialismus recht groß war. Die Zusammenstöße in Linz und in Wien am 12. Februar 1934 waren in Wirklichkeit ein kleinerer Bürgerkrieg zwischen der konservativen und der sozialdemokratischen Seite. Da anschließend die radikaleren Sozialisten, wie Otto Bauer und Julius Deutsch, nach Prag geflohen waren, solle man die daheim gebliebenen und gemäßigten sozialdemokratischen Führer in die Verantwortung der Staatsführung einbeziehen. Diese Auffassung aus Steenockerzeel wurde noch durch den Umstand bestärkt, daß bereits vor den Februar-Ereignissen der legitimistisch eingestellte Präsident der Republik, Miklas, der Ansicht war, daß die Sozialdemokraten, um als Partei bestehen zu können, bereit wären, die Monarchie zu akzeptieren. Angesichts der höchsten und verhängnisvollen Bedrohung durch die hitlerischen Eroberungspläne müßte alles andere der Abwehr dieser Bedrohung untergeordnet werden. Im Augenblick der Ermordung von Dollfuß meinte der in der Emigration lebende österreichische Thronfolger, in heutigen Begriffen ausgedrückt, politisch brauche Österreich eine „große Koalition", wirtschaftlich wiederum die Beendigung der Arbeitslosigkeit durch die Inangriffnahme großangelegter öffentlicher Arbeiten.

Auch die Diagnose von Wiesner war eindeutig: in Österreich bestehe, infolge der Kämpfe zwischen den Parteien und den verfeindeten Lagern, keine unparteiische, über den Parteien stehende Autorität. Nur die Monarchie würde eine solche bieten und nur in der Person Otto von Habsburgs, der sofort nach Hause kommen müsse, um sich an ihre Spitze zu stellen. Wiesner und die Monarchisten hatten seit Jahren mit Erfolg in der öffentlichen Meinung Österreichs die Erkenntnis verbreitet, daß für dieses vom Geist des Bürgerkrieges zerfleischte Land der unverbrauchte Otto „die Hoffnung und die Reserve des Vaterlandes" sei.

In Beurteilung der Lage und auf Grund der aus Wien erhaltenen Botschaften beschloß man in Steenockerzeel, daß Otto umgehend nach Wien reisen müsse. Wenn er sofort und überraschend auf der innenpolitischen Szene erscheine, würde das nicht auf Widerstand stoßen, sondern der ganzen Bevölkerung eher Hoffnung geben. Die schnelle Entscheidung und das entschlossene Auftreten würden auch von den Gegnern respektiert werden. Der psychologische Moment sei jetzt der günstigste und der Augenblick wahrhaft ein historischer.

Otto hielt die Diagnose an sich für richtig und war auch für eine sofortige Rückkehr – jedoch unter einer Bedingung: nicht ohne Wissen und Zustimmung Schuschniggs. Da jetzt Schuschnigg, ein Monarchist, Kanzler sei, dessen Endziel, wie die bisherigen Kontakte gezeigt hatten, die Restauration war, könne man diesen nicht vor eine vollendete Tatsache stellen. Max von Hohenberg sollte deshalb unverzüglich zum neuen Kanzler gehen, ihm den Plan von Steenockerzeel mitteilen und um sofortige Antwort bitten. Dies geschah bereits am 26. Juli.

Die politische Eigenart Schuschniggs zeigte sich hier deutlich, er war kein Mann von raschen Entscheidungen. Wie es der englische Historiker Gordon Brook-Shepherd ausdrückte, es fehlte ihm an „panache“, der unabdingbaren Eigenschaft der Großen der Geschichte, an Erfolg bringender Kühnheit. Während der vorherige, republikanische Kanzler Dollfuß bereits zur Restauration entschlossen war, sagte der neue, monarchistische vorläufig „nein“. Er erklärte dem Abgesandten Ottos, daß er für die Entscheidungen, für die Steenockerzeel nur Tage vorsehe, Wochen und Monate benötige, denn er müsse die Gegner der Restauration überzeugen und in sein Lager bringen. Steenockerzeel möge ihm Zeit lassen.

Schuschnigg begann also eine Politik der langsamen Schritte, was sich später sowohl für die Restauration als auch für Österreich als katastrophal erweisen sollte. Otto war enttäuscht über das Zaudern Schuschniggs und der daraus folgenden vorerst abschlägigen Antwort. Er wollte nicht in seinem eigenen, sondern im Interesse Österreichs zurückkehren, um die Mission in jenem Geiste fortzusetzen, in dem seine Familie während sechshundert Jahren Österreich aufgebaut hatte, bald mit guter Politik, bald mit weniger glücklicher Hand, aber am Ende doch immer zum Nutzen des Reiches.

Trotz Schuschniggs momentan negativer Entscheidung erstarkte der Gedanke einer Restauration in Österreich zusehends. Es kamen immer größere Scharen zu den monarchistischen Versammlungen. In Industriellen-, Handels- und Wirtschaftskreisen sowie in breiten Schichten der Universitätsstudenten war man der Ansicht, daß nur die Wiederherstellung der Monarchie Österreich vor Hitler retten könne. Es wurde Mode, nach Steenockerzeel zu blicken, dorthin zu pilgern oder sich an irgendeinem anderen Punkt Europas mit Otto von Habsburg zu treffen. Kanzler Schuschnigg selbst verhandelte in der folgenden Zeit, in geheimen Zusammenkünften, sogar dreimal persönlich mit Otto. Im September 1935 im französischen Mühlhausen, im späten Sommer 1936 in Genf und im Dezember 1937 in Einsiedeln. Staatspräsident Miklas stand über Wiesner in ständiger und enger Verbindung mit Otto und betrachtete die Restauration nicht nur als seine Herzenssache, sondern auch als absolut notwendig. Bei Otto, in Belgien oder anderswo, gaben sich wichtige österreichische Persönlichkeiten die Klinke in die Hand, zum Beispiel

Außenminister Berger-Waldenegg, Verteidigungsminister Zehner, Finanzminister Draxler. Um eine Unterredung baten Vizekanzler Starhemberg, Außenminister Guido Schmidt, die Minister Schönburg-Hartenstein und Hans Rott oder auch Johann Staudt, der Führer der Gewerkschaften, und viele andere mehr.

Am 10. Juli 1935 hob das österreichische Parlament die Anti-Habsburg Gesetze auch als einfaches Gesetz auf. An diesem Tag wurde Artikel 299 beschlossen: „Über die Aufhebung der Landesverweisung des Hauses Habsburg-Lothringen und Rückerstattung seines Eigentums". Paragraph 1 des Gesetzes lautet: „Der Paragraph 2 des Gesetzes vom 3. April 1919, St. G. Bl. Nummer 209, tritt außer Kraft".

Damit wurde eine Ungerechtigkeit beseitigt, eine Verfügung außer Kraft gesetzt, welche bei objektiver Betrachtung der vergangenen Jahrhunderte die Habsburger seitens Österreich nicht verdient hatten.

Am 29. April 1936 wurden dann die Durchführungsbestimmungen des Gesetzes erlassen. Damals kehrten drei Geschwister Ottos nach Österreich zurück, drei Kinder des Kaisers betraten zum ersten Mal seit 1919 den Boden ihrer Heimat. Erzherzogin Adelheid übernahm eine Aufgabe bei der Wiener Caritas, Erzherzog Felix ging auf die Militärakademie in Wiener Neustadt und Erzherzog Karl-Ludwig ließ sich in jene Schule aufnehmen, die auch sein Vater besucht hatte: das Gymnasium der Benediktiner in der Schottengasse. Mit großem Jubel empfing außerdem das Land den populären Soldaten Erzherzog Eugen. Der Name Habsburg erstrahlte in Österreich wieder in altem Glanz.

Otto jedoch blieb vorerst in Steenockerzeel. Nicht ganz freiwillig. Er war zwar nicht einer Meinung mit Schuschnigg, was dessen Verzögerungstaktik betraf, aber Schuschnigg bat ihn immer wieder, den entscheidenden Augenblick abzuwarten und die Rückkehr etappenweise vorzubereiten. Das Habsburg-Schuschnigg-Treffen im September 1935 in Mühlhausen war – trotz der Meinungsverschiedenheiten – erfolgreich. Die Verhandlungen fanden im „Hôtel du Parc" statt. Nichts davon sickerte zur Gestapo Hitlers durch, denn dieses Hotel war im Besitz des französischen Geheimdienstes. Man kam überein, daß der Kanzler Otto als eine Art Außenmitglied der Wiener Regierung betrachten und ihn von allen entscheidenden innen- und außenpolitischen Änderungen *im voraus* informieren würde. Die Aufgabe der Benachrichtigung sollte Hofrat Weber übernehmen, der das Vertrauen beider genoß. Otto betonte wieder, man müsse gegen einen Einfall Hitlers die seelischen, geistigen und politischen Bollwerke festigen. Anfang 1935 erklärte Vizekanzler Starhemberg auf einer öffentlichen Veranstaltung, daß die Österreicher die Sicherheit gegen einen Anschluß im Sinne Hitlers immer mehr in einer Habsburg-Restauration sähen.

Alle diese Anzeichen, die aktive Arbeit der monarchistischen Vereinigungen und Wiesners, besonders aber die Aufhebung der Habsburger-Gesetze von 1919, erweckten im Lande selbst und in der europäischen Öffentlichkeit den Eindruck, daß die Restauration in Österreich knapp bevorstehe. Die europäische Presse war ständig mit dieser Frage befaßt.

Außenpolitisch gab es verschiedene Überlegungen. Mussolini hielt weiter daran fest, daß Italien gegen eine Rückkehr der Habsburger keine Einwände hätte. Der Duce hoffte – unbegründet – auf eine Habsburg-Savoyen Hochzeit und hätte es gerne gesehen, wenn eine italienische Königstochter österreichische Kaiserin geworden wäre. Bei ihrem Treffen in Florenz sagte Mussolini dem österreichischen Kanzler ausdrücklich, daß Italien im Falle einer Restauration keine Schwierigkeiten machen würde und daß seiner Meinung nach nur eine einzige Person dafür in Frage käme: Otto von Habsburg. Das war im August 1934. Im November 1936 wiederholte Mussolini seine Einstellung, die sich sowohl auf eine Rückkehr nach Wien als auch nach Budapest bezog, gegenüber Wiesner, der ihn in Rom aufsuchte. Damals wurde das Italien Mussolinis offiziell noch als Schutzmacht Österreichs betrachtet. Mussolini war ein erbitterter Gegner Hitlers, bis ihn dann der Abessinische Krieg mit den Westmächten entzweite.

Wie stellte sich damals Ungarn, der andere Staat der ehemaligen Doppelmonarchie, zur Frage der Restauration? Es gab zweierlei Ansichten. Zu dieser Zeit war jener Gyula Gömbös Ministerpräsident, der im Herbst 1921 Horthy veranlaßt hatte, bei Budaörs auf König Karl schießen zu lassen. Gömbös, der später die Achse Berlin-Rom mitschmieden half, (der Ausdruck „Achse“ soll übrigens von ihm stammen) kämpfte verbissen gegen die Habsburger und hielt auch den Reichsverweser auf dieser Linie. Hingegen verurteilte gewissermaßen die ganze Opposition Gömbös' Außenpolitik, die sich immer mehr nach Berlin ausrichtete. Dadurch wurde die Aufmerksamkeit aller Oppositionsparteien – angefangen von der Unabhängigen Kleinen-Landwirte-Partei, über die bürgerlichen und radikalen Gruppen, bis zur Sozialdemokratischen Partei – automatisch auf Otto von Habsburg gelenkt. In Ungarn hatte auch der Legitimismus großen Einfluß; Antal Sigray, der Leiter der Legitimisten, spielte eine führende Rolle im gesetzgebenden Oberhaus. Der eingetretene Wandel wurde besonders dadurch gekennzeichnet, daß der Obmann der Kleinen-Landwirte-Partei, Tibor Eckhardt, der hochgebildete Hauptdelegierte Ungarns beim Völkerbund, der 1921 noch zur habsburgfeindlichen Front gehörte, jetzt, im Jahre 1935, Otto um eine Zusammenkunft ersuchte. Diese kam auch zustande, und zwar in Lyon. Habsburg und Eckhardt stimmten überein, daß die größte Gefahr für Europa und somit für Österreich und Ungarn der Nationalsozialismus darstelle. Beide erkannten bereits damals deutlich, daß Hitler den Krieg vorbereitete. Von Lyon zurückgekehrt, begann Eckhardt, als Leiter der größten Oppositionspartei, die offene Agitation zugunsten der Restauration, und zwar sowohl im Parlament als auch in der Gesellschaft. Die ungarischen Legitimisten gründeten eine neue, progressive Organisation (Magyar Szentkorona Szövetség – Verband der ungarischen Heiligen Krone) auf einer breiteren Basis. Einer der führenden Monarchisten, der katholische Priester Miklós Grieger, trat für das „soziale Königstum" ein, machte die fortschrittlichen sozialpolitischen Ansichten des jungen Otto bekannt und prägte den Satz, der zurückerwartete Otto sei der „König der Armen". Laut Ansicht des englischen Historikers C. A. Macartney hat dieses Programm bei vielen jungen Intellektuellen in Ungarn Anklang gefunden. Antal Sigray griff 1934 die Außenpolitik Gömbös' in einer großen Rede im Oberhaus an und drängte darauf, die Verbindung zwischen Österreich und Ungarn enger zu gestalten. „Wir haben keine germanophile Politik nötig, vielmehr müßten alle unsere Kräfte für die Sicherung der österreichischen Unabhängigkeit mobilisiert werden", sagte er. Nur zwei Kräfte wären gegen eine Habsburg-Restauration in Österreich wie in Ungarn: Das Dritte Reich Hitlers und die Staaten der Kleinen Entente. Hingegen – so betonte er – stünde weder Großbritannien noch Frankreich einer Restauration im Wege. Diese beiden Staaten wären nicht bereit, zu den Waffen zu greifen, um die Rückkehr der Habsburger zu verhindern. „Ich würde eine Äußerung von so großer Tragweite nicht wagen, wenn ich nicht im Besitze von Informationen aus maßgebenden Quellen wäre, von deren Authentizität ich überzeugt bin".

Sigray hatte stichhaltige Gründe. Otto von Habsburg, Wiesner und von Pflügl, weiters der französische Botschafter in Wien, Gabriel Puaux, entfalteten eine recht erfolgreiche diplomatische Aktivität bei den zuständigen Stellen in Paris und London. Das offizielle Frankreich und das offizielle Großbritannien waren allerdings in der Frage der Restauration unschlüssig. Solange die nationalsozialistische Gefahr nicht groß schien, waren sie nicht sehr bereit, die komplizierten Fragen der Restauration in

Angriff zu nehmen. Als jedoch Hitlers Macht zunahm, kamen immer mehr Persönlichkeiten der französischen und britischen Politik zu der Ansicht, Otto solle nach Österreich zurückkehren und die Staaten der Kleinen Entente sollten sich damit abfinden. Der französische Außenminister Barthou sagte zwar im September 1934 – bei einer Sitzung des Völkerbundes – zu Schuschnigg: „Ne restaurez pas les Habsbourg". Doch Schuschnigg selbst schreibt, daß Barthou dies halb im Scherz und halb im Ernst, und nicht während der Verhandlungen, sondern beim Abschied, so nebenbei, erwähnt habe. Vor allem aber hat die Pariser Regierung sich offiziell nicht gegen die Habsburg-Restauration ausgesprochen und sich mit keiner Erklärung verpflichtet, diese zu verhindern. Pierre Laval, in seiner Eigenschaft als Außenminister, bemühte sich sogar, das am meisten gegen eine Restauration eingestellte Jugoslawien zu beruhigen, und in Steenockerzeel registrierte man mit Genugtuung die günstige Veränderung in der französischen Politik.

In England hatte der kleine diplomatische Stab Ottos einen schweren Stand. Dort begann sich, angeführt vom britischen Botschafter in Berlin, Henderson, eine „appeasement" Politik Hitler gegenüber zu entwikkeln, die für die Restauration nicht günstig war, auch nicht für die Unabhängigkeit Österreichs, und die dann in die Kapitulationspolitik Chamberlains mündete. Jedoch auch England bezog gegen eine Restauration der Habsburger nie offen und verpflichtend Stellung. Im Parlament gab es sogar eine bedeutende Gruppe, die es geradezu für wichtig hielt, daß Otto von Habsburg nach Österreich zurückkehre. Für die Überzeugung dieser Gruppe erhob kein Geringerer das Wort als Duncan Sandys, Churchills Schwiegersohn. Mit seiner Unterstützung wurde der sogenannte Gower-Vorschlag dem Parlament unterbreitet: das britische Parlament solle proklamieren, daß Österreich kein wie immer geartetes, gegen Habsburg gerichtetes Verbot binde und das Land seine Staatsform frei wählen und ändern könne. Im „Daily Telegraph" vom 7. April 1936 schrieb Duncan Sandys einen zukunftsorientierten Artikel „Can Austria preserve her Independence?" In diesem sah er voraus (was zu jener Zeit viele Politiker in verantwortlichen Positionen nicht erkannten oder nicht glauben wollten), daß Hitler Österreich einverleiben werde, wenn man dies nicht frühzeitig genug verhindere. Das einzige wirkliche Hindernis wäre eine Restauration der Habsburger, nur sie könne die Unabhängigkeit Österreichs sichern. Die Westmächte hätten bisher allen Gewaltakten Hitlers nachgegeben und es sei zu befürchten, daß sie dies auch in Zukunft tun würden, zum Beispiel im Falle Österreichs oder des Polnischen Korridors, also Danzigs. Österreich könne der deutschen Anziehungskraft nur dann widerstehen, wenn es ein Nationalgefühl entwickle; dergleichen sei kaum denkbar, jedoch könnte eine ebenso starke Regung das Nationalgefühl ersetzen: die emotionelle Bindung an ein Herrscherhaus. Otto – schreibt Sandys weiter – bereite sich in Steenockerzeel in aller Bescheidenheit auf die Übernahme der großen Verantwortung vor. Churchills Schwiegersohn forderte die Regierung auf, dahin zu wirken, daß die Kleine Entente ihren Widerstand gegen die Restauration aufgebe. „Es kann mit Sicherheit angenommen werden, daß mit konzentriertem britisch-französischem Druck diese Vorstellung realisierbar ist; wenn jedoch dieser Druck nicht erfolgt, wird auf die Rheinkrise von 1936 die Krise Österreichs im Jahre 1937 folgen."

Von den Staaten der Kleinen Entente war zu dieser Zeit Jugoslawien bereits dabei, sich von Paris loszulösen, und der Kreis um Stojadinovic trieb das Land sogar stark in Richtung Hitler. In der Tschechoslowakei war die Politik des Staatsoberhauptes Beneš schwankend, obgleich er persönlich vehement habsburgfeindlich eingestellt war. Am Anfang war seine Parole „Lieber Hitler als Habsburg". Eine sehr kurzsichtige Politik in einem Land mit einer großen deutschen Volksgruppe, auf die die großdeutsche Propaganda Hitlers noch intensiver gerichtet war als auf Österreich. Beneš hatte noch 1908 geschrieben, er könne sich nicht vorstellen, daß es den Tschechen irgendwo besser gehen könnte als innerhalb der Monarchie. Am Ende des ersten Weltkrieges rief er: „Détruisez l'Autriche-Hongrie!" Ebenso katastrophal wirkte sich seine jetzige Devise aus. Er selbst hatte das Schicksal herausgefordert – und Hitler zerstörte die Tschechoslowakei von Beneš. Es gab jedoch auch andere Strömungen in der Politik des Landes. Zum Beispiel stand Ministerpräsident Hodza, über seinen Sekretär Edmund Czernin, in ständigem Kontakt mit Steenockerzeel. In Privatgesprächen ließ er Schuschnigg wissen, daß die Tschechoslowakei im gegebenen Fall keine Schritte gegen die Restauration unternehmen würde. Nach Steenockerzeel ließ Hodza melden, er verpflichte sich, nie offiziell gegen die Restauration aufzutreten, sondern den Standpunkt einzunehmen, dies sei eine innere Angelegenheit Österreichs. Milan Hodza hatte nämlich die von Hitler kommende Gefahr klar erkannt. Später milderte auch Beneš seine Einstellung. Obgleich er weiterhin der Ansicht blieb, eine Restauration sei zu verurteilen, hielt er sie nicht mehr für einen casus belli. Ein Jahr später berichtete der Deutsche Botschafter in Wien, von Papen, Hitler, daß von den Staaten der Kleinen Entente nur Jugoslawien zu den Waffen greifen würde, um eine österreichische Restauration zu verhindern. Die Tschechen und Rumänen würden sich auf Protestnoten beschränken.

Unter den verschiedenen Einflüssen schwankte Schuschnigg hin und her. In Budapest, von Horthy gegen eine Restauration gestimmt, neigte er eher in diese Richtung, doch wenn ihm Mussolini zusprach, schöpfte er neuen Mut; nach einem Gespräch mit Barthou wurde er wieder unsicher, und die divergierenden Standpunkte von Beneš und Hodza verwirrten ihn. Er mußte jedoch feststellen, daß in Österreich die Monarchisten immer stärker wurden und, da er selbst davon überzeugt war, daß gegen Hitler einzig und allein Habsburg das Mittel sei, förderte er konsequent die Idee der Restauration. Nur zum entscheidenden Schritt konnte er sich nicht entschließen, nämlich nach Steenockerzeel zu melden, die Zeit sei reif, Otto von Habsburg solle heimkehren. Otto hatte versprochen, daß er ohne Wissen und Einverständnis Schuschniggs nicht den Weg der Rückkehr beschreiten werde, der ihm nach der Aufhebung der Habsburger-Gesetze weit offen stand. Er warnte allerdings Schuschnigg, daß die Zeit nicht gegen, sondern für Hitler arbeite. Der Kanzler verhielt sich jedoch weiterhin zögernd. Im Freundeskreis bemerkte er öfters, die Restauration sei die „letzte Karte". Nur, die Gegner der österreichischen Unabhängigkeit blieben nicht untätig und es war ein Fehler, die Trumpfkarte nicht am Anfang auszuspielen, sondern bis zum letztmöglichen Moment halten zu wollen. Dann – und das war vorauszusehen – konnte weder diese noch eine andere Karte ausgespielt werden.

Schuschnigg war entschlossen, vor der „letzten Karte" noch auf etwas anderes zu setzen, nämlich auf „Hitler gegen Hitler". Er wollte eine Abmachung mit Hitler treffen, um damit die Hände des Diktators zu binden. So kam die berühmt-berüchtigte, vieldiskutierte Vereinbarung vom 11. Juli 1936 zwischen dem deutschen Führer und dem österreichischen Kanzler zustande. Der Vertrag war das Ergebnis der hartnäckigen Arbeit Franz von Papens und besagte im wesentlichen, daß Deutschland feierlich die Unabhängigkeit Österreichs anerkenne und verspreche, sich nicht in die inneren Angelegenheiten des Nachbarlandes einzumischen. Dafür erklärte sich Österreich als deutscher Staat und Schuschnigg nahm in die Regierung einen betont deutsch-nationalen und einen nationalsozialistischen Politiker auf, Glaise-Horstenau und Guido Schmidt.

Zwei Tage vor der Veröffentlichung der Abmachung sandte Schuschnigg Weber nach Steenockerzeel, um Otto zu informieren und um sein Einverständnis zu bitten. Otto versagte seine Zustimmung, er hielt die mit Hitler getroffene Vereinbarung für eine Katastrophe, für den Auftakt zum Anschluß. Er ließ durch Weber sagen, daß Hitler diesen Vertrag nur dazu nützen werde, um Österreich jedes Mal des Vertragsbruches anzuklagen, wenn die Regierung zum Beispiel gegen nationalsozialistische Unruhestifter und Agitatoren energisch auftrete. Otto, der trotz seiner Jugend über größere außenpolitische und internationale Erfahrung verfügte als Schuschnigg, wußte, daß man niemals eine Abmachung aus der Position der Schwäche schließen dürfe. Die Vereinbarung würde nur den Weg für eine nationalsozialistische Machtübernahme ebnen, ließ Otto mitteilen. Seine Voraussage bewahrheitete sich früher, als irgend jemand ahnen konnte. Joseph Goebbels, das Sprachrohr Hitlers, erklärte schon einige Tage nach der Bekanntmachung, die Vereinbarung vom Juli habe die Möglichkeit eines österreichischen 30. Januar 1933 geschaffen.

Das darauffolgende, nunmehr dritte Treffen zwischen Otto und dem Kanzler, das von Pflügl auf die Bitte Schuschniggs in seiner Villa in Genf zustande brachte, verlief ziemlich frostig. Es war der Atmosphäre auch wenig zuträglich, daß der Kanzler seinen alten Freund und neuen Außenminister Guido Schmidt mitbrachte, über den Ottos Informationen lauteten, er sei Hitlers Vertrauensmann in der österreichischen Regierung. Sowohl der Kanzler als auch Otto brachten nochmals ihre Argumente für und gegen die Vereinbarung vor. Otto betonte, daß er die Restauration niemals um seiner selbst willen angestrebt hätte, sondern im Interesse der Bewahrung der österreichischen Unabhängigkeit. Die beiden Seiten trennten sich kühl und ohne zu einem Einverständnis gekommen zu sein.

Papen berichtete nach Berlin, daß seit dem Juli-Abkommen die Monarchisten und der Gedanke der Restauration in Österreich noch stärker würden. Doch auch die Aktionen und Drohungen Hitlers wurden schärfer. Göring und der deutsche Außenminister Neurath betonten in Rom und Wien wiederholt, daß es Selbstmord wäre, falls Österreich die Monarchie wiedererrichte. Inzwischen griff die deutsche Presse Schuschnigg immer wieder wegen der „Verfolgung österreichischer Nationalsozialisten“ an. Unter diesen Umständen trafen sich Schuschnigg und Otto neuerdings im Dezember 1937, diesmal im Schweizer Einsiedeln, wo der Abt für vollkommene Geheimhaltung sorgte. Guido Schmidt war wieder dabei. Der Kanzler führte aus, er hoffe noch immer, mit Hitler ein neues Abkommen zustande zu bringen, das Hitler einhalten würde. Otto war vom Gegenteil überzeugt, denn Hitler halte die Abmachung vom 11. Juli

1936 seit dem Tage, an dem er sie unterzeichnet hatte, nicht ein und das wäre gewiß das Schicksal jeder anderen, neuen Vereinbarung. Otto bat Schuschnigg, seine Regierung umzubilden, die Nationalsozialisten daraus zu entfernen, die Sozialdemokraten einzubeziehen und eine breitestmögliche nationale österreichische Basis zu schaffen. Auch die Rückkehr Ottos kam zur Sprache. Während Schuschnigg für ein weiteres Abwarten war, wies Otto darauf hin, daß seiner Überzeugung nach, wenn irgend etwas Österreichs Freiheit retten könnte, es die Kombination von zwei Dingen wäre: die Wiederherstellung der Monarchie und eine entschlossene Erklärung, daß Österreich seine Unabhängigkeit mit allen Mitteln verteidigen würde. Schließlich vereinbarte man, sich in Kürze wieder zu treffen.

Dazu kam es jedoch nicht mehr. Hitler marschierte in der Nacht vom 11. auf den 12. März in Österreich ein.

Nach dem zweiten Weltkrieg kommentierte Schuschnigg, aus der Emigration zurückgekehrt, in seinem Heim im Tiroler Mutters, seine Politik in bezug auf die Restauration wie folgt: „Manchmal legten wir die Pläne einer Restauration beiseite, weil wir keine Möglichkeiten zu deren Realisation sehen konnten, doch gaben wir sie als Fernziel nie auf. Durch Hans von Hammerstein-Equord, der deutscher Abstammung war, hatten wir Informationen, wonach die Position Hitlers im Reich auch nicht so absolut sicher war. 1937 zum Beispiel, zur Zeit der Salzburger Festspiele, erhielten wir Berichte, daß Hitler vor einem wirtschaftlichen Zusammenbruch stehe. Wir hofften also, daß wir den längeren Atem haben würden, und vertrauten darauf, daß Hitler geschwächt oder gestürzt werden könnte, so daß wir dann in Österreich die Restauration durchführen könnten."

Hitler besetzte also im Jahre 1938 ein Österreich, in dem die Habsburg-Restauration nicht stattgefunden hatte. Die Argumentation der Restaurations-Gegner, daß man, um einem „Anschluß" zu entgehen, nicht restaurieren dürfe, erwies sich somit als falsch und pure Illusion.

In der Beurteilung Otto von Habsburgs war es einer seiner schwersten und entscheidensten politischen Fehler, daß er die Situation nach der Ermordung von Dollfuß, nämlich die darauf folgende totale Isoliertheit Hitlers, nicht ausgenützt hatte. Es war ein Fehler, daß er damals auf Schuschnigg hörte, statt sofort nach Österreich zurückzukehren. Nach dem Juli 1934 hätte eine Politik auf der weitestmöglichen nationalen Basis, also eine Koalition der Konservativen und Sozialdemokraten, eine echte Chance gehabt. Unter der ausgleichenden Institution der Monarchie hätte der österreichische Patriotismus erweckt und bestärkt und das wirtschaftliche Leben stabilisiert werden können. Wenn diese Politik sich überdies nicht einseitig auf Italien, sondern auch auf Paris und London gestützt hätte, wäre Hitler davor zurückgeschreckt, gegen Österreich vorzugehen. Wie wir heute wissen, war Hitler noch im Februar 1938, in der letzten Phase der Entwicklung, unentschlossen, ob er einmarschieren solle oder nicht. Vor keiner einzigen seiner späteren Aktionen (Prag, Danzig) hat der „Führer" so lange gezaudert wie vor dem Einmarsch in Wien. André François-Poncet, der ehemalige französische Botschafter in Berlin, schreibt in seinen Memoiren: „Als Hitler sah, wie leicht die Annexion Österreichs vor sich ging, ärgerte er sich über sich selbst, daß er nicht auch anschließend in Prag eingezogen war. Die Leichtigkeit, mit der er Österreichs Unabhängigkeit vernichten konnte, ermunterte den ‚Führer' zu weiteren gewaltsamen Besetzungen und führte schließlich zum Ausbruch des zweiten Weltkrieges." Der ratlose Westen – und darin war das vier Jahre lange Schwanken Schuschniggs nur eine kleine lokale Erscheinung – sah erstarrt den Ereignissen zu. Viele Staaten hofierten Hitler, in der Hoffnung, dann verschont zu bleiben.

Der Autor kann hier nicht umhin, aus dem Schlußkapitel seiner früheren Habsburg-Biographie zu zitieren, und zwar einen Abschnitt, der sich auf die Illusion der „appeasement"-Politik gegenüber Hitler bezieht. „. . .Wie schon erwähnt, prägte Eduard Beneš 1934 den Satz: ‚Lieber Hitler als Habsburg!' Einige Tage nach dem Anschluß sagte der tschechoslowakische Militärattaché in Berlin einem jungen Offizier des französischen Deuxième Bureau. Paul Stehlin, in schlichter Heiterkeit: ‚Hitler in Prag ist für mein Land immer noch besser als die Habsburger!' Stehlin notierte dazu: „Soweit vermögen einen Menschen Blindheit und Haß zu bringen." Am 15. März 1939 stand Adolf Hitler auf dem Prager Hradschin . . . Am 14. Januar 1938 meinte der polnische Außenminister Beck nach einer Verhandlung mit Hitler, Österreich könne der Welt einen Dienst leisten, indem es den Appetit des „deutschen Moloch" endlich befriedige. Am 1. September 1939 fiel Adolf Hitler in Polen ein . . . In Frankreich hatte Ministerpräsident Chautemps einst, im Oktober 1937, von Papen mit der Versicherung beruhigt, daß seine Regierung künftig die Restauration der Habsburger nicht mehr unterstützen werde. Am 14. Juni 1940 war Adolf Hitler in Paris . . . Puric, jugoslawischer Gesandter in Paris, sagte im November 1937 zu seinem österreichischen Kollegen Vollgruber, für Jugoslawien sei Österreichs Anschluß an Deutschland immer noch günstiger als eine Restauration in Wien.

Am 6. April 1941 überrannte Adolf Hitler Jugoslawien . . . Im August des Jahres 1934 warnte Gyula Gömbös, Ministerpräsident Ungarns, Bundeskanzler Schuschnigg vor einer Restauration und Horthy fügte hinzu, daß dem armen Österreich wohl nichts anderes übrigbliebe, als sich dem Deutschen Reich anzuschließen. Am 19. März 1944 besetzte Hitler Ungarn . . .“

1945, nach der himmelschreienden Katastrophe des zweiten Weltkriegs, notierte Winston Churchill, daß dieser Krieg mit der Besetzung Österreichs begonnen habe.

Und einige Jahre vor Christi Geburt schrieb Ovidius Naso auf gelbem Papyrus, im 91. Vers der ‚Remedia amoris‘:

‚Principiis obsta: sero medicina paratur‘.

„Wehre den Anfängen, denn das Heilmittel kommt sonst zu spät.“

II. Verzicht auf Restauration

Vor dem „Anschluß“ hatte Otto rund sieben Jahre lang mit Ausdauer auf die österreichische Restauration hingearbeitet, in den letzten vier Jahren, nach dem Tode von Dollfuß, mit wachsender Intensität. Als Hitlers Truppen in Österreich einfielen, wo seine Ahnen jahrhundertelang regiert hatten, faßte der erst 26jährige Habsburger einen überraschenden Entschluß. Einen, der auf den ersten Blick inkonsequent oder unverständlich erscheinen mag. Damals „verzichtete“ Otto auf die Restauration. Er gab gegenüber den österreichischen Emigranten die Erklärung ab, daß er von nun an kein Thronprätendent mehr sei, nicht mehr der „Kaiser“ und daß er den Namen Habsburg als Familiennamen führe. Von jetzt ab sei er nur ein österreichischer Patriot, dessen höchstes Ziel es sei, Österreichs Unabhängigkeit wiederherzustellen. Er kenne nichts Trennendes, er sei bereit, sich mit jedem zu verbinden und jedem zu helfen, der darum kämpft, Österreich vom Hitlerjoch zu befreien.

Zu diesem Zweck übersiedelte er nach Paris und organisierte von dort aus den Widerstand Österreichs und des Donauraumes gegen Hitlers Willkür.

Otto von Habsburg war viel erfahrener als seine Altersgenossen und seine politische Voraussicht übertraf bei weitem die vieler altgedienter Minister und Regierungschefs seiner Zeit. Er erkannte mit unfehlbarer Sicherheit, daß Hitler durch den gewaltsamen Einmarsch in Österreich einen Eingriff in die Geschichte tat, der in seinem Sturz enden würde. Ebenso sicher war es für ihn, daß der Weg in den Abgrund vorerst über Siege führen würde. Doch jeder Sieg Hitlers wäre die Folge eines Rechtsbruches und daher ein Schritt näher zum Untergang. Zu einem Zeitpunkt, als verantwortliche Regierungsmitglieder noch dem Phantom eines Vergleichs mit Hitler nachliefen, stand für den jungen Habsburger bereits fest, daß diese Illusion zu nichts führe und daß alle im Namen des Friedens mit dem „Führer“ geschlossenen Vereinbarungen nur neuen Auftrieb für Hitlers Panzerbrigaden mit sich brächten.

Diese Auffassung erörterte Otto im französischen Blatt „Petit Parisien“ und rief das österreichische Volk auf, den Glauben nicht zu verlieren und die fremde Besetzung nicht zu akzeptieren. Die Folge davon war, daß das Wiener Justizministerium, das bereits unter Berlins Befehl stand, Otto von Habsburg zum Landesverräter erklärte. Der Bescheid wurde am 22. April 1938 publik gemacht und gleichzeitig Otto zur Fahndung ausgeschrieben.

In der französischen Politik kannte Otto jeden und jeder kannte ihn. Seit seiner Großjährigkeit war er ständiger Gast bei der geistigen und politischen Elite Frankreichs. Sein Onkel Sixtus hatte ihn nicht nur Marschall Lyautey vorgestellt, und er selbst suchte nicht nur die Bekanntschaft und Freundschaft der Großen, sondern auch die der Jüngeren, die heute noch unbedeutend, morgen führend sein konnten. Er hatte einen guten Blick dafür, wer ein „coming man" war.

So sahen dann die nach dem „Anschluß" nach Paris fliehenden Österreicher – Konservative, Sozialdemokraten, Kommunisten, Katholiken, Protestanten und Wiener Juden, einfache Flüchtlinge und politisch Verfolgte – mit nicht geringer Verwunderung, wie vor Otto von Habsburg sich jede Türe öffnete. Das war für die Flüchtlinge ungemein wichtig, denn ihnen war fast jede amtliche Türe verschlossen. Da entdeckten sie, daß dieser junge Habsburger in der Lage war zu helfen – und es auch tat.

Die Situation der Emigranten war nämlich in vieler Hinsicht schlecht und ungeregelt. Paris und London standen damals noch in diplomatischem Kontakt mit Hitlerdeutschland und zeigten sich auf Wunsch Berlins geneigt, die österreichischen Flüchtlinge, in Anbetracht der geänderten Lage, als reichsdeutsche Staatsbürger anzuerkennen. Wäre das geschehen, bestand bei einem möglichen Kriegsausbruch die Gefahr einer sofortigen Internierung in Frankreich. Otto sah diese Entwicklung voraus und setzte bei der französischen Regierung durch, daß in die Flüchtlingsausweise der Bürger des vormaligen Österreich als Staatsbürgerschaft nicht „deutsch" sondern „ex-österreichisch" eingetragen wurde. Da nach dem „Anschluß" der Schatten Hitlers auch schon auf Mittel- und Osteuropa fiel, beschloß Otto und seine kleine Organisation, die die Rettung bedeutende Qualifikation „ex-österreichisch" auch für alle jene zu verlangen, die aus den Nachfolgestaaten der ehemaligen Monarchie stammten. Ottos Büro – das Hotel Cayré – arbeitete von da an, bis zum Einmarsch der Deutschen im Jahre 1940, auch als philantropische Flüchtlingshilfe und in komplizierten Fällen intervenierte Otto jeweils persönlich bei den zuständigen Ämtern in Frankreich.

Zum französischen Freundeskreis Ottos gehörten bedeutende Politiker. Seine größte Stütze war Kolonialminister Georges Mandel, aber auch andere aktive Minister kannten und schätzten ihn. Wer ihn nicht mochte, wie zum Beispiel Außenminister Pierre Laval, respektierte ihn. Lavals persönliche Ambition, von deren Richtigkeit er sogar den jungen Habsburger überzeugen wollte, war die Vision eines deutsch-französischen Bündnisses, in welchem Paris die Führungsrolle zukäme.

Otto stand in regelmäßigem Kontakt mit den französischen Ministerpräsidenten der Vergangenheit, der Gegenwart und der Zukunft: Léon Blum, Daladier und Paul Reynaud. Last but not least verhandelte er auch öfters mit Marschall Pétain. Die französischen Staatsmänner waren der Ansicht – wie auch der österreichische sozialistische Schriftsteller Hellmut Andics diese Ära beschreibt –, daß die Vertreter der verschiedenen Richtungen der bisherigen österreichischen Innenpolitik allesamt ihre Glaubwürdigkeit verloren hatten, nur Otto von Habsburg nicht. Da sie seine Selbstlosigkeit, seinen Fleiß und seinen Idealismus kannten, brachten sie ihm größte Hochachtung entgegen. Sein Prestige wurde noch dadurch verstärkt, daß er über geheime Kanäle genauestens über alles unterrichtet war, was in Österreich, Deutschland oder Ungarn geschah.

Obgleich Otto den sicheren Sturz Hitlers voraussah, war er doch über Lavals Ausspruch beunruhigt, daß es „kein Österreich mehr geben werde". Er befürchtete, daß nach dem Sieg über Hitler England und Frankreich nicht unbedingt für ein unabhängiges Österreich eintreten würden. Diese Sorge wurde besonders durch die britische Haltung genährt. Sein Bruder Robert, der in England lebte, hatte ihn informiert, daß Großbritannien in der Frage der Befreiung Österreichs keine Verpflichtung eingehen wolle.

In die Jahre des Pariser Widerstandes fällt auch die Zusammenarbeit zwischen Otto und dem Schwiegersohn Mussolinis, dem Außenminister Graf Ciano. Die Verbindung kam durch einen gemeinsamen Freund zustande und Ciano machte es möglich, daß die aus Ungarn kommenden ungarischen und polnischen Kuriere über Italien, mit italienischen Dokumenten versehen, Paris erreichten. Ende 1939 schickte Ciano einen Vertrauensmann zu Otto und bat ihn, diesen mit absolut zuverlässigen, Anti-Hitler-Mitgliedern der französischen Regierung zusammenzubringen. Er, Ciano, wolle nämlich um westliche Hilfe gegen die italienische Kriegspartei ersuchen, um Mussolinis pro-germanische Vorstellungen und kriegerischen Pläne zu durchkreuzen. König Victor Emanuel habe von dieser Mission Kenntnis. Otto stellte innerhalb weniger Tage, über Georges Mandel, die notwendigen Verbindungen zu den zuständigen Pariser Stellen her. Er selbst übernahm keine aktive Rolle in dieser Angelegenheit, da er auf Einladung Präsident Roosevelts nach Amerika reisen mußte. Statt der geplanten zwei Wochen, blieb er sieben – doch davon später.

Anfang Mai 1940 kam er aus den Vereinigten Staaten nach Paris zurück. Am 9. Mai fuhr er zum Geburtstag seiner Mutter mit dem Auto nach Steenockerzeel. Die Familie war schon beim Einpacken. Wie 1918 aus Schönbrunn und im Februar 1938 Adelheid und Karl-Ludwig vor Hitlers Einmarsch aus Wien, so mußte jetzt die ganze Familie wieder einmal fliehen, um das nackte Leben zu retten. Die deutsche Invasion warf bereits ihre Schatten voraus.

Am Abend des 9. Mai bekam Otto eine telephonische Nachricht von Géza Pálffy, einem der Führer des ungarischen Widerstandes; seine Leute in Den Haag hätten berichtet, daß die Deutschen starke Truppeneinheiten an der holländischen Grenze konzentrieren. Um 23.20 Uhr telephonierte Prinz Felix, der Bruder Zitas und Gemahl der Regierenden Großherzogin von Luxemburg, daß die Familie fliehe – die Deutschen seien eingefallen. Leopold, König der Belgier, befand sich bereits in seinem Schlafzimmer, als ihn Otto telephonisch erreichte und ihm diese Nachricht weitergab. König Leopold verstand. Das war das Ende der belgischen Neutralität.

Um 4.15 Uhr wurden die Bewohner von Stennockerzeel durch Geschützlärm aus dem kurzen Schlaf geweckt. Die im Garten stationierte Flak hatte das Feuer eröffnet, denn im Luftraum von Belgien tauchten die ersten deutschen Maschinen auf.

Erst viel später erfuhr Otto von konservativen Offizieren der deutschen Widerstandsbewegung, daß der Stellvertreter des Führers, Rudolf Hess, an die nach Belgien einmarschierenden Truppen den schriftlichen Befehl erteilt hatte, Otto von Habsburg und seine Brüder, falls sie gefaßt würden, ohne jedes weitere Verfahren sofort zu erschießen.

Für die Habsburger begann eine neuerliche Odyssee. Die Flucht von Stennockerzeel durch ganz Frankreich nach Lissabon, von Lissabon nach Washington und Montreal – und es vergingen sechs Jahre, bis diese so europäische Familie wieder den heimatlichen Kontinent betrat.

Die Flucht: drei Autos transportierten fünfzehn Menschen und das allernotwendigste Gepäck. Alles andere blieb zurück. Was Otto am meisten schmerzte, auch alle seine Bücher, die treuen Weggefährten seiner Studienjahre. Kaum hatten sie die kleine Wasserburg verlassen, erschien ein deutsches Flugzeug und warf eine Bombe ab – Hitler hatte Habsburg nicht vergessen. Zehn Minuten, nachdem sie das Städtchen Allost durchquerten, wird auch dieses getroffen, die Deutschen bombardierten die anrückenden französischen und britischen Truppen. Eine Übernachtung in Dünkirchen: die Stadt machte acht Luftangriffe mit, und die Nacht ist laut vom Lärm der marschierenden Soldaten.

In Paris warteten auf Otto dringende und wichtige Angelegenheiten. Auf die Nachricht des deutschen Angriffs hatten die Franzosen mehrere österreichische Sozialdemokraten, wie Pollak, Brenner, Frau Müller-Mittler und andere interniert. Otto intervenierte persönlich und erreichte schnellstens ihre Enthaftung. Die Ereignisse voraussehend forderte er alle Österreicher auf, zu ihm zu kommen. Er wollte überprüfen, ob ihre Dokumente sie gegebenenfalls berechtigten, Paris zu verlassen. Es stellte sich heraus, daß fast keiner entsprechende Papiere hatte. Diese mußten dringend besorgt werden. General Gamelin meldete der Regierung, daß die Deutschen 60 Kilometer vor Paris stünden und die Hauptstadt nicht verteidigt werden könne. Panik brach aus. Am 16. Mai bestürmten österreichische Sozialisten und Kommunisten Otto von Habsburg, er möge ihnen Reisedokumente zum Verlassen von Paris besorgen. Daraufhin stopfte er seine Aktentasche mit den unbrauchbaren Papieren voll und kehrte noch am gleichen Tag mit gültigen Schutzpässen zurück. Am Abend war die Angst noch groß, doch in der Nacht kam die erlösende Nachricht, daß die deutsche Offensive sich nach Norden gewandt hätte. Paris blieb vorderhand verschont. Der amerikanische Botschafter machte sich erbötig, für Otto das wichtigste Schriftmaterial nach Amerika zu verschicken. 99 Kisten wurden verfrachtet. Am 9. Juni, als noch viele daran glaubten, daß die Sicherheit anhalten werde, erhielt Ottos Mitarbeiter, Graf Degenfeld, eine verschlüsselte telephonische Nachricht vom französischen Generalstab: Er solle einen schönen, kleinen Spaziergang machen! Das bedeutete, daß Paris innerhalb von Stunden fallen könnte, Otto möge nach Bordeaux „spazieren", wohin auch die Regierung geflüchtet war. Otto von Habsburg hatte jedoch eine Einladung zum Abendessen und die Gastgeber waren Mrs. Clare Booth-Luce und Mr. Gibson, der frühere amerikanische Botschafter in Belgien. Das letzte Pariser Essen fand im Restaurant vom Ritz statt. Am nächsten Tag wurde bereits der deutsche General Rommel im Ritz einquartiert, der kaum seinen Augen traute, als er im Gästebuch las, was auch der Ritz-Inhaber bestätigte, daß am Abend vorher Seine Kaiserliche und Königliche Hoheit, Monseigneur Otto von Habsburg, dort gespeist hatte und mit der Kochkunst des Chefs sehr zufrieden war . . .

Zu dieser Zeit raste Ottos Wagen bereits nach Süden und einige Tage später speiste er in einem Restaurant in Bordeaux in Gesellschaft mehrerer Mitglieder der französischen Regierung. Hier sah er zum letzten Mal Pierre Laval, der sich tags darauf auf den Weg zur Macht und damit zu seiner Hinrichtung begab. Er erklärte dem jungen Habsburger nochmals seine Vision von einem französisch-deutschen Bündnis. Laval kam gerade von einer Ministerkonferenz, in der sein Vorschlag, einen Waffenstillstand zu schließen und vor Hitler zu kapitulieren, abgelehnt worden war.

Am nächsten Tag kam es zur Kapitulation, der greise Marschall Pétain hatte um Waffenstillstand gebeten. Aus Bordeaux flüchtete, wer konnte. Die neue Regierung ließ Ottos großen Freund, Minister Mandel, verhaften und auch Otto selbst kam auf die Verhaftungsliste.

Obwohl Otto dies wußte, kam er trotzdem von seinem etwas entfernt gelegenen Wohnsitz am nächsten Tag wieder nach Bordeaux, denn er hatte etwas Lebenswichtiges zu tun. Nicht für sich selbst, sondern für andere. Er ging zuerst zur portugiesischen, dann zur spanischen Gesandtschaft und bat die Botschafter, nun, da der verzweifelte Flüchtlingsstrom einsetzen und Hunderttausende fliehen würden, jedem österreichischen Flüchtling, der sich an sie wenden sollte, ein Visum zu erteilen. Dem spanischen Botschafter legte er noch besonders ans Herz, weder Sozialisten noch Kommunisten zurückzuweisen, denn jetzt gehe es nicht um Weltanschauungen, sondern um Menschenleben. Der Botschafter, der als alter Monarchist in Otto den jungen Kaiser sah, versprach, seinen Wunsch zu erfüllen. In großer Eile traf Otto noch General Sikorski, den Chef der polnischen Exilregierung, der als einstiger Soldat Kaiser Franz-Josephs den jungen Habsburger mit Freuden als neuen Kampfgefährten begrüßte.

19. Juni. Otto und seine Familie machten sich auf den Weg zur spanischen Grenze und kamen auf baskischen Boden, in jene bekannte Gegend, in der Otto als Kind im Orangenhain lernte und den Märchen der alten Fischer gelauscht hatte . . .

Spanien war jedoch nur ein Zwischenaufenthalt, ebenso wie später Portugal. Bevor Otto den alten Kontinent verließ, erledigte er sowohl in Madrid als auch in Lissabon noch eine überaus wichtige Arbeit: er machte den Weg frei für die aus dem Norden kommenden Flüchtlinge. In Lissabon verhandelte er direkt mit Ministerpräsident Salazar, den er bat, auch die jüdischen Flüchtlinge nicht zurückzuweisen, sondern aufzunehmen. Im Prinzip war Salazar nicht dagegen. Die Angelegenheit war aber insofern nicht ganz einfach, als Portugal Garantien verlangte, daß die Flüchtlinge weiterreisen. Otto versprach, sofort nach seiner Ankunft in Amerika alles Notwendige zu veranlassen, damit auch Zehntausende Einreisebewilligungen erhielten. Sollte Nordamerika dazu nicht bereit sein, würde er über seinen in Übersee lebenden Bruder Felix, der über beste Kontakte in Latein-Amerika verfügte, erreichen, daß die südamerikanischen Staaten die jüdischen Emigranten aufnehmen. Salazar, der schon viel von der zielstrebigen Ausdauer Otto von Habsburgs gehört hatte, nahm dieses Versprechen an und öffnete das Land nicht nur den politisch, sondern auch den rassisch Verfolgten.

Otto wartete nun nicht mehr lange. Ende Juni, in einer stürmischen Nacht, gelang es ihm, in einem Clipper nach Amerika zu fliegen. Das war bereits seine zweite Reise innerhalb kurzer Zeit. Beide Besuche erfolgten auf Einladung von Präsident Roosevelt.

Beim ersten Mal war er am 4. März in Baltimore angekommen und schon am 7. März empfing ihn Franklin D. Roosevelt im Weißen Haus. Sein persönlicher Freund, William C. Bullitt, der amerikanische Botschafter in Paris, hatte ihm seit Jahren über Ottos einnehmende Persönlichkeit berichtet und auch darüber, wie hervorragend informiert er sei. Bullitt leitete Ottos Informationen immer direkt an Roosevelt weiter und der amerikanische Präsident merkte mit Erstaunen, daß die Voraussagen dieses jungen Mannes immer eintrafen. Damals kam Roosevelt zu der Überzeugung, die er später einem Freund mitteilte: „In Europa gibt es zwei Menschen, die besser informiert sind als alle anderen. Der eine ist der Papst in Rom, der andere ist Otto von Habsburg."

Das am 7. März 1940 zwischen dem Präsidenten und Habsburg geführte Gespräch dauerte gut zwei Stunden. Otto sah seine Hauptaufgabe darin, Gewißheit zu erlangen, daß die Vereinigten Staaten die Annektierung Österreichs niemals anerkennen und an dem Postulat der Unabhängigkeit Österreichs festhalten würden. Roosevelt versprach dies. Er bat Otto sogar, gleich anschließend an diese Unterredung ins Außenministerium und den Senat zu gehen, um auch dort die entsprechenden Zusicherungen einzuholen. Otto informierte den Präsidenten über die allgemeine Stimmung in Österreich, daß dort bald nach dem „Anschluß" eine Ernüchterung eingetreten war. Viele hätten den Eindruck, das Land sei nur mehr ein Gau des Hitlerreiches, angekettet an die nationalsozialistische Kriegsmaschinerie und die Jugend Österreichs würde auf dem Schlachtfeld geopfert.

Sie sprachen auch ausführlich über Ungarn. Otto erklärte, das Trianoner Friedensdiktat habe Ungarn ungerecht und unsinnig bestraft. Zwei Drittel des Bodens und ein Drittel der rein ungarischen Bevölkerung seien abgetrennt worden. Dies verstöße gegen das Wilson'sche Selbstbestimmungsrecht, denn die losgetrennte ungarische Bevölkerung sei nicht gefragt worden. Die ungarische Forderung nach einer Revision von Trianon sei daher kein Chauvinismus. Der Präsident stimmte dem zu. Auch er halte eine Revision bis zu einem gewissen Grad für notwendig, außerdem hätte er große Sympathien für Ungarn. Ebenso war die Freiheitssehnsucht der Kroaten und die wachsende Hitler-Freundschaft der Belgrader Regierung im Gespräch. Roosevelt zeigte sich über die Verhältnisse in Mitteleuropa überraschend gut informiert. Otto betonte, daß nach dem Krieg eine Föderation der mitteleuropäischen Staaten geschaffen werden müsse. Er lehne es entschieden ab, daß das Ausland Einfluß auf die Staatsform dieser Länder nähme. Darüber könnten nur die Völker selbst bestimmen. Auch der Präsident war der Ansicht, eine solche Föderation wäre notwendig, um einerseits den Pangermanismus andererseits die russische Übermacht wettzumachen. Die Zerstörung der Österreichisch-Ungarischen Monarchie sei ein schwerwiegender Fehler gewesen, denn dadurch seien die aggressiven Kräfte in diesem Raum freigesetzt worden. Der ehemalige Präsident Theodore Roosevelt habe im Familienkreis sehr oft von seinem Besuch bei Kaiser Franz-Joseph Anfang des Jahrhunderts erzählt und von dessen Anspruch, daß es die wesentlichste Aufgabe der monarchistischen Staatsform wäre, die Völker vor ihren Regierungen zu schützen. Schließlich kam der Präsident nochmals auf die Donauföderation zu sprechen, die er als einen Eckstein des europäischen Friedens betrachtete, und er verabschiedete sich von Otto mit den Worten: „Sie können mit der Sympathie meines Landes rechnen."

In Washington wurde rasch bekannt, daß der österreichisch-ungarische Thronfolger den Präsidenten hatte für sich gewinnen können, daraufhin war Otto plötzlich sehr gefragt. Der Reihe nach kamen Einladungen der Gouverneure der einzelnen Staaten mit der Bitte, auch sie über die Situation in Europa zu informieren. Außenminister Cordell Hull lud ihn ein und der Senat erhob sich zu seiner Begrüßung wie beim Empfang eines Staatsoberhauptes. Die Presse bestürmte ihn und er mußte eine ganze Reihe von Radiovorträgen halten. Führende Publizisten, wie zum Beispiel Walter Lippmann, suchten ihn auf, es kamen Einladungen von Ministern und Senatoren, die Partys nahmen kein Ende. Otto beeindruckte jeden einzelnen durch seine genauen Informationen und die Bescheidenheit, mit der er als Träger eines so großen Namens auftrat.

Vor seiner Rückkehr nach Europa besuchte Otto auf Einladung des Ministerpräsidenten Mackenzie King auch noch Kanada.

Da die erste Amerikareise so erfolgreich war, gab es auch keine Schwierigkeiten bei der zweiten.

Aus Lissabon flog Otto Ende Juni nach Amerika. Wenige Tage später folgte ihm die Familie, die sich in Kanada, in der Nähe von Montreal, niederließ. Das Haus hatte der Kardinal von Quebec besorgt. Man wählte Kanada, weil die jüngeren Kinder in Brüssel französische Schulen besucht hatten und die Studien daher auch in dieser Sprache fortgesetzt werden sollten.

Otto mietete sich eine Wohnung in New York unweit des Central Parks. Er war noch keine Woche in den Staaten, als ihn Präsident Roosevelt wieder zu sich einlud, diesmal in seine Sommerresidenz im Hyde Park. Der Präsident erkundigte sich bei Otto über seine Informationen und über seine Beurteilung der europäischen Lage. Er riet ihm, ganz Amerika zu bereisen und sich dann in Washington anzusiedeln, um im Mittelpunkt des politischen Geschehens zu sein.

Otto von Habsburg übersiedelte daher in die Hauptstadt. Seine Wohnung im Hotel Broadmoore auf der Connecticut Avenue wurde bald eine Art politisches Zentrum. Dort setzte er fort, was er jahrelang in Paris getan hatte, nämlich einflußreiche politische Freunde zu gewinnen. Bei seiner Liebenswürdigkeit und seinem erstaunlichen Allgemeinwissen war dies trotz seiner Jugend nicht schwer. Dazu kam, daß zu diesem Zeitpunkt bereits viele Emigranten aus Europa wichtige Positionen im öffentlichen Leben Amerikas innehatten, die mit dem jungen Repräsentanten der großen europäischen Dynastie sympathisierten. Zu ihnen zählte der berühmte Professor der Havard Universität Felix Frankfurter aus Wien, der in Otto den Kaiser sah, sowie Felix Somary, der aus der Schweiz kam und wirtschaftlicher Berater der Washingtoner Regierung war. Von den amerikanischen Katholiken, Seelsorgern wie Kirchenfürsten wurde Otto stark unterstützt, nicht zuletzt von dem immer einflußreicher werdenden Kardinal Spellman. Besonders gute Freunde wurden der Postminister Frank Walker und Sol Bloom, der Präsident des Außenpolitischen Kommitees im Senat, um nur einige zu erwähnen. An Ottos bescheidenen Partys nahmen gerne bekannte Persönlichkeiten wie die Rockefellers und viele Senatoren und Abgeordnete teil. Die so rasch aufgebauten Verbindungen benützte er, wie früher in Paris, für humanitäre Hilfeleistungen. Das Problem war auch hier, daß Österreich offiziell zu Deutschland gehörte. Österreichischer Besitz war bereits unter dem Titel des deutschen Eigentums beschlagnahmt worden und österreichische Einwanderer fielen in die Kategorie „enemy aliens", was sehr große Unannehmlichkeiten mit sich brachte. Otto erreichte, daß diese Diskriminierung aufgehoben und die Österreicher als „Verbündete" betrachtet wurden.

Jetzt begann er auch in Amerika seine Kampagne für das seit dem „Anschluß" so notwendig gewordene Ziel, das von Hitler ausgelöschte Österreich im Bewußtsein der Menschen und der Politiker wachzuhalten. Wie er selbst sagte, wollte er Österreich wieder auf die Landkarte setzen, „put Austria back on the map". Einem guten amerikanischen Rat folgend, veranstaltete er jedes Jahr in allen Teilen der Vereinigten Staaten den sogenannten „Austrian Day" und nahm nach Möglichkeit persönlich daran teil. Als Datum wählte er den 25. Juli, den Tag der Ermordung von Dollfuß, denn das war der Anfang der Aggression Hitlers gegen Österreich. Durch seinen Freund, den Postminister, erreichte Otto die Aufnahme Österreichs in die Briefmarkenserie über die von Hitler eroberten Länder, und zwar als erstes Opfer des „Führers".

Es war Ottos Hauptziel, von offiziellen Stellen ein verbindliches, öffentliches Versprechen zu erhalten, daß nach dem Krieg Österreich nicht weiterhin ein Bestandteil Deutschlands bleiben würde. Infolge der anfänglichen Unentschlossenheit der britischen Politik war dies nicht leicht zu erreichen. Es gelang ihm jedoch bereits am 31. Juli 1941, daß der Repräsentant von Connecticut, James A. Shanley, eine Entschließung im Kongreß einbrachte, dahingehend, daß die Vereinigten Staaten die Einverleibung Österreichs in das Deutsche Reich nie anerkennen würden. Es war ebenfalls Ottos Verdienst, daß Außenminister Cordell Hull auf einer Pressekonferenz im Jahre 1942 erklärte, seine Regierung würde den „Raub" Österreichs niemals als legitim akzeptieren. Vor der Konferenz der Alliierten im November 1943 war Otto mehrmals bei Roosevelt und überreichte ihm persönlich sein Memorandum mit dem Wunsch, die Alliierten mögen in Moskau im Sinne der darin enthaltenen Punkte die Unabhängigkeit Österreichs zusichern. Die Moskauer Delegation vom 1. November 1943 entsprach auch im wesentlichen der Argumentation dieses Memorandums.

Ende August 1942 hatte Präsident Roosevelt Otto und seinen Bruder Felix ins Weiße Haus eingeladen und ihnen seine Lieblingsidee unterbreitet, die Aufstellung eines „Austrian Battalion" im Rahmen der

US-Streitmacht, ähnlich den geplanten griechischen und norwegischen Einheiten. Otto gefiel dieser Gedanke nicht besonders. Seiner Ansicht nach wäre die Situation anders, wenn man ein selbständiges österreichisches Heer bilden könnte, wie zum Beispiel die ausländischen polnischen Streitkräfte. Dazu gäbe es jedoch nicht genug Österreicher in Amerika und vor allem keine ausreichende Anzahl von wehrfähigen jungen Männern. Roosevelt maß dieser Bataillons-Idee große Bedeutung zu und versuchte die Habsburg-Brüder zu überzeugen, mit dem Hinweis, wenn sich eine solche militärische Einheit bewähre, könnte sie zum „nucleus“ einer eventuellen österreichischen Exil-Regierung werden. Schweren Herzens ging Otto auf den Vorschlag ein.

Im Staate Indiana begann ein ausgezeichneter amerikanischer Offizier, Vincent J. Conrad, mit der Ausbildung. Kaum war der Anfang gemacht, wurde die Angelegenheit auch schon in der Öffentlichkeit bekannt. Darauf setzte ein im Rockefeller Center von New York etabliertes, über immense Geldmittel verfügendes sowjetisch-tschechisches Büro eine staatenweite Kampagne allein schon gegen den bloßen Gedanken eines „Austrian Battalion“ in Bewegung. Bezahlte Agitatoren suchten der Reihe nach die sich freiwillig Meldenden auf. Das war das erste Anzeichen dafür, daß die sowjetische Propagandamaschinerie in Amerika Fuß gefaßt hatte. Laut Hellmut Andics war es damals bereits ein offenes Geheimnis in Washington, daß die tschechische Propaganda mit russischem Geld arbeitete. Das Endergebnis war, daß Anfang 1943 die Regierung den Plan der österreichischen, griechischen und norwegischen Militäreinheiten fallenließ. Otto war über diesen Mißerfolg nicht sonderlich unglücklich, war jedoch so taktvoll, niemals zu erwähnen, daß die Idee von Roosevelt stammte. Der Präsident war ihm für dieses diplomatische Verhalten aufrichtig dankbar und das Weiße Haus stand für Otto noch weiter offen als vorher.

In den Monaten der Vorbereitung des „Austrian Battalion“ kam Otto in engen Kontakt mit dem Staatssekretär des Äußeren Sumner Wells. Sie schätzten sich gegenseitig und Otto stellte fest, daß dieser Diplomat Europa nicht nur besser kannte, sondern auch besser verstand als sein Minister Cordell Hull. Sumner Welles seinerseits genoß die Unterredungen mit Otto in einem solche Maße, daß er nach der Erledigung der offiziellen Agenden ihn zum ausführlichen Meinungsaustausch noch stundenlang bei sich behielt.

Neben den großen politischen Zielen, die er verfolgte, hatte Otto auch noch andere nicht unbedeutende politische Aufgaben und Konfrontationen. Zum Beispiel wurde Beneš, der bis zum Kriegseintritt der Sowjetunion im Westen keinen Einfluß gehabt hatte, immer dreister und begann bereits mitten im Krieg zu propagieren, daß die Sudetendeutschen, als Nationalsozialisten, aus der Tschechoslowakei verjagt werden sollten. Otto startete einen harten Gegenangriff gegen diesen unmenschlichen Plan. Es gelang ihm, vor dem US Congress zu sprechen. Er wies darauf hin, daß es sich um ein Volk handle, das seit vielen Jahrhunderten dort lebe und daß die Vertreibung ganzer Bevölkerungsschichten aus ihrem angestammten Heimatlande die Atmosphäre in ganz Mitteleuropa vergiften würde. Mit gleicher Energie setzte er sich auch für die Interessen sowohl der aus Österreich stammenden als auch der deutschen Kriegsgefangenen, die in Amerika interniert waren, ein. Das State Department analysierte die Eingaben der Kriegsgefangenen und stellte fest, daß der Monarchiegedanke auch bei jüngeren Österreichern populär war. Ottos diplomatische Tätigkeit erstreckte sich auch auf Geschehnisse in der „Heimat". Er wirkte darauf hin, daß in Österreich kein bewaffneter Aufstand organisiert werde, weil das mit zu viel Blutvergießen verbunden wäre. Außerdem intervenierte er sowohl bei Churchill als auch bei Roosevelt ständig und mit Erfolg dafür, daß bei den Bombenangriffen solange wie möglich Österreich und das inzwischen auch in den Krieg eingetretene Ungarn verschont blieben. Bis zum letzten Abschnitt des Krieges gelang es ihm, dies zu sichern.

Ungarn wurde im Juni 1941 in den Krieg verwickelt. Im Jahre 1942 wurde Miklós Kállay Ministerpräsident, ein Politiker mit viel außenpolitischem Fingerspitzengefühl. Da er deutlich erkannte, daß Hitler den Krieg verlieren würde, bemühte er sich gleich vom Tage seines Amtsantritts an, Ungarn aus dem weltweiten Kampf herauszulösen. Das war ein schweres Unterfangen, schien jedoch nicht unmöglich, da noch keine deutschen Truppen in Ungarn stationiert waren. Kállay setzte sich sehr bald mit Otto von Habsburg in Verbindung, von dessen guten Beziehungen zu Churchill und Roosevelt er wußte. Von da an war es eine der Haupttätigkeiten Ottos, in Amerika die Interessen Ungarns wahrzunehmen, das heißt zu erreichen, daß das Land unter günstigen Bedingungen abspringen könne. Kállay hatte schon im September 1942 Reichsverweser Horthy in einem gesonderten Memorandum darauf aufmerksam gemacht, daß, sollten die Westmächte siegen, in Ungarn – im Lichte der derzeitigen Stellung Ottos bei Roosevelt – eine Restauration der Habsburger in Betracht gezogen werden müsse. Am 22. März 1943 sandte Kállay den Botschafter Gyula Barcza in geheimer Mission nach Rom, der dort mit dem Britischen Botschafter beim Vatikan, D'Arcy Osborne, verhandelte. Der britische Diplomat eröffnete seinem ungarischen Kollegen, daß Churchill an einer Föderation der Donaustaaten unter der Führung Otto von Habsburgs interessiert sei. Im gleichen Monat beauftragte Kállay den ungarischen Botschafter in Lissabon, Verbindung zu Otto von Habsburg aufzunehmen und ihn offiziell zu ersuchen, die Vertretung der ungarischen Interessen zu übernehmen. Otto meldete sich sofort im Weißen Haus und von da an vermittelte er zwischen Budapest und Washington. In seinem ersten Memorandum an Budapest teilte Otto von Habsburg mit, daß alles davon abhänge, ob Ungarn – das gegenwärtig von den Deutschen nicht besetzt sei – es riskiere, gegen Hitler in den Krieg einzutreten. Ende April antwortete Botschafter Wodianer aus Lissabon, daß die ungarische Regierung entschieden habe, im gegebenen Fall aktiv gegen Hitler zu kämpfen. Wenn dieser Fall einträte, würde Ungarn die Institution des Reichverwesers auflösen und durch die Monarchie ersetzen. Otto möge einen persönlichen Vertreter nach Lissabon schicken. Für diese Aufgabe wählte Otto seinen Bruder Karl-Ludwig, der dann auch in die portugiesische Hauptstadt übersiedelte.

Ende August lud Churchill Otto von Habsburg zur ersten Konferenz von Quebec ein. Auf Grund der Ausführungen Ottos billigte auch Churchill die Pläne bezüglich Ungarn. Am 19. November schickte Otto einen weiteren Bericht nach Budapest, in dem er drei Punkte hervorhob. Erstens: die Teheraner Konferenz habe das Schicksal von Ungarn und Österreich vorerst in den Händen der westlichen Demokratien belassen. Zweitens: bezüglich der Gebietsforderungen sei noch keine Entscheidung gefallen, da das Los des strittigen Siebenbürgens davon abhängen würde, wer zuerst zum Westen übertritt, Ungarn oder Rumänien. Drittens: die Zeit dränge, Budapest solle nicht zögern, denn wenn der Entschluß nicht rasch gefaßt werde, hieße Ungarns Schicksal Hitler. Am 28. November erreichte Otto ein Brief Kállays, mit der Nachricht, daß sich eine Situation ergeben könnte, in der Reichsverweser Horthy abdanke oder seines Postens enthoben werde. Für diesen Fall bat Kállay Otto von Habsburg, sofort als Staatsoberhaupt Ungarns zu fungieren. Otto bemängelte, daß der Brief keine konkreten Hinweise auf die Art und Weise des Frontwechsels enthalte. Am 3. Januar 1944 bekam Otto dann ein Schreiben vom Grafen Sigray, der ihm meldete, daß die Budapester Regierung bezüglich der Frage des Austritts aus dem Krieg uneinig sei: Kállay und der klügste Kopf der Regierung, Innenminister Franz Keresztes-Fischer, plädierten für einen sofortigen Übertritt; Horthy und mehrere seiner Ratgeber wünschten einen Aufschub. Der Reichsverweser rechnete damit, daß die Alliierten auf der Balkanhalbinsel an Land gehen und dann Ungarn mit geringerem Risiko und größeren Vorteilen aus dem Krieg ausscheiden könnte. Otto antwortete, daß die Landung auf dem Balkan noch sehr umstritten und überhaupt nicht sicher sei, daß jedoch ein unverzüglicher Kriegsaustritt Ungarns den Impuls geben könnte, die Landung tatsächlich auf dem Balkan durchzuführen.

Am 16. Januar 1944 kam Otto wieder ins Weiße Haus, um sich mit Roosevelt zu beraten. Der Präsident empfing ihn in seinem privaten Arbeitszimmer, wo man angenehmer sprechen konnte. Otto informierte ihn über die aus Budapest beziehungsweise Lissabon eingetroffenen Nachrichten. Bei einem Übertritt Ungarns würde Horthy die Macht an eine Regierung übergeben, in der alle Parteien, auch die derzeitigen hitlerfeindlichen, vertreten wären. An der Spitze des Staates würde der Primas von Ungarn, Kardinal Justinian Serédi, treten. Roosevelt erklärte, Serédi sei eine gute Übergangslösung, er wisse jedoch, daß mehrere Mitglieder der Budapester Regierung und des Parlaments wünschten, daß Otto die Staatsführung übernehme. Seiner eigenen Meinung nach wäre das am ehesten verfassungskonform. Otto antwortete, er hätte bewußt seine eigene Person bisher nicht in den Vordergrund gestellt; selbstverständlich würde er die Leitung des Staates übernehmen, jedoch nur, wenn die Mehrheit des ungarischen Parlaments ihn dazu auffordere und dies nachträglich durch eine Volksabstimmung bestätigt werde. Dann kam Otto auf die konkreten Schritte eines ungarischen Übertritts zu sprechen. Man würde in Ungarn das deutsche Eigentum beschlagnahmen, daraufhin würde Deutschland an Ungarn den Krieg erklären. Roosevelt betonte, das Wichtigste sei der richtige Zeitpunkt; man müsse so bald als möglich amerikanisch-ungarische Militärverhandlungen abhalten. Wenn die Benützung der Flugplätze Ungarns gesichert sei, würden alliierte Luftstreitkräfte landen, noch bevor die Deutschen dagegen etwas unternehmen könnten. Es sei seine Überzeugung, daß der Übertritt Ungarns eine Kettenreaktion in den benachbarten Ländern auslösen würde – Hitlers Lage wäre dann unhaltbar. Otto betonte seinerseits, eine Garantie der Alliierten sei wichtig, Ungarn als verbündeten, kriegsführenden Partner anzuerkennen. Roosevelt antwortete, er könne zwar im Namen der anderen nichts versprechen, er jedoch unterstütze die gewünschte Anerkennung und werde sich bemühen, auch seine Verbündeten dazu zu überreden. Er erwarte diesbezüglich keinen Widerstand.

Vor allem müsse verhütet werden, daß Ungarn unter sowjetische Besatzung gerate. In dieser Richtung sei in Teheran nichts entschieden worden.

Otto und sein höchster ungarischer Mitarbeiter, der unterdessen nach Amerika emigrierte Tibor Eckhardt, hatten den Eindruck, sie seien am Ziel angelangt – der Austritt Ungarns sei gesichert und auch die positive Aufnahme auf der Seite der Sieger. Die Freude war verfrüht: am 19. März besetzte Hitler Ungarn. Die Verbindung über Lissabon wurde auf längere Zeit unterbrochen. Ungefähr ein Jahr zuvor hatten Ottos Verhandlungen begonnen. Das Zaudern Budapests führte zur Katastrophe, Ungarn hatte die Gelegenheit versäumt.

Otto gab den Kampf nicht auf. Sobald die durch den deutschen Einmarsch hervorgerufene Benommenheit etwas gewichen war, wurde im Laufe des Herbstes eine neue Regierung – wieder mit Austrittsabsichten – in Ungarn gebildet. Die Verbindung über Lissabon trat wieder in Aktion. Leider hatten sich inzwischen die früher für Ungarn günstigen Bedingungen verschlechtert. Die Rote Armee rückte an die Grenzen Ungarns heran und auch der auf den Westen ausgeübte sowjetische Druck und Einfluß verstärkten sich. In Amerika fanden prosowjetische Politiker und sogenannte „Einfluß-Agenten" immer mehr Gehör in Regierungskreisen, besonders im Außenministerium. Die Situation in Mitteleuropa und damit die Lage Ungarns wurde von Monat zu Monat hoffnungsloser.

Otto, und mit ihm alle in den Vereinigten Staaten tätigen mittel- und osteuropäischen Politiker, bekamen dies immer deutlicher zu spüren. Besonders verzweifelt wurde die Position der Polen, die mit Sorge feststellen mußten, daß Stalin ganz Polen an sich reißen wollte und die Westmächte nicht energisch genug waren, dies zu verhindern.

Sowohl Churchill als auch Roosevelt luden Otto zu einem neuen, dem II. Quebecer Treffen, ein. Otto unternahm hier erneute Anstrengungen im Interesse Ungarns, erhob die Stimme für das praktisch schon besiegte Deutschland und erwies schließlich Österreich einen außergewöhnlich großen Dienst.

Mit Roosevelt verhandelte er am 15. September 1944 in der berühmten Zitadelle, mit Churchill am 17. Oktober. Er fand Roosevelt sehr gealtert, Churchill hingegen um fünfzehn Jahre verjüngt. Der amerikanische Präsident war ein müder, resignierender Mann geworden, der britische Premierminister vibrierte nur so vor Tatendrang.

In der Unterredung mit Roosevelt stellte sich Otto von Habsburg gegen den sogenannten Morgenthau-Plan, das heißt gegen die Absicht des amerikanischen Finanzministers, Deutschland durch totale Demontage wirtschaftlich vollkommen zugrundezurichten. Otto hatte vor seiner Reise nach Quebec von Felix Somary sachgemäße Informationen eingeholt und führte nun, neben Somarys nationalökonomischen Argumenten, seine eigenen humanen Argumente an. Er erklärte den Morgenthau-Plan für politisch unsinnig und moralisch absurd, da er unmenschlich sei. Roosevelt hörte Ottos Beweisführung aufmerksam an und versprach, diese Frage nochmals zu prüfen.

Anschließend an das deutsche Problem berichtete Otto über den kürzlichen Notenwechsel mit Ungarn und legte dem Präsidenten den Entwurf jenes Telegramms vor, das er an das neue Budapester Kabinett zu richten beabsichtigte. Der Inhalt war im wesentlichen: die Regierung solle unverzüglich eine Militär-Delegation nach Rom oder in die Schweiz entsenden, um die militärische Abwicklung des Austritts zu konkretisieren. Roosevelt teilte ihm mit, daß die US-Streitkräfte bereits Instruktionen erhalten hätten, anglo-amerikanische Fallschirm-Einheiten über Ungarn abzusetzen, sobald die Vereinbarung perfekt sei.

Dann erörterten sie die Angelegenheit Österreichs, und da kam es zu einem historischen Vorfall, von dem nur wenige wissen, der jedoch von schicksalhafter Bedeutung für die ganze Zukunft Österreichs wurde. Der Präsident der Vereinigten Staaten zeigte Otto eine Landkarte, auf der die geplanten Besatzungszonen eingetragen waren. Otto sah bestürzt auf das vor ihm liegende Dokument und hörte mit Entsetzen die erläuternden Worte des Präsidenten. Es war davon die Rede, daß die kriegführenden Mächte Österreich in zwei ungefähr gleich große Gebiete aufteilen würden. Das östliche würde zu einer russischen, das westliche zu einer gemeinsamen britisch-amerikanischen Zone werden. Ganz Niederösterreich, Burgenland und die Steiermark fielen unter sowjetische Oberhoheit und auch in Wien wäre einzig und allein die Rote Armee stationiert. Otto erkannte sofort die diesem Plan innewohnenden katastrophalen Auswirkungen. Sein Verstand arbeitete blitzschnell und er hatte sofort die Gegenargumente parat. Kein Mensch auf der Welt, nur er, hatte die Gelegenheit, jetzt die drohende Gefahr abzuwenden. Mit der gleichen Überzeugungskraft wie vorhin gegen den Morgenthau-Plan begann er nun zu sprechen: man dürfe Wien nicht ausschließlich den Russen überlassen, denn dann wäre die dort ansässige österreichische Regierung dem vollen Druck der Sowjetunion ausgesetzt und die Situation der prowestlich eingestellten Minister unhaltbar. Österreich dürfe nicht in zwei Zonen geteilt werden. Das ungleiche Verhältnis – Verfügungsgewalt der Sowjetunion über fast fünfzig Prozent der Fläche des Landes – würde einen Vorschub für die auf ganz Österreich gerichteten Bolschewisierungsabsichten bedeuten. Nicht nur für Österreich selbst, sondern auch für die angrenzenden Länder könnte dies schwerwiegende Folgen nach sich ziehen. Roosevelt hörte diesem eindringlichen Plädoyer erstaunt zu. „Ja, was wäre denn Ihrer Ansicht nach zu tun?“ fragte er, und Otto hatte die Antwort bereit: Österreich müsse statt in zwei, in vier Zonen geteilt werden, und zwar unter Einbeziehung der Franzosen. Damit wäre das Verhältnis sofort zugunsten des Westens verbessert. Der ursprüngliche Plan würde eine West-Ost-Proportion von 1:1 ergeben, die vier Zonen hingegen ein Verhältnis 3:1 für die Westmächte und somit letzten Endes auch zum Vorteil Österreichs. Schließlich konnte Otto den Präsidenten vollständig überzeugen und Roosevelt versprach, diesen Plan bei den darauffolgenden Verhandlungen den Alliierten zu unterbreiten. Gleichzeitig bat er Otto – da er ohnedies in Kürze mit Churchill zusammentreffen würde –, diesem dieselben Argumente vorzutragen. Wenn es ihm gelingen sollte, auch den britischen Premier zu überzeugen und Churchill den Vorschlag akzeptiere, dann hätte Otto gewonnenes Spiel.

Otto gelang es zwei Tage später, als er mit Churchill verhandelte, dessen Zustimmung zu diesem Konzept zu erwirken. Wie die Ereignisse zeigten, blieb Österreich tatsächlich die Zweiteilung und das sowjetische Übergewicht erspart. Es ist nicht auszudenken, wohin es geführt hätte, wenn die Sowjetunion – die später volle zehn Jahre ihre Zone im Griff behielt und damit die Unabhängigkeit Österreichs verzögerte und kommunistische Putschversuche unterstützte – im Jahre 1945 fast das halbe Land und Wien in ausschließlicher Oberhoheit zugeteilt erhalten hätte. Ob dann die russischen Truppen Österreichs jemals verlassen hätten? Diese Gefahr bannte Otto von Habsburg am 15. und 17. September 1944 bei der II. Quebecer Konferenz. Der amerikanische Diplomat James W. Riddleberger, der in den letzten zwei Kriegsjahren Chef der Abteilung für Mitteleuropa im State Department war, schrieb später darüber: „Der Erzherzog verfolgte mit größter Aufmerksamkeit alle Entwicklungen, die sich auf Österreich und Ungarn bezogen . . . Otto leistete zähe, konsequente und meist auch erfolgreiche Arbeit für Österreich und Österreich steht deshalb in seiner Schuld“.

Trotz seiner bedeutenden Hilfestellung für Österreich, Ungarn und Deutschland war Otto von Habsburg nicht zufrieden. Er sah nämlich bereits voraus, daß Stalins eiserner Wille, sein Bluffen und seine Unduldsamkeit ein Machtfaktor waren, gegen den der Westen nicht aufkommen konnte und daß den zweiten Weltkrieg in Wirklichkeit nicht der Westen, sondern Rußland gewinnen und Europa verlieren werde. Der diplomatische Erfolg der Sowjetunion wurde seiner Meinung nach durch den Umstand begünstigt, daß die führenden Politiker des Westens nicht an Moskaus hegemoniale Absichten glauben wollten. Noch in Quebec hatte Roosevelt Otto gegenüber erklärt, man müsse sich, solange der Krieg dauere, Moskau gegenüber nachgiebig zeigen. Bei Kriegsende wäre die Sowjetunion dermaßen geschwächt, daß der wirtschaftlich starke Westen dann jede Position zurückerobern könne. Otto beurteilte es als katastrophal für Europa, daß zu jener kritischen Zeit an der Spitze des Foreign Office und des State Departments Anthony Eden respektive Cordell Hull standen. Beide hatten ein Ziel vor Augen, die totale Vernichtung Deutschlands. Andere Perspektiven und Friedens-Vorstellungen hatten sie nicht. Eden wurde hauptsächlich von seinem Deutschenhaß geleitet. Er haßte alles, was deutsch sprach, deshalb mochte er auch Österreich nicht. Cordell Hull war eher ein wohlmeinender Politiker, jedoch von sehr mittelmäßigen Fähigkeiten.

Die Tragödie Europas nahm ihren Lauf. Der Krieg, den der braune Diktator begonnen hatte, endete mit dem Sieg des roten Diktators, und halb Europa geriet in Gefangenschaft. Österreich kam teilweise und Ungarn zur Gänze unter sowjetischen Einfluß. Dieser Umstand, abgesehen von seiner tragischen Bedeutung für ganz Europa, hatte auch für das persönliche Schicksal Otto von Habsburgs negative Folgen.

Ende Oktober 1944 reiste Otto nach Europa zurück. Über Lissabon wandte er sich zuerst nach Paris, dann übersiedelte er im Juni 1945 gemeinsam mit seinen Brüdern Robert, Karl-Ludwig und Rudolf nach Innsbruck, der Hauptstadt des „kaisertreuen" Tirols. Die zwei führenden Persönlichkeiten der westlichen Politik konnten für ihren Freund Otto von Habsburg kein Rückhalt mehr sein: Roosevelt war gestorben und die Wahlniederlage Churchills zeichnete sich bereits ab. Doch diese negativen Faktoren waren nicht entscheidend für das weitere Schicksal Ottos. Ausschlaggebend war, daß in allem, was in Österreich geschah, die Sowjetunion ein Mitspracherecht besaß.

Auf österreichischem Boden traf sich Otto vor allem mit seinen alten Getreuen und den Hinterbliebenen der Opfer des Nationalsozialismus. Unter seinen Anhängern hatte die Gestapo viele ermordet und Otto versuchte, die verwaisten Familienangehörigen zu trösten. Die Monarchisten hatten zu den tapfersten Widerstandskämpfern gezählt und viele hatten ihr Leben verloren. Eine neue Monarchistische Partei sollte nunmehr formiert werden, doch Moskau erhob Einspruch. Parteigründungen mußten nämlich dem Inter-Allied-Council zur Genehmigung unterbreitet werden. Das Ansuchen der Partei Ottos wurde von den amerikanischen und französischen Oberbefehlshabern befürwortet, der sowjetische legte jedoch sein Veto ein und ließ sogar mehrere Führer der Monarchisten in Wien und in der russischen Zone verhaften. Viele dieser österreichischen Patrioten kamen in dieselbe Gefängniszelle, in die sie Jahre zuvor die Nationalsozialisten eingesperrt hatten. Auf sowjetischen Druck verfügte die provisorische Regierung die Ausweisung der Habsburg-Brüder, doch der Oberkommandierende der französischen Zone, General Béthouart, ein großer Freund Österreichs, verweigerte die Durchführung des Ukases aus Wien. Ende 1945 forderte die österreichische Regierung erneut die Ausweisung Ottos mit der Begründung, die Verfassung von 1920 sei wieder in Kraft gesetzt worden und daher gelte jetzt das Anti-Habsburg-Gesetz aus dem Jahre 1919. Jenes Gesetz, das unter Schuschnigg 1935 die Rückkehr der Habsburger erlaubte, wurde zuerst von Hitler nach dem Anschluß aufgehoben und nun ein zweites Mal von Karl Renner nach dem zweiten Weltkrieg. Obgleich Renner dabei unter sowjetischem Druck stand, ist er doch nicht ganz freizusprechen, denn er ersuchte noch zusätzlich in einem persönlichen Brief General Béthouart, Otto ausweisen zu lassen. Béthouart verwehrte auch diesmal den Wunsch und stellte es Otto frei, zu bleiben und sich nach Belieben zu betätigen. Otto nahm jedoch dieses Angebot nicht an. In den 33 Jahren seines bisherigen Lebens hatte er niemals ein geltendes Gesetz übertreten. Im Zusammenhang mit seinen persönlichen politischen Zielen in bezug auf österreichische oder ungarische innere Angelegenheiten hatte er niemals die Einmischung fremder Mächte akzeptiert. Eine Restauration, solange er an eine solche dachte, hatte er immer von der Zustimmung der in Frage kommenden Nationen abhängig gemacht. Die Entwicklung der Weltpolitik verhinderte früher und jetzt jede Möglichkeit einer Volksabstimmung sowohl in Ungarn als auch in Österreich und die Bevölkerung konnte sich daher nicht für oder gegen Otto entscheiden. Nicht die Völker haben sein Schicksal bestimmt, sondern die Machtverhältnisse. Nicht das österreichische Volk hatte ihn ausgewiesen, sondern Moskau. So gehörte Otto von Habsburg, wie viele andere prowestliche demokratische Politiker, die während des Krieges Hitler bekämpft hatten, zu den Verlierern des zweiten Weltkrieges.

Dem Ausweisungsbescheid der Wiener Regierung leistete er wortlos Folge und verließ an einem kalten Januarmorgen des Jahres 1946 Österreich. Wie hatte Riddleberger gesagt: „Österreich steht in seiner Schuld".

Damit war für längere Zeit die aktive politische Rolle Otto von Habsburgs abgeschlossen. Seine persönlichen Ziele hatte er nicht erreicht, doch viel für andere getan, und das entschädigte ihn. Wie es der Ethik seiner Familie und seiner eigenen entsprach, war er unermüdlich im Dienste seiner Völker tätig gewesen. Dieses Bewußtsein gab ihm auch die Kraft, die Ausweisung aus Österreich mit innerer Ruhe zu tragen. Er war noch jung – erst 33 Jahre alt. Als er an jenem Januarmorgen die Grenzstation verließ, war dies der Beginn eines Weges in eine größere Heimat, zu einem größeren Ziel, zu – Europa.

III. Die „größere Aufgabe“

Etliche Jahre nachdem Otto von Habsburg die französische Zone Österreichs verlassen hatte, hielt ein französischer Politiker ein interessantes Buch in der Hand. Er hatte zufällig gehört, das Werk sei bei Hachette erschienen, das Thema interessierte ihn und noch mehr der Autor, und so bestellte er es unverzüglich. Die Post brachte es am Tage vor Weihnachten in das verschneite Colombey-les-deux-Eglises. Nun las der hochgewachsene Lothringer Charles de Gaulle das neueste Buch jenes anderen Lothringers, Otto von Habsburg: „L'Extrême Orient n'est pas perdu“.

Der Ferne Osten ist nicht verloren – so lautete der Titel und der Autor, erst kürzlich von einer ausgedehnten Asienreise zurückgekehrt, stellte diese Feststellung unter Beweis. Er hatte jeden wichtigen Staat des Kontinents besucht, hatte mit namhaften Politikern der einzelnen Länder und mit vielen einfachen Bürgern gesprochen. Beim thailändischen Königspaar war er zu Gast und bei den Dockarbeitern von Singapur; in Japan hieß ihn der Tenno willkommen und auf Taiwan Madame Tschang Kai-schek; in Hongkong unterhielt er sich mit den Asiensachverständigen der Universität und in Saigon mit den Soldaten der vietnamesischen Armee.

Der General, der das lothringische Doppelkreuz zum Emblem seiner Bewegung gewählt hatte, las das ganze Buch an einem einzigen Tag. Als junger Mann hatte Otto von Habsburg Marschall Lyautey für sich gewonnen, jetzt als fünfzigjähriger Schriftsteller nahm er den großen Staatsmann Charles de Gaulle mit einem nicht ganz dreihundert Seiten starken Band sofort für sich ein. Der General kannte zwar schon „Monseigneur“ und schätzte seine Fähigkeiten, es überraschte ihn jedoch, wieviel Otto von Habsburg mit wenigen Worten zu sagen wußte. Aus diesem einen umfassenden Werk mit seinen treffenden Situationsanalysen konnte der Leser mehr über das damalige Asien erfahren als aus einer ganzen Reihe von Büchern. Wichtig für einen vielbeschäftigten Staatsmann, der ohnedies wenig Zeit hat, Bücher zu lesen. Der General blickte beeindruckt auf das Buch und den Namen des Autors und sagte mit Genugtuung: „Kein Wunder, er ist ja ein Lothringer."

Vor einem Jahrzehnt, im Jahre 1952, hatte ein anderer alter Politiker mit dem gleichen Interesse einige der kleineren Schriften Otto von Habsburgs studiert. Kaiserin Zita war ihm persönlich bekannt und daher nahm er auch großen Anteil an jenem Habsburg-Nachkommen, der als erster nicht mehr den Thron besteigen konnte. Auch ihn hatte gepackt, was dieser junge Mann über Asien sagte und schrieb; damals noch nicht in Form eines Buches, sondern in Vorträgen und Studien. Als Otto von Habsburg nach Bonn kam, um dort vor einem Kongreß der Finanzfachleute des Rheinlandes über aktuelle Fragen der Weltpolitik zu sprechen, überlegte der Zeitgenosse und Bewunderer der Kaiserin nicht lange. Konrad Adenauer, der deutsche Kanzler, ließ sich zum Vortrag fahren. Als das Referat, das das Essentielle klar darlegte und jede Feststellung mit praktischen Beispielen untermauerte, zu Ende war, äußerte sich der Kanzler Nachkriegsdeutschlands, von dem einst Churchill gesagt hatte, daß die Deutschen seit Bismarck keinen so großen Staatsmann mehr gehabt hätten, über die Fähigkeiten Otto von Habsburgs: „Schade daß wir seine politische Tätigkeit nicht in den Dienst Deutschlands stellen können. Aber seine Aufgaben sind größer und der Zukunft vorbehalten."

Zu einem späteren Zeitpunkt erwies es sich dann, daß Otto von Habsburg durch diese größere Aufgabe gleichzeitig auch Deutschland von Nutzen sein konnte. Schon seit Anfang der fünfziger Jahre hatte er sich in den Dienst der europäischen Einigung gestellt. Ende der siebziger Jahre betrat er dann als Delegierter der Bundesrepublik Deutschland den Sitzungssaal des ersten direktgewählten Europäischen Parlaments. Adenauer hätte sich gefreut.

Wie verlief Otto von Habsburgs Leben nach seiner Ausweisung aus Österreich, wie wurde er zum bekannten Schriftsteller und schließlich zum Abgeordneten in Straßburg?

Zunächst führte er ein Wanderleben. Für ihn, der bisher keine freie Minute gehabt hatte, gab es jetzt Zeit im Überfluß. In den Jugendjahren hatte er Tag und Nacht studiert, dann bis 1945 Tag und Nacht aktiv als Politiker gearbeitet, mit konkreten Zielen und Aufgaben. Jetzt hätte er sich endlich etwas ausruhen können. Da er jedoch Muße nicht kannte, fand er sich eine andere Beschäftigung. Das Angenehme mit dem Nützlichen verbindend, begann er zu reisen. Europa und Nordamerika kannte er bereits. So machte er sich aus Frankreich, wo er nun lebte, immer wieder auf den Weg, bis zu den entferntesten Punkten der Erde. Er fuhr nach Kairo und Luxor in Ägypten, dann nach Marokko, Algerien und Tunesien. 1948 folgte bereits eine Reise um die Welt. Den Spuren Marco Polos folgend, gelangte er an die Große Chinesische Mauer, und während der kommunistischen Belagerung war er in Peking. Nach diesem Erlebnis stellte er eine Behauptung auf, zu der sich damals noch kaum jemand bekannte: sollten die Kommunisten China erobern, würde Moskau keine große Freude daran haben, denn auch ein kommunistisches China würde sich gegen die Sowjetunion wenden. Es war gerade diese weitblickende Feststellung, die Adenauers Interesse erweckte. Später folgten weitere Reisen in alle wichtigen Länder des Nahen und des Fernen Ostens, keine Touristenausflüge, sondern anstrengende Studienreisen. Diese Studien unternahm er nicht nur zu seiner eigenen Orientierung, sondern er informierte Zeitungen und Zeitschriften, für diese schrieb er seine Beobachtungen. Sobald er sich in einem exotischen oder politisch wichtigen Land umsah, wußte er, daß daraus ein Buch oder ein Vortrag entstehen würde. Gleich an Ort und Stelle zeichnete er bereits druckreif auf, was er beobachtet hatte. Er schrieb mit großer Leichtigkeit und analysierte mit überaus treffender Klarheit, wobei ihm sein ungewöhnlich gutes Gedächtnis zustatten kam. Ein geborener Schriftsteller und glänzender Reporter.

Alle diese Fähigkeiten brachten ihm doppelten Nutzen. Erstens blieb er dadurch in ständigem Kontakt mit der weltpolitischen Entwicklung und konnte so seinen politischen Horizont erweitern. Er lernte, was die Briten einst groß gemacht hatte, in „Kontinenten“ zu denken, in Kontinenten und in Jahrzehnten. Mit dem gleichen Fleiß, mit dem er in seinen Jugendjahren die österreichischen und ungarischen Verhältnisse studierte, beschäftige er sich jetzt mit der ganzen Welt und wurde zu einem Politiker mit großem Weitblick. Zweitens waren diese vielen Reisen für den Broterwerb notwendig. Englische Blätter hatten ihn schon während des Krieges um einzelne Artikel über das Leben und die Politik in Amerika gebeten. Jetzt forderten ihn amerikanische Zeitungen auf, Berichte über die ganze Welt zu schreiben. Es gab eine Zeit, da brachten 40 amerikanische Blätter gleichzeitig eine regelmäßige Kolumne und später übernahmen 400 Radiostationen in den Vereinigten Staaten seine Berichte. Dann wieder ersuchten „coast to coast“-Fernsehreporter um Interviews. Vom geschriebenen Wort war es nicht weit zu den modernen Medien und auch heute noch, wenn Otto von Habsburg in die USA reist, trachtet der eine oder andere berühmte Fernsehkommentator, ihn zur Mitwirkung an seiner politischen Sendung zu gewinnen. In den Jahren nach 1945 wurden nicht nur seine Artikel fürstlich entlohnt, er wurde auch regelmäßig jedes Jahr zu einer Vortrags-Tournee durch ganz Amerika eingeladen. Der Eintrittspreis für einen solchen Otto-Abend war nicht selten einhundert Dollar oder mehr. Er verdiente seinen Lebensunterhalt mit der Feder und dem gesprochenen Wort und konnte gut davon leben.

Seine selbst auferlegte „Pflicht“ vergaß er jedoch auch in dieser Zeit nicht. Wie er nach 1938 den Verfolgten des Nationalsozialismus geholfen hatte, so half er nun nach 1945 den Vertriebenen aus den kommunistischen Ländern, Ungarn, Sudetendeutschen, Kroaten, Slowaken, Tschechen und vielen anderen. Zum Beispiel waren die „Linken“ in den Behörden des Westens bestrebt, ganze Gruppen der Flüchtlinge als „Faschisten“ zu diskriminieren, was ihre Einwanderung erschwerte oder gar verhinderte. Otto erreichte, daß solche verallgemeinernde Aburteilungen und der Begriff der Kollektivschuld großteils fallengelassen wurden.

Wenn er auch vorübergehend die intensive, aktive Politik, wie er sie während des Krieges betrieben hatte, nicht ausübte, vernachlässigte er es nicht, seine Kontakte weiter auszubauen, und beobachtete wachsam, wo in Europa oder Amerika begabte junge Politiker auftauchten. Er suchte deren Bekanntschaft und oft entwickelte sich daraus Freundschaft. So kam es, daß er manchem Minister, Regierungsoberhaupt und Staatspräsidenten zum Aufstieg als persönlicher Bekannter gratulieren konnte. Selbstverständlich pflegte Otto auch den Kontakt mit alten Freunden. Oft besuchte er den betagten Churchill in England. Der Politiker im Ruhestand interessierte sich eingehend für seine Reiseerfahrungen und, wenn Otto von seinen Erlebnissen in Afrika und Asien erzählte, ergänzte sie Churchill mit Berichten darüber, wie er persönlich diese Orte früher erlebt hatte.

Mit Churchill verband Otto noch ein anderes, viel wichtigeres Thema – die europäische Einigung. Einen Anstoß zu dieser Integration hatte Churchills berühmte Züricher Rede gegeben und schon damals knüpfte Otto seine Fäden zu Robert Schuman, Adenauer und De Gasperi, die an der praktischen Verwirklichung dieser Vision arbeiteten. Sie waren in ihrer Eigenschaft als Politiker, in der Gesetzgebung, Otto in seiner Eigenschaft als Publizist, mit der Feder, die „Europäer der ersten Stunde“. Zwischen ihnen bestand nicht nur persönliche Bekanntschaft und das Ideal der europäischen Einigung, es einte sie auch eine politische Verwandtschaft, der gleiche Ursprung. Eine gemeinsame Herkunft Otto von Habsburgs, Schumans, Adenauers und De Gasperis? Ja, die gab es. Diese begeisterten Anhänger und ausdauernden Vorkämpfer für ein einiges Europa hatten etwas gemeinsam, das ein starkes Band war; sie alle kamen aus Gebieten mit gemischter Bevölkerung. Ottos Vater regierte über ein Reich, das zwölf verschiedene Völker in sich vereinigte. Robert Schuhman wuchs an der französisch-deutschen Berührungslinie auf und wurde mit einem deutschen Namen französischer Politiker. Das Rheinland, in dem Adenauer arbeitete, war immer schon eine Durchzugsstraße der Völker, der Rhein wie die Donau ein völkerverbindender Strom. An diesem historischen Wasserweg, in Rhöndorf, war Adenauer groß geworden, deshalb konnte er nie zum Chauvinisten werden und war auch gegenüber dem Nationalsozialismus immun.De Gasperi wieder war Bürger eines Habsburger-Landes. Als italienischer, nationaler Abgeordneter im Parlament in Wien hatten ihn schon seine ersten politischen Bemühungen und Kämpfe auf das Feld des Ausgleiches der Gegensätze im Interesse des Friedens zwischen den Nationalitäten geführt. Das war also die „gemeinsame Herkunft“ und Otto von Habsburg begeisterte sich ohne Zögern für die Arbeit dieser drei Großen der Nachkriegspolitik. Er war jünger als sie, aber es standen hinter ihm sechshundert Jahre Geschichte. Sie, ihrerseits, begrüßten mit Freuden die Mitarbeit des jungen Habsburgers, der sich dem Dienst an Europa verschrieben hatte. Otto von Habsburg war schon in jenen Jahren ein wertvoller Wegbereiter der Vereinigten Staaten von Europa.

Abgesehen vom Donauraum vergaß Otto auch Spanien nicht, die Gastheimat seiner Kindheit. Er liebte dieses Land und das Volk, das ihn aufgenommen hatte und hätte gerne etwas für sie getan. Obwohl Franco nicht an der Seite Hitlers und Mussolinis am Krieg teilgenommen hatte, war Spanien nach dem Sieg der Alliierten doch ein mehr oder minder gebrandmarkter und geächteter Staat in der westlichen Welt. Otto wollte dem isolierten Land helfen und daher nützte er seine unanfechtbare antifaschisitsche Autorität und seine Beziehungen zu den führenden Männern der westlichen Demokratien im Interesse Madrids. Nicht zuletzt weil er auch an die Zukunft dachte und den Weg Spaniens in das Vereinte Europa erleichtern wollte. Er war überzeugt, daß für die Spanier ein Anschluß an Europa gleichzeitig auch der Anschluß an die Demokratie wäre. Die jüngere politische Garnitur Spaniens sollte über die Grenzen des Landes sehen und mit der politischen Garnitur der westeuropäischen Demokratien in Kontakt kommen. Das würde zum gegebenen Zeitpunkt die Demokratisierung begünstigen. Er rief zu diesem

Zweck die Organisation „Centre Européen de Documentation et d'Information" (CEDI) ins Leben, die im Escorial bei Madrid, dem einstigen riesigen Palast der Habsburger, ihre jährlichen Konferenzen abhielt, unter der Teilnahme arrivierter sowie im Aufstieg begriffener westeuropäischer Politiker. Die jungen spanischen Mitarbeiter des CEDI wurden in der Zeit des Übergangs zur Demokratie die wertvollsten Gestalter der neuen Ordnung.

Auf Ersuchen der Leiter der ungarischen Emigranten kam Otto oft in die Flüchtlingslager in Deutschland, um den Menschen in dieser schweren Zeit bis zur Auswanderung nach Übersee Mut zuzusprechen. Er besuchte auch häufig Flüchtlinge in den Krankenhäusern: das brachte eine neue Wende in sein Leben. In einer Klinik nahe bei München, als eine Krankenschwester Mühe hatte, sich mit einem ungarischen Patienten zu verständigen, eilte Otto an das Krankenlager und half als Dolmetscher aus. Der Kranke wurde bald gesund, und nicht viel später nahm Otto die Krankenpflegerin zur Frau. Die Schwester im Dienste der Münchner Caritas war Regina Prinzessin von Sachsen-Meiningen – selbst ein Flüchtling. Ihr Vater, Herzog Georg, war in einem russischen Gefangenenlager ums Leben gekommen, ein Bruder im Kriege gefallen, der andere Bruder studierte Theologie und wurde Kartäuser. Sie selbst war mit der Mutter nach Bayern geflohen. Ihr erstes Domizil war in Bamberg, später arbeitete sie in München. Zwischen Regina und Otto war es Liebe auf den ersten Blick. Beide hatten die gleiche seelische Einstellung, einen ähnlichen geschichtlichen und familiären Hintergrund, waren Vertriebene, ohne Vermögen, beide gebildet und kultiviert –, ein höherer Wille schien sie am Krankenbett eines einfachen Flüchtlings zusammengeführt zu haben.

Zu Weihnachten 1950 fand die Verlobung, am 10. Mai 1951 die Hochzeit statt. Die Heirat erregte weltweites Interesse. Schon der Ort war historisch: Nancy, die Hauptstadt von Lothringen. Die Kirche – die Eglise des Cordeliers – ein geschichtlich bedeutendes Gebäude der Stadt, war eigentlich habsburgischer Besitz als Stiftung Kaiser Franz' I., des Gemahls Maria Theresias. An diesem Tag wurde in Nancy die historische Tradition wieder lebendig und die Habsburg-Hochzeit wurde für alle Bewohner ein schönes und herzliches Fest. Achtzigtausend Menschen kamen zu diesem Ereignis, Leute aus Lothringen und aus dem Elsaß, französische Politiker, amerikanische Freunde, alte und neue Anhänger. Selbstverständlich war auch der Donauraum vielfach vertreten.

Papst Pius XII. sandte seinen Segen. Das berühmte Gnadenbild der Madonna aus der Wallfahrtskirche in Mariazell stand auf dem Altar und der Polster, auf dem die Brautleute knieten, war mit österreichischer Erde gefüllt.

Das junge Paar mietete für einige Jahre eine bescheidene Wohnung im Schloß von Clairfontaine, sechzig Kilometer von Paris entfernt, während sie einen endgültigen Wohnsitz suchten. Beide wünschten ein deutschsprachiges Gebiet, schon wegen der erhofften Kinder. Das natürlichste wäre Österreich gewesen. Österreich jedoch war noch besetzt; die Anwesenheit der Russen und der damit im Zusammenhang stehende Bescheid der Landesverweisung verhinderten eine Rückkehr. Deshalb fiel die Wahl auf Bayern. Regina war Deutsche, und die historischen Verbindungen zwischen Bayern und Österreich sowie die an Tirol erinnernde Lebensweise machten auch für Otto den Gedanken anziehend. Im Jahre 1954 bezog das junge Paar mit ihrer ersten, im Mai 1953 geborenen Tochter Andrea eine größere Villa in Pöcking am Starnberger See. Diese Villa wurde das Zuhause der Familie. Im September 1954 kamen die Zwillinge Monika und Michaela zur Welt, im Oktober 1956 Gabriela und im Juli 1958 Walburga. Fünf Mädchen und noch kein männlicher Nachkomme. Am 11. Januar 1961 wurde der erste Sohn geboren, der zum Andenken an den letzten Kaiser den Namen Karl erhielt. Dann folgte Georg im Dezember 1964, Taufpate war Papst Paul VI.

Zu den Päpsten hatten sowohl Otto als auch Regina enge Beziehungen. Pius XII. entsandte einen Legaten zur Hochzeit in Nancy und empfing später das Ehepaar in Privataudienz. Ebenso willkommen waren sie Johannes XXIII., der positive Erinnerungen an die gute Verwaltung seiner Heimat Norditalien durch die Habsburger hatte. Er lud Otto von Habsburg zur festlichen Eröffnung des II. Vatikanischen Konzils ein und ließ ihm einen Platz anbieten, wie er nur souveränen Herrschern zustand. Auch Paul VI. war sich bewußt, daß es ohne die Habsburger wohl kaum einen Katholizismus in Mitteleuropa gäbe. Mit Johannes Paul I. kam es auf Grund der kurzen Amtszeit zu keinem persönlichen Kontakt. Papst Johannes Paul II. jedoch empfing freudig den würdigen Nachkommen jenes Herrscherhauses, das sein Vater als Soldat der Österreichisch-Ungarischen Monarchie und Bürger von Krakau gekannt und hoch geachtet hatte. In einer separaten Audienz hatte Johannes Paul II. auch eine lange Unterredung mit Kaiserin und Königin Zita. Zita erzählte ihm, wie besonders froh sie darüber sei, daß noch zu ihren

Lebzeiten die ökumenische Bewegung zur Einheit der christlichen Religionen so große Fortschritte mache.

Otto von Habsburg hatte eine enge Bindung auch zu einer anderen großen kirchlichen und historischen Persönlichkeit, dem Primas von Ungarn, Kardinal Josef Mindszenty. Wie bereits im Mindszenty-Prozeß bemühte sich die kommunistische Propaganda im ungarischen Freiheitskampf von 1956, Otto von Habsburg zu verdächtigen, er hätte gemeinsam mit westlichen imperialistischen Kreisen den Aufstand von außen angestiftet. Weder Otto von Habsburg noch imperialistische Kreise hatten die Revolution angefacht, das hatten, ungewollt, aber mit Erfolg, die zehn Jahre andauernden Grausamkeiten der Rakosi-Diktatur und die Ausbeutung des Landes durch die Sowjetunion getan. Während der so tragischen Ereignisse bemühte sich Otto selbstverständlich überaus aktiv um Hilfe für die Ungarn. Er ging zu den Caritas-Organisationen, um sie zu bitten, Medikamente nach Budapest zu schicken und später den Flüchtenden zu helfen. Otto von Habsburg handelte einfach nach seinem seit Jahrzehnten verankerten ethischen Kodex, indem er sich bemühte, in Not Geratenen zu helfen.

Während Otto in bezug auf Ungarn überhaupt keine politischen Pläne hatte, begann er in Richtung Österreich eine Rückkehr vorzubereiten. Er wollte nach Österreich, nicht um Kaiser zu werden, sondern – wie er es ausdrückte – irgendwo zu Hause zu sein. Wie bereits erwähnt, hatte er den Gedanken der Restauration nach dem „Anschluß" im Jahre 1939 endgültig aufgegeben und ihn auch nie wieder in Erwägung gezogen. Nach 1945 war die Restauration auch keine politische Notwendigkeit mehr für Österreich. Die von Habsburg geforderte große Koalition war verwirklicht und von Hitler drohte keine Gefahr mehr. Otto war jedoch nicht bereit, sich damit abzufinden, ewig in der Welt herumzuirren und sich weiterhin die Rechte eines österreichischen Staatsbürgers vorenthalten zu lassen. Solange Österreich seine Unabhängigkeit nicht wiedererlangt hatte, das heißt bis zum Staatsvertrag, unternahm er keine diesbezüglichen Schritte, um niemandem einen Vorwand für eine weitere Besetzung des Landes zu liefern. Der 15. Mai 1955 brachte dann die volle Freiheit.

Einige Monate nach dem Abschluß des Staatsvertrages ersuchte Otto von Habsburg im Innenministerium in Wien um die Feststellung seiner österreichischen Staatsbürgerschaft und seines bürgerlichen Namens. Das sozialistische Ministerium erklärte, nicht zuständig zu sein. Daraufhin wandte er sich an die niederösterreichische Landesregierung

(ÖVP), die mit 8. Mai 1956 bestätigte, daß er österreichischer Staatsbürger und sein Name Dr. Otto Habsburg-Lothringen sei. Das Wiener Innenministerium hielt den Akt lange zurück, unterschrieb erst am 18. Februar 1957 und stellte einen Reisepaß aus. Es war ein sehr kurioses Dokument, da es einen gestemptelten Text enthielt, der besagte, daß der Paß für alle Staaten der Welt, nur nicht für Österreich gültig sei. Es wurde der Standpunkt vertreten, daß Otto von Habsburg solange nicht in seine Heimat zurückkehren dürfe, solange er die Republik nicht anerkenne. Otto ist ein Mann der Realität. Als er davon überzeugt war, im Interesse Österreichs zu handeln, arbeitete er für die Restauration. Nun aber, da dafür weder eine Notwendigkeit noch die Möglichkeit bestand, wollte er nicht für immer aus seinem Heimatland ausgeschlossen sein. Es war auch der Wunsch seiner Anhänger, er möge im Lande leben oder wenigstens zu jeder Zeit einreisen dürfen. Sie wollten den Sohn ihres letzten Kaisers in den einzelnen Bundesländern treffen und seine Vorträge anhören können. Otto selbst fühlte schon längst, daß es sinnlos sei, für abstrakte Rechte zu kämpfen.

Die österreichischen Bundeskanzler Figl und Raab, später Gorbach und Klaus waren sich vollkommen bewußt, wieviel Österreich den Habsburgern verdankte. Figl hatte vor 1938 sogar Otto in Steenockerzeel besucht. Jetzt war Raab Kanzler und weder er noch die überwiegende Mehrheit seiner Partei waren gegen eine Rückkehr. Die Sozialistische Partei, ohne die als Partner der Großen Koalition keine Entscheidung getroffen werden konnte, war zuerst unschlüssig.

Otto ließ am 21. Februar 1958 von seinem Wiener Rechtsanwalt folgenden Text verfassen: „Um in meine Heimat zurückkehren zu können, erkläre ich im eigenen Namen und im Namen meiner Gemahlin und meiner minderjährigen Kinder als österreichischer Staatsbürger, die derzeit in Österreich geltenden Gesetze anzuerkennen und mich als getreuer Bürger der Republik zu bekennen.“

Otto sprach in überzeugenden Worten und für jeden klar denkenden Menschen mußte es feststehen, daß nach der Anerkennung der Republik und ihrer Gesetze sowie der Pflichten eines österreichischen Staatsbürgers jede weitere Diskussion unnötig war und Otto zurückkehren konnte. Die Erledigung der Formalitäten übernahm wieder der bewährte Max Hohenberg, der in den nationalsozialistischen Internierungslagern auch mit Sozialisten beisammen gewesen war, die jetzt Spitzenpositionen in der Politik innehatten. Er betrachtete es als seine Aufgabe, die eventuellen Einwände der Sozialisten zu entkräften.

Bruno Pittermann, Vizekanzler und Parteivorstand der Sozialisten, hatte aus innenpolitischen Überlegungen keine Einwände gegen Ottos Rückkehr. Er erhoffte sich nämlich, daß eine von Otto geführte Monarchistische Partei das bürgerliche Lager spalten würde. Dann hätte die Sozialistische Partei endlich ihr Ziel erreicht: die Mehrheit im Parlament und somit die Möglichkeit, auch den Bundeskanzler zu stellen. Am 4. Dezember 1958 sagte Otto Probst, der Zentralsekretär der Sozialistischen Partei im Wiener Landesparlament: „Die Familie Dr. Otto Habsburgs durfte bisher deshalb nicht nach Österreich einreisen, weil Dr. Otto Habsburg seinen Verzicht nicht ausgesprochen hat. Und ich glaube, uns kommt eine österreichische Initiative nicht zu. Das muß er tun. Das ist die Verfassungs- und die Rechtslage. Ohne jede weitere Bedingung kann er kommen, wenn er diese formelle Verzichtserklärung unterzeichnet". Am 11. März 1959 gab Bruno Pittermann folgende schriftliche Erklärung ab: „Ich halte weiterhin an meiner Auffassung fest, es sei gegen die Rückkehr der Habsburger nichts einzuwenden, wenn sie auf die Mitgliedschaft zum Hause verzichten und eine entsprechende Erklärung abgeben."

Die Sozialistische Partei hielt daran fest, daß Otto den Text des Habsburger-Gesetzes von 1919 anerkennen und formell auf jedweden Herrschaftsanspruch verzichten müsse.

Konrad Adenauer, der in allem die Pläne Ottos unterstützte, brachte in München am 7. August 1960 ein Treffen zwischen Kanzler Raab und Otto von Habsburg zustande. Kanzler Raab, ein Befürworter der Rückkehr, legte die Situation dar: In der Großen Koalition können die Sozialisten gegen alles ein Veto einlegen und an diesem Umstand sei nichts zu ändern, solange sie Mitglieder der Regierung sind, das heißt, solange es der Österreichischen Volkspartei nicht gelingt, in einer Wahl die absolute Mehrheit zu erringen. Da für eine solche Änderung in absehbarer Zeit keine Möglichkeit bestehe, würde er raten, auch die Textstellen des Gesetzes von 1919 zu unterzeichnen und die Regelung des habsburgischen Privatvermögens nicht von der Regierung, sondern auf gerichtlichem Wege zu fordern. Otto nahm den Rat des ihm gewogenen Staatsmannes an, ja er ging darüber hinaus und beauftragte seine Anwälte, die Frage der Rückerstattung des Privatvermögens nicht weiter zu betreiben; er dachte nicht daran, in dieser Angelegenheit gegen den Staat zu prozessieren.

Nicht lange nach der Begegnung mit Raab unterschrieb Otto von Habsburg den neuen, von den Sozialisten geforderten Wortlaut. Praktisch war das ein Thronverzicht, eine Art Abdankung eines Thronfolgers beziehungsweise eines „Kaisers". Deshalb war der Tag der Unterschrift – 31. Mai 1961 – ein historisches Datum in der sechshundert Jahre währenden Geschichte der Habsburg-Dynastie und der Geschichte Österreichs. Der Text lautete:

„Ich, Endesgefertigter, erkläre hiemit gemäß § 2 des Gesetzes vom 3. April 1919, Staatsgesetzblatt für den Staat Deutsch-Österreich Nr. 209, daß ich auf meine Mitgliedschaft zum Hause Habsburg-Lothringen und auf alle aus ihr gefolgerten Herrschaftsansprüche ausdrücklich verzichte und mich als getreuer Staatsbürger der Republik bekenne.

Pöcking, den 31. Mai 1961. Otto Habsburg-Lothringen."

Danach geschah etwas Unglaubliches und Unbegreifliches. Die Sozialistische Partei hielt nicht Wort. Sie ignorierte, was der Zentralsekretär Otto Probst am 4. Dezember 1959 gesagt und was Bruno Pittermann am 11. März 1959 schriftlich niedergelegt hatte. Es folgte ein politisches Schauspiel, ein leichtfertiges Spiel mit dem Recht, wie es die Geschichte Österreichs sonst nicht kannte. Was geschah und wie geschah es?

Am 31. Mai 1961 hatte Otto die Verzichtserklärung unterschrieben, am 5. Juni überreichte sein Anwalt das Dokument dem Kanzler Alfons Gorbach im Bundeskanzleramt. Er ersuchte ihn, dieses entgegenzunehmen und auf dem vorgeschriebenen gesetzlichen Weg weiterzuleiten, vor den Ministerrat und dann vor den Hauptausschuß des Parlamentes. Am 13. Juni akzeptierte Gorbach im Ministerrat im Namen der Österreichischen Volkspartei und in seinem eigenen Namen die Erklärung als ausreichend und empfahl den sozialistischen Ministern, das gleiche zu tun. Verkehrsminister Waldbrunner erhob sich im Namen letzterer und erklärte in einigen kurzen Sätzen, daß die sozialistischen Minister im Interesse der Sicherheit der Republik die Rückkehr von Otto Habsburg-Lothringen ablehnen und damit auch die Eingabe Gorbachs. Somit faßte die Regierung keinen einheitlichen Entschluß und es wurde keine klare Situation geschaffen. Die Angelegenheit wurde einfach beiseite gelegt, nicht vor den Hauptausschuß gebracht, und der Antragsteller, Otto von Habsburg nicht einmal benachrichtigt. In einem Rechtsstaat ist eine derartige Erledigung unstatthaft und Otto wandte sich daher an den Verfassungsgerichtshof. Bedauerlicherweise wirkte sich im

Verfassungsgerichtshof der Proporz – also die Besetzung von Posten im Verhältnis zur Parteienstärke – aus, und somit überwog der Einfluß der Sozialisten. Daher erklärte das Gericht am 16. Dezember 1961, es sei für den Fall nicht zuständig. Zum Glück ist Österreich ein Rechtsstaat und es gibt eine Institution, die die Bürger vor der Willkür des Staates und der politischen Macht schützt: den Verwaltungsgerichtshof. Dieses Gericht leistete gründliche Arbeit, untersuchte jeden Aspekt der Frage und befaßte sich ein Jahr lang mit dem Fall. Am 24. Mai 1963 erging der Bescheid, der am 31. Mai Otto von Habsburg ausgehändigt wurde. Es war auf den Tag genau zwei Jahre, nachdem er die Verzichtserklärung unterzeichnet hatte. Das Urteil des Verwaltungsgerichtshofes lautete: die Verzichtserklärung Otto Habsburgs entspreche den gesetzlichen Vorschriften und somit sei seine Ausweisung aus Österreich aufgehoben. Die Situation schien klar und geregelt: Otto von Habsburg hatte seinen Teil geleistet, er hatte abgedankt, Österreich hatte ebenfalls seinen Teil geleistet und ermöglichte Otto die Rückkehr.

Doch noch lange war es nicht soweit. Die Leitung der Sozialistischen Partei versuchte mit allen Mitteln, sich dem Urteil des Höchstgerichtes zu widersetzen. Es wurde den Grenzwachen verboten, Dr. Otto Habsburg-Lothringen einreisen zu lassen. Die Konsulate erhielten die Weisung, Ottos Paß nicht richtigzustellen, sondern an das Außenministerium zu schicken. Die juristische Fakultät der Wiener Universität sowie die österreichische und internationale Presse, mit Ausnahme der sozialistischen Parteizeitungen, stellten sich jedoch auf seiten Ottos. Eine unerwartete Unterstützung erfuhr Otto von Habsburg durch den Sozialisten Nenning, der zum Ausdruck brachte, die Partei täte besser daran, sich nicht gegen den Pro-Habsburg-Entscheid des Verwaltungsgerichtshofes zu stellen, denn damit gerate sie in Widerspruch zur Verfassung. Selbst der Präsident des Verfassungsgerichtshofes, der sich vorher für nicht zuständig erklärte und damit die Erledigung verzögert hatte, legte Beschwerde beim Präsidenten der Nationalversammlung ein, denn die inzwischen erfolgten heftigen Angriffe des Justizministers gegen die Richter gefährdeten nicht nur die Autorität der Rechtssprechung, sondern zerstörten schlechthin das Vertrauen in den Staat.

In der katholischen „Furche“ erschien dann ein ursprünglich für das „Forum“ geplanter Artikel Ottos, der von Nenning, dem Herausgeber dieses Journals, angeregt, doch von der sozialistischen Parteiführung vereitelt worden war, der viel dazu beitrug, das Verständnis und die Hochachtung gegenüber dem Habsburger zu vertiefen. Otto von Habsburg schrieb unter anderem, er habe dem Verlangen entsprochen und den Verzicht unterzeichnet. „Quod scripsi, scripsi“. Was er schriftlich niedergelegt habe, daran halte er sich und er betrachte es als eine Beleidigung, an seinem Wort zu zweifeln. „Ich habe mich selbstverständlich nicht leichten Herzens zu einer Erklärung entschlossen, die unter das, was ich als Vermächtnis meines Vaters übernommen habe, einen Schlußstrich zieht“. Doch was er versprochen habe, halte er. Er habe das Recht zurückkehren und werde es tun. Wenn er seine vom Gericht bestätigten Rechte freiwillig aufgäbe, wäre das ein schlechter Dienst an allen österreichischen Bürgern, denn von da an könnte man auch von ihnen verlangen, auf ihre Rechte zu verzichten. Eben deshalb könnte er auch jener Anregung nicht nachgeben, er solle, nach seiner Rückkehr, freiwillig von seinen politischen Rechten Abstand nehmen.

Otto sagte: „Wenn die Republik meine Arbeitskraft brauchen kann, so werde ich selbstverständlich der österreichischen Regierung und dem österreichischen Volk jederzeit zur Verfügung stehen . . . Es liegt mir aber fern, mich aufzudrängen. Ich habe nicht die Absicht, einer politischen Partei beizutreten, obwohl auch dies zu meinen staatsbürgerlichen Rechten gehört . . . Wenn ich also einen ‚Plan‘ habe, so ist es der, meine bisherige Tätigkeit auf österreichischem Boden fortzusetzen und meinen Kindern das gleiche oder ein ähnliches Schicksal zu ersparen, wie es in seiner ganzen Problematik bis heute meinen Geschwistern und mir beschieden ist.“

Das Habsburg-Trauma einzelner österreichischer Sozialisten führte zu absurden Ideen. Einige schlugen vor, Otto solle zwar zurückkehren, anschließend aber sein diesbezügliches Recht aufgeben und man solle ihm dafür mehrere Millionen Schilling zahlen. Gleichzeitig verbreitete die Parteipropaganda, aus purer Demagogie, daß Otto – so er zurückkäme – das Habsburg-Vermögen zurückfordern würde und damit Österreich ausgeplündert wäre. Zum Beispiel versuchte man die Pensionisten damit zu verunsichern: Wenn Otto zurückkäme, müßte man die Renten kürzen; ja, man müßte die Arbeitslosenunterstützung einstellen, denn Ottos Forderungen ließen kaum Geld übrig. Artikel erschienen mit der Behauptung, Ottos Ansprüche beliefen sich auf eine Milliarde Schilling oder darüber. Von all dem war natürlich nichts wahr. In seinem „Furche“-Artikel ging Otto auch nüchtern und aufrichtig auf diese Problematik ein:

„Ich will dieses Thema nur durch Erwähnung einiger Punkte streifen, die immer wieder aus Nichtwissen oder aber zum Zweck der künstlichen

Erweckung von Neidkomplexen in die Debatte geworfen werden. Unter ‚Habsburger-Vermögen' ist der sogenannte Familienversorgungsfonds zu verstehen, Vermögenswerte, die seinerzeit aus dem lothringischen Privatvermögen Franz von Lothringens, dem Gemahl von Kaiserin Maria Theresia, angeschafft wurden und dazu dienten, die Mitglieder seiner Familie und deren Nachkommen zu erhalten. Im Gegensatz zu den meisten anderen Monarchien wurden nämlich in Österreich die Erzherzöge und Erzherzoginnen nicht vom Staate apanagiert. Der Besitz befindet sich aus bekannten Gründen derzeit in Verwaltung des Staates. Es handelt sich also bei einer eventuellen Rückstellung keineswegs um irgendwelche finanzielle Belastungen für die Republik, die zu einer Benachteiligung der Staatsbürger führen könnte. Entgegen einer weitverbreiteten Version steht auch der Familienversorgungsfonds nicht mir allein zu, sondern der ganzen Familie. An dem Fonds sind mehr als 100 Personen anspruchberechtigt, unter denen sich alte und kranke befinden . . . Einige Politiker haben der Sorge Ausdruck verliehen, eine Wiederherstellung des Familienversorgungsfonds würde mir Mittel für eine intensive politische Agitation geben. Abgesehen davon, daß die Einkünfte aus dem Besitz aufgeteilt werden müßten, sind sie auch in keiner Weise vergleichbar mit den Summen, die heute für die Organisation von Parteien oder gar für Wahlkämpfe benötigt werden."

Unabhängig von dieser erklärenden Darlegung blieb weiterhin aufrecht, was Otto schon anfangs angeordnet hatte, nämlich, daß seine Anwälte die Vermögensfragen nicht weiterverfolgen sollten.

Die Propaganda verschwieg geflissentlich, daß es sich ausschließlich um Privatvermögen handelte, das die Habsburger nicht in Österreich erworben, sondern nach Österreich gebracht hatten. Sie verschwieg auch, wieviel die Habsburger Österreich gegeben hatten. Als die Agitation um die Vermögenswerte schon geschmacklose Ausmaße annahm, erhob wieder die Presse ihre Stimme. Der „great old man" der österreichischen Journalisten, Otto Schulmeister, schrieb nicht ohne Grund: Diese Demagogie weckte Widerwillen „bei jenen, die sich daran erinnerten, daß diese Republik ja buchstäblich von jener Vergangenheit, die mit dem Namen des Hauses Habsburg unauflöslich verbunden ist, lebt".

In dem Ausmaß, in dem sich die künstliche Otto-feindliche Propaganda zum Fortissimo steigerte, wurde ihr Echo immer leiser. Otto war ethisch überlegen, die anderen begangen Rechtsverletzungen. Die Partei taktierte auch in anderer Beziehung schlecht. Es kam zu inneren Machtkämpfen, die Führungsschichte befehdete sich. Der ehemalige populäre Innenminister Olah, der aus der Partei ausgeschlossen worden war, enthüllte später, daß die sozialistische Parteileitung zu einem früheren Zeitpunkt zwei Jahre lang mit Otto über dessen Rückkehr verhandelt hatte. Nach diesen Vorfällen kam es zu allgemeinen Wahlen am 6. März 1966. In ihrem Wahlprogramm hatte die Partei erklärt, sie würde, falls sie die Majorität gewinne und auch den Bundeskanzler stelle, die Rückkehr Habsburgs vereiteln. Die Sozialistische Partei verlor und erlitt ihre bis dahin größte Wahlniederlage. Die seit dem Krieg bestehende Große Koalition wurde unnötig, die Volkspartei formte eine Alleinregierung und Josef Klaus wurde der neue Bundeskanzler. Es schien, als hätte eine ausgleichende höhere Gerechtigkeit eingegriffen. Am 1. Juni 1966 wurde dem Urteil des Verwaltungsgerichtes entsprochen und Otto Habsburg-Lothringen ein regulärer Reisepaß ausgestellt, der den ominösen Zusatz, er gelte für alle Länder außer Österreich, nicht mehr enthielt. Das Recht und die politische Vernunft hatten gesiegt.

Es ist eindeutig das historische Verdienst von Josef Klaus, daß er in den Zeiten, als die Sozialisten drohten, die Koalition zu verlassen und sich mit der Freiheitlichen Partei zu verbinden, wenn die Volkspartei sich weigere gegen den Gerichtsbeschluß vorzugehen, sich nicht einschüchtern ließ und eisern den Rechtsstandpunkt vertrat. Er erwies damit Otto von Habsburg, aber besonders auch Österreich einen Dienst. Es war zum Vorteil Österreichs, daß er – gemeinsam mit Otto von Habsburg – jene Entwicklung in Gang setzte, die den Frieden zwischen der jahrhundertealten Dynastie und dem heutigen republikanischen Österreich wiederherstellte.

Otto kam erstmals am 31. Oktober 1966 für einige Stunden nach Österreich, um zu Allerheiligen am Grab Erzherzog Johanns in Innsbruck einen Kranz niederzulegen. Dann wurden die Besuche häufiger. Auch seinen ersten öffentlichen Vortrag hielt er in Innsbruck, jener Stadt, in der er gelebt hatte, bevor er auf sowjetische Anordnung ausgewiesen wurde. Die Professoren und Studenten der Universität hatten ihn eingeladen und der große Saal des Hotels „Maria Theresia“ war gesteckt voll. Die amerikanische Zeitung „Washington Post” berichtete, daß Leute bereit waren, 500 Schilling unter der Hand für eine Einladung zu zahlen. In Wien, Graz und Linz belief sich die Zuhörerschaft auf mehrere tausend und meistens mußte die doppelte Anzahl abgewiesen werden, als in den Sälen Platz fand. Otto besuchte jene Gemeinden, die ihm vor der Annexion die Ehrenbürgerschaft verliehen hatten. Seine Person und seine Vorträge zogen das Publikum an. Nach einem Besuch in Osttirol berichtete die österreichische Zeitung „Die Presse“: „Es gibt derzeit in Österreich kaum einen Politiker, der soviel echte Begeisterung mobilisieren könnte und der ohne aufgesetzte Popularitätshascherei einen so direkten Zugang zum ‚Herzen des Volkes‘, jedenfalls hier, findet ... Otto könnte durch sein Auftreten eine Wahl entscheiden. Wenn er will! ...“

Doch Otto wollte nicht. Er wollte weder einem österreichischen Bundespräsidenten noch einem österreichischen Kanzler Konkurrenz machen. Er hatte seine politischen Rechte nicht aufgegeben, doch er hielt sich daran, was er noch vor seiner Rückkehr betont hatte, nämlich daß er sich nicht in die österreichische Parteipolitik einmischen wolle. Er wurde zu einer über den Parteien stehenden Persönlichkeit und gewissermaßen zu einer Institution, durch seinen Namen, sein Wissen und seine freundliche Höflichkeit, und dadurch, daß er nach Möglichkeit jede Einladung annahm, um seine weltpolitische Erfahrung mitzuteilen, sei es an dreitausend, sei es an dreißig Landsleute.

Jene Eigenschaften, von denen „Die Presse“ sprach, jene Gabe bei Wahlen entscheidend mitzuwirken, setzte er dann im Dienste der größeren Heimat Europa ein. Otto wußte, daß er, wenn er für Europa arbeitete, dies gleichzeitig auch für Österreich tat, und für die verschiedenen Völker des Donauraumes, denen – wie allen Nationen hinter dem Eisernen Vorhang – nur ein integriertes Europa die friedliche Befreiung vom totalitären Joch bringen könnte. Er diente damit aber auch dem Lande, in dem er wohnte, Bayern – und somit Deutschland. Es bewahrheitete sich – obgleich in anderer Weise – die Vision Churchills, daß sich der Habsburger an die Spitze einer ungarisch-österreichisch-bayerischen Föderation stellen sollte. Die Föderation wurde nicht mit diesen politischen Grenzen zur Realität, jedoch in der Person Ottos gewann ein höheres Ideal und ein geschichtliches Ziel einen eifrigen Streiter mit einem ungarischen, österreichischen und bayerischen Hintergrund. Es trat ein, was Adenauer die „größere Aufgabe“ genannt hatte – die Arbeit für die europäische Einigung. Diese Aufgabe wurde auch von einem österreichischen Abgeordneten treffend umschrieben. Bei einer nachträglichen Diskussion der Causa Habsburg im Parlament, führte Otto Scrinzi von der Freiheitlichen Partei folgendes aus, womit er die neue, positive Einstellung seiner Partei gegenüber Otto bejahte: es sei seine Überzeugung, daß die Habsburger im Interesse der Deutschen sowohl als auch der Österreicher große Leistungen vollbracht und Mitteleuropa auf ein gesamteuropäisches Niveau gehoben hätten. „Die gegenwärtigen Vorkämpfer einer europäischen Einigung könnten sich glücklich schätzen, wenn sie heute schon jenes Maß von Integration erreicht hätten, das dem Modell, dem habsburgischen Reich, vor dem ersten Weltkrieg zu eigen war."

Otto von Habsburg ist daher wie geschaffen für die Arbeit an der großen Vision, der Einigung Europas. Gewiß nicht mit weniger Berechtigung und Eignung als andere – eher sogar mit etwas mehr.

IV. Die große Vision

Die politische Philosophie Otto von Habsburgs hat zwei Eckpfeiler, den Traditionalismus und den Pragmatismus. Die beiden bilden keinen Gegensatz, sondern ergänzen einander. Aus der Vergangenheit lernt man viel und die Werte der Vergangenheit können nützliche Bausteine auch für die Zukunft sein. Der Traditionalismus wird nur dann unbrauchbar, wenn er zum Selbstzweck wird. Dieser Art des In-der-Vergangenheit-Verharrens stand Otto schon immer fern. Was in früheren Zeiten negativ war, muß man verwerfen, was positiv war, muß man verwenden – sagte er immer. Es ist bezeichnend, daß er als Titel eines bedeutenden Buches „Politik für das Jahr 2000“ gewählt hat. Im Vorwort schrieb er: „Was hinter uns liegt, entzweit, weil es unabänderlich und daher unlösbar ist. Es kann nur dadurch bewältigt werden, daß man sich von ihm ab- und dem Morgen zuwendet. Die Vergangenheit trennt, das Kommende integriert.“ Zu einer solchen pragmatischen Bewertung der historischen Vergangenheit hat ihn auch das Studium Friedrich Nietzsches angeregt. In diesem Philosophen sah Otto einen der großen Propheten der geistigen Revolution unserer Tage und er merkte sich Nietzsches Ausspruch gut: „Wir sollen der Geschichte nur so weit dienen, als sie dem Leben dient.“

Wenn Otto in der Österreichisch-Ungarischen Monarchie ein Modell für die europäische Einigung sah, geschah dies mit dieser elastischen Mentalität. Historia est magistra vitae – die Geschichte ist die Meisterin des Lebens, aber sie lehrt auch, daß man aus der Vergangenheit nur das übernehmen darf, was verwertbar ist, und beiseite lassen muß, was zur Polarisation führt. Seine Betrachtungen in dieser Beziehung richteten sich auf zwei grundlegende Wahrheiten. Die eine: Europa muß ebenfalls dorthin gelangen, wohin die Monarchie durch den Österreichisch-Ungarischen Ausgleich von 1867 gelangt war, als eine Staatsform geschaffen wurde, in der sich verschiedene Völker verbündeten. Die Vertragspartner verzichteten auf einen Teil ihrer Souveränität, um die gemeinsame Souveränität gegenüber dem äußeren Feind zu sichern und um die wirtschaftlichen Energien, zum Wohle aller im Reich lebenden Völker, gemeinsam zu nutzen. Die zweite Wahrheit: Der Kompromiß von 1867 hätte nicht erstarren dürfen, die dualistische Formel Österreich-Ungarn hätte weiterentwickelt werden müssen. Erst zu einem Trialismus mit den Kroaten, um dann, durch einen weiteren Ausbau der Autonomien, zum Beispiel mit der Heiligen-Wenzels-Krone, den Tschechen dasselbe zu geben, was das Volk der Heiligen-Stephans-Krone, die Ungarn, mit dem Vergleich von 1867 bekommen hatten. Das heißt, die Umwandlung der Monarchie in eine moderne Föderation. Der geplante „Mährische Ausgleich" war ein Schritt in dieser Richtung. Die Grundlage, das Modell, war jedenfalls da, denn in der dualistischen Monarchie bestand – was derzeit noch immer ein Ziel der europäischen Einigung ist, das sie noch nicht erreicht hat – die gemeinsame Verteidigung, die gemeinsame Außenpolitik, das gemeinsame Finanzwesen. Im Doppel-Staat hatte jeder Vertragspartner nur auf so viel Souveränität verzichtet wie der andere auch. Budapest hatte kein größeres Opfer gebracht als Wien, und umgekehrt. Jedes Land hatte seine vollkommene innere Unabhängigkeit, was in der eigenen Regierung und vor allem in der eigenen Gesetzgebung zum Ausdruck kam. Die beiden Staaten hatten jedoch nur ein und denselben Kriegsminister, Außenminister und Finanzminister, zum großen Vorteil beider Teile und des ganzen Reiches. Diese Struktur, der dreifache Pfeiler gemeinsamer Anliegen, hätte auch dann beibehalten werden können, wenn der Dualismus in einen Trialismus und später in eine Föderation übergegangen wäre. An der Spitze stand das Staatsoberhaupt als verbindende und ausgleichende Kraft, dessen höchste Aufgabe (erinnern wir uns daran, was Franz Joseph I. zu Theodore Roosevelt gesagt hat) der Kaiser darin sah: „meine Völker vor ihren Regierungen zu schützen".

Wie gesagt, müßte das heutige Europa, mutatis mutandis, als eine der Entwicklungsphasen des Vereinigungsprozesses dorthin gelangen, wohin die Monarchie im letzten Viertel des vorigen Jahrhunderts gelangt war: unter Wahrung der Unabhängigkeit der nationalen Einheiten zu einer Integration auf den wichtigsten Gebieten – Verteidigung, Außenpolitik, Wirtschaftspolitik. All das wurde in den Jahrzehnten nach dem zweiten Weltkrieg erst in Bruchstücken verwirklicht, in erster Linie auf wirtschaftlichem Gebiet, und da lediglich in Form von einzelnen Teilinstitutionen.

Während Otto sich mit der Zukunft Europas beschäftigte und die modernen Gegebenheiten studierte, gab es eine interessante Wende in der westlichen, angelsächsischen Geschichtsschreibung. Nacheinander wurden Werke publiziert, die gewissermaßen die Österreichisch-Ungarische Monarchie rehabilitierten. Nach dem ersten Weltkrieg hatten fast alle geschichtswissenschaftlichen Arbeiten das Donaureich verdammt. Das hatte drei Hauptgründe. Erstens wirkte die Kriegspropaganda noch nach, die nur die wirklichen oder vermeintlichen Fehler dieser Staatsform sah und sie überdimensional darstellte. Zweitens wurde die Einstellung der Monarchie gegenüber auch von dem Umstand beeinflußt, daß die Monarchie den Krieg verloren hatte. Auch Historiker sind nicht gegen jene optische Täuschung gefeit, zu glauben, daß etwas, das infolge eines Machtfaktors stürzte, noch rückwirkend und für immer verdammt werden müsse. Einem französischen Ausspruch gemäß sind „die Historiker die Propheten der Vergangenheit“. Nachdem eine Situation eingetreten ist – hier der Tatbestand des verlorenen Krieges – neigt auch ein objektiver Beobachter zu der Ansicht, er habe das vorausgesehen, habe es bereits prophezeit. Der dritte Faktor, der die Geschichtssschreiber nachteilig beeinflußte, war im Grunde genommen die gleiche Propaganda, die während des Krieges die Monarchie zu zersetzen suchte. Man mußte nämlich die Zerstörung der Monarchie sowie den extremen Nationalismus rechtfertigen und damit nicht zuletzt die Berechtigung oder Rationalität der neuen nationalen Zwergstaaten. Auf Grund dieser drei Gesichtspunkte hat nach dem ersten Weltkrieg die Mehrheit der Historiker die Monarchie in einer negativen Perspektive gesehen und präsentiert. Nach der Tragödie des zweiten Weltkrieges jedoch hat sich diese Auffassung langsam, aber stetig geändert. Besonders in den Siegerstaaten des ersten Weltkrieges, in den angelsächsischen Ländern, ist damals eine neue Schule der Geschichtsschreibung entstanden, die sogenannte Revisionistische Geschichtsschreibung. Einzelne Mitglieder dieser Schule entdeckten, erst noch mit Vorbehalt, andere dann ohne Vorbehalt, einerseits die Verdienste der Chemaligen Monarchie und stellten andererseits die negativen Auswirkungen fest, die die Aufteilung der Monarchie verursacht hatte. Diese neue Perspektive hat dann in zahlreichen Geschichtswerken zu Lob und Anerkennung für die Monarchie und zur positiven Bewertung ihrer historischen Rolle geführt.

Otto erhielt viele solche Bücher, und er studierte sie genau, mit verständlichem Interesse. Selbst jene Autoren, die sich von ihrer traditionellen Habsburg-Feindlichkeit nicht befreien konnten, oder auch von ihren Verpflichtungen neueren Datums gegenüber der Philosophie und dem Staatsgefüge von Masaryk und Beneš, zeigten die geschichtlichen Verdienste der Monarchie auf. Die wichtigsten dieser Autoren beziehungsweise Werke sind: Winston S. Churchill „The Second World War“ Vol. I.; Robert A. Kann „Multinational Empire“; A. J. P. Taylor „The Habsburg Monarchy, 1809–1919; Alfred A. Pribram „Austria-Hungary and Great Britain 1908–1914“; Edward Crankshaw „The Fall of the House of Habsburg; Harry Hanak „Great Britain and Austria-Hungary during the First World War“; Frederick Hertz „The destruction of Austria-Hungary“; Z. A. B. Zeman „The breakup of the Habsburg Empire“; Edward McWinney „Federal Constitution making for a multinational World“; Geoffrey Barraclough „History in a changing World“; Friedrich Funder „From empire to republic“; Wenzel Jaksch „Europe's Road to Potsdam“; Kurt Glaser „Czecho-Slovakia, a critical history“; Arthur May „The passing of the Habsburg Monarchy 1914–1918; Arthur May „Seton-Watson and the British anti-Habsburg sentiment“; Oskár Jászi „A study“. Diese Bücher wurden vom Ende der vierziger Jahre bis zur Mitte der sechziger Jahre geschrieben. Die Autoren studierten oder unterrichteten an den allerbesten amerikanischen Universitäten oder das Werk des einen oder anderen hervorragenden europäischen Schriftstellers wurde übersetzt und von amerikanischen Universitäten sowie Verlagshäusern herausgebracht. Während er seine eigene, die Vergangenheit und die Zukunft verbindende Weltanschauung entwickelte, studierte Otto sorgfältig und begierig die Entdeckungen dieser neuartigen Geschichtsschreibung.

Churchill hatte gleich nach dem zweiten Weltkrieg in seinen Memoiren darauf hingewiesen, daß der zweite Weltenbrand durch die Fehler der Friedensschlüsse nach dem ersten Weltkrieg verursacht wurde. Einerseits durch die unvernünftige Härte, mit der die Sieger die Deutschen straften, andererseits durch die Zerstörung der Österreichisch-Ungarischen Monarchie und somit der Schaffung eines luftleeren Raumes mitten in Europa. Die gegenüber Deutschland begangenen westlichen Fehler faßte er wie folgt zusammen: „Die wirtschaftlichen Bestimmungen des Vertrages waren so töricht und bösartig, daß sie offensichtlich jede Wirkung verloren. Deutschland wurde dazu verurteilt, unsinnig hohe Reparationen zu leisten“. Auch daß in Deutschland viele Institutionen der Kaiserzeit zertrümmert worden waren, hielt Churchill für einen Fehlgriff. „Die Weimarer Republik“ schreibt er, „wurde mit all ihren liberalen Theaterkulissen und Segenssprüchen als etwas durch den Feind Aufgezwungenes empfunden. Sie konnte weder die Treue noch die politische Phantasie des deutschen Volkes an sich fesseln. Eine Weile versuchte es, sich wie in Verzweiflung an den betagten Marschall Hindenburg zu klammern. Dann kamen gewaltige Kräfte ins Treiben; der leere Raum lag offen und in diese Leere trat nach einer Pause ein Wahnsinniger von dämonischer Wildheit, das Gefäß und der Ausdruck der wildesten Haßgefühle, die jemals die menschliche Brust zerfressen haben – der Gefreite Adolf Hitler."

Das Verschwinden der Österreichisch-Ungarischen Monarchie hatte in ganz Mitteleuropa jene „Leere" geschaffen, in die zuerst Hitler, dann später Stalin eindrangen. Churchill schrieb wie folgt: „Die zweite große Tragödie war die vollständige Zerstörung des österreichisch-ungarischen Reiches durch die Verträge von St. Germain und Trianon. Jahrhundertelang hatte dieser letzte lebende Überrest des Heiligen Römischen Reiches einer großen Zahl von Völkern, zum Vorteil von Handel und Sicherheit, ein gemeinsames Leben ermöglicht. Und keines dieser Völker besaß in unserer Zeit die Kraft oder die Lebensenergie, sich allein gegen den Druck eines wiederauflebenden Deutschland oder Rußland zu behaupten." Nach dem ersten Weltkrieg – setzt Churchill fort – galt es als liberale Politik, den Nationalismus der an die Stelle des großen Reiches getretenenen Zwergstaaten zu loben, doch damit brach eigentlich die Balkanisierung Mitteleuropas an. Die Kleinstaaten konnten nicht nur äußerem hegemonialem Druck nicht widerstehen, sie konnten sich auch wirtschaftlich nicht behaupten. Das Reich von fünfzig Millionen in Zollunion lebenden Bürgern wurde abgelöst von einer Reihe von unabhängigen, jedoch ohnmächtigen kleinen Ländern; das Schicksal und der Lebensstandard der Bevölkerung waren ein immerwährendes Problem. Churchill dazu: „Es gibt keine einzige Völkerschaft oder Provinz des habsburgischen Reiches, der das Erlangen der Unabhängigkeit nicht die Qualen gebracht hätte, wie sie von den alten Dichtern und Theologen für die Verdammten der Hölle vorgesehen sind."

In Amerika gab Robert A. Kann, Princeton Fellow und Professor an der Rutgers Universität, im Verlag der New Yorker Columbia Universität sein zweibändiges Werk heraus, das mit der früheren angelsächsischen Geschichtsauffassung der Zeit vor dem zweiten Weltkrieg vollkommen aufräumt. Kann hat die Vergangenheit jedes einzelnen Volkes im Donauraum sowie deren ehemalige Staatsmänner studiert und beweist an Hand dieser Forschungen, daß es in der Monarchie Konzepte für eine fortlaufende Reform gab sowie der Entwicklung dienende Reformbewegungen. Sie suchten nach einem modus vivendi zwischen der erstarkenden Ideenwelt des Nationalismus und den traditionellen multinationalen Einrichtungen der Monarchie. Laut Kann war die Monarchie der erste und auch erfolgreiche Versuch in Europa, im Jahrhundert des Nationalismus eine supranationale Staatsstruktur zu errichten. Was die Reformer anstrebten, war eine Möglichkeit, die territoriale und die persönliche Autonomie organisch ineinanderzufügen. Der Professor trennt sich von der nach dem ersten Weltkrieg und in der Stimmung des verlorenen Krieges entwickelten These, der Zerfall der Österreichisch-Ungarischen Monarchie wäre unvermeidlich gewesen. Seiner Ansicht nach wurde der Sturz der Monarchie im Endeffekt durch den Krieg beziehungsweise durch dessen Verlust verursacht. Ohne Krieg hätte man die Monarchie nicht zu Fall bringen können, doch der Krieg kam, die Monarchie verlor ihn, und daher wurde sie letzten Endes von außen gestürzt. Laut Kann wollten die inneren Kräfte im Grunde genommen gar nicht den Sturz der Monarchie, und wenn es auch welche gab, die das wünschten, wären sie nicht fähig gewesen, diesen Staat zu zerstören.

Der englische Historiker A. J. P. Taylor schwankte in der Frage, ob der Zerfall vermeidlich oder unvermeidlich war. Während des zweiten Weltkrieges war er dann der Ansicht, der Zerfall der Monarchie sei keine selbstverständliche und natürliche Entwicklung gewesen. Bei etwas gutem Willen der Entente-Mächte hätte Österreich-Ungarn gerettet werden können. Taylor schreibt auch von der verbindenden Rolle der Habsburger-Politik. Das dynastische Reich – meint er – hat Mitteleuropa so zusammengehalten wie ein Gipsverband das gebrochene Bein; als man dann die Gipshülle zerschlug, machte dieser Vorgang das gebrochene Bein nicht heil. Denn in den kleinen Nachfolgestaaten fehlte die moralische Grundlage innerer Autorität, die Legitimität sowie die Fähigkeit, einen gemeinsamen Verteidigungsrahmen gegenüber der wachsenden nationalsozialistischen Gefahr zu schaffen. Darüber hinaus haben sie auch jenes Problem nicht gelöst, auf das man sich berufen hatte, als man die Monarchie in Teile zerriß: die Nationalitätenfrage. In der Monarchie gab es zwölf Nationen. Nach der Aufteilung waren in der Tschechoslowakei acht, in Jugoslawien neun Nationalitäten in die Grenzen eines Staates gezwängt.

Im Verlag Oxford University Press erschien Alfred Pribrams „Austria-Hungary and Great Britain 1908–1914“, ein Buch mit großem Einfluß auf die Meinungsbildung, in dem er darlegt, daß England am Ende des ersten Weltkrieges mit der traditionell österreichfreundlichen Politik Britanniens gebrochen hat – zum eigenen großen Schaden.

Damit habe England einen schweren Fehler begangen. Er zitiert den britischen Premierminister Palmerston, der 1849 gesagt hatte: „Österreich ist das wichtigste Element im europäischen Gleichgewicht. Es liegt im Herzen Europas, es ist auch unser Bollwerk, einerseits gegen Einkreisungsmanöver, andererseits gegen eine Invasion. Die politische Unabhängigkeit Europas und seine Freiheit hängen davon ab, ob Österreich eine unabhängige Großmacht bleibt. Jeder Versuch, Österreich direkt oder indirekt zu stürzen oder zu schwächen oder es zu einer zweitrangigen Macht zu degradieren – würde die große Katastrophe Europas bedeuten."

Auch Edward Crankshaw untersucht die Fehler Englands. Er schreibt: „Im Verlauf dieser Forschung müssen wir den Habsburgern mehr und mehr Verständnis zollen, jener Familie, die den Nationalitäten-Komplex des Donauraumes vierhundert Jahre lang regierte. Als Ergebnis der Zerschlagung der Monarchie sind heute die Tschechoslowakei, Ungarn, Jugoslawien und Polen nicht mehr Mitteleuropa, sondern Osteuropa." Seine Schlußfolgerung: die Monarchie der Habsburger war das rationellste Gebilde in ganz Europa, rationeller als jedes andere. Sie hatte ein einziges grundlegendes Problem: wie dieses Konglomerat besser regiert werden könnte, föderalistisch oder zentralistisch? Die Habsburger konnten bis zum ersten Weltkrieg darauf keine Antwort geben, sie haben jedoch keinen Grund sich zu schämen, denn die westliche Welt konnte dies auch nicht und konnte auch seither keine lebensfähige Lösung finden.

Harry Hanak publizierte seine Arbeit „Großbritannien und Österreich-Ungarn während des ersten Weltkriegs" ebenfalls bei der Oxford University Press und er zeigt darin große Sympathie für die Masaryk-Beneš-Auffassung, die zur Auflösung der Monarchie geführt hatte. Gerade deshalb ist es bemerkenswert, daß er doch nicht umhin konnte, die bedeutende internationale Funktion und die geschichtlichen Verdienste der Monarchie zu erwähnen. Er faßt sie in drei Punkte zusammen: Österreich-Ungarn war das beste Gegengewicht zu Deutschland; gleichzeitig auch die beste Garantie gegen die russischen Ambitionen; und schließlich hielt es den balkanischen Wirrwarr vom Donaubecken fern und erwies damit Europa einen großen Dienst.

Im englischen Journal „Contemporary Review" weist Frederick Hertz darauf hin, daß das Zerschlagen der Monarchie im Grunde genommen das Komplott einer kleinen englischen intellektuellen Gruppe – Seton Watson und seinem Kreis – zuzuschreiben war. Aber erst in der ersten Hälfte 1918 kam es so weit, daß das britische Außenministerium auf sie zu hören begann und ihr Prinzip akzeptierte, die Monarchie sei zu zerstückeln. Dieses Prinzip basierte jedoch auf einer falschen Voraussetzung, und zwar der These, daß in der Monarchie die Nationalitäten unterdrückt werden. Die Ungarn hatten 1867, die Kroaten 1871 ihre nationalen Wünsche erreicht. Es war bedauerlich, daß der Mährische Ausgleich nicht zeitgerecht zustande kam. Die Tschechen erhielten jedoch 1907 ein sehr weitgehendes Wahlrecht, es wurden zu ihren Gunsten viele Reformen ins Leben gerufen und sie wurden proportionell an den Anliegen der Monarchie beteiligt. Hertz zitiert Eduard Beneš, der noch 1908 gesagt hatte, er halte nicht viel von der Aufteilung der Monarchie. Es gehe allen viel besser so, im derzeitigen System. Wie recht Beneš damit hatte, kann daran gemessen werden, wie es dann den Tschechen 1939, 1948 und 1968 ergangen ist und auch seither ergeht.

Z. Zeman, Privatdozent an der Columbia-Universität, sieht es so: diejenigen, die auf die Aufteilung der Monarchie hinarbeiteten, kümmerten sich wenig um die Folgen dieser Aufteilung. Die Probleme, deren Nicht-Lösung sie den Habsburgern vorgeworfen hatten, wurden auch seither – ohne die Habsburger – nicht gelöst; sie verschärften sich nur. Zeman zitiert den Ausspruch Bismarcks aus dem Jahre 1888, wonach ohne Österreich einem sogar das Denken schwerfalle; ein Staat wie Österreich verschwinde nicht spurlos. Im weiteren beruft sich Zeman auch auf die bekannten Feststellungen Churchills.

Edward McWinney gab sein englischsprachiges Werk „Federal Constitution making for a multinational World“ in Holland heraus. Darin untersucht er unter anderem die Verfassung und die Institutionen Österreich-Ungarns, um ein Modell dafür zu finden, wie eine föderative Bundesverfassung in einem multinationalen Staat beschaffen sein sollte. Im Prinzip widerspricht er der These Wilsons, der sich eine Selbstverwaltung nur in einem einheitlichen Nationalstaat vorstellen konnte. Er weist nach, daß in einem Vielvölkergebiet die föderalistische Verfassung eine zufriedenstellende Lösung bietet.

Geoffrey Barraclough beurteilt in einer in London publizierten Studie über Europa den Zerfall des Habsburger-Reiches als verhängnisvoll und erklärte, Europa habe so lange bestanden, solange Österreich-Ungarn bestand. „So long as the Austro-Hungarian Empire lasted . . . Europe lasted“.

Der Österreicher Friedrich Funder hat mit seinem auch in englischer Sprache erschienen Werk viel zur Änderung der angelsächsischen Auffassung beigetragen. Professor Funder stellt fest, ebenso wie Robert A. Kann, daß der Zerfall des Vielvölkerreiches nicht notwendig gewesen war. Innere Unentschlossenheit hat zwar zur Auflösung beigetragen, ausschlaggebend war jedoch der äußere Druck. Das Verschwinden der Monarchie hat aber, so oder so, unermeßliches Unheil angerichtet.

Ähnlich äußert sich der ebenfalls im Donauraum geborene, in der späteren Tschechoslowakei wirkende sudetendeutsche Sozialdemokrat Wenzel Jaksch. Sein gewaltiges Werk bietet einen lebendigen Einblick in die Welt der nationalen Beeinträchtigungen in der Zeit der Monarchie, dann jedoch beleuchtet er, wie nach dem Zerfall die Völker der Nachfolgestaaten noch größere Unbill erwartete. Seine abschließende Feststellung: es war ein schwerwiegender Fehler, die Garantie für das europäische Gleichgewicht, die Österreichisch-Ungarische Monarchie, zu vernichten.

Indem er sich mit der Tschechoslowakei befaßt, studiert Kurt Glaser, Geschichtsprofessor an der staatlichen Universität von Southern Illinois, auch die einstige Monarchie. Er zitiert Karel Klamar, den ehemaligen tschechoslowakischen Ministerpräsidenten, der am 25. Dezember 1932 zur Zeit der weltweiten Rezession einem amerikanischen Journalisten gegenüber festhielt, daß er sich an keine anderen so traurigen Weihnachten erinnere. Jetzt fühle man erst so richtig, wie sehr das gemeinsame Zollgebiet der Österreichisch-Ungarischen Monarchie fehle. Glaser widerlegt die im ersten Weltkrieg und danach aufgetretene Propagandathese, nämlich daß die Monarchie ein „Völkerkerker“ gewesen sei. Da Beneš und Masaryk eine führende Rolle in der Zertrümmerung der Monarchie zukam, zeigt Glaser auf, daß sie dazu wirklich keine Ursache hatten: in der Monarchie machten die Tschechen 23 Prozent der Gesamtbevölkerung aus und ihr Anteil an den Anliegen der Monarchie entsprach genau diesem Verhältnis. Im Parlament war der Prozentsatz der tschechischen Abgeordneten 21, im Lehrkörper der Volks- und Mittelschulen 25. Es gab 64 tschechische Generäle und im Heer der ganzen Monarchie waren 19 Prozent der Offiziere Tschechen. Der tschechische Anteil am Beamtenstand, das heißt an der Staatsverwaltung, belief sich auf 20 Prozent. Darüber hinaus war ihr Lebensstandard der höchste im ganzen Reich, denn Böhmen wurde am meisten industrialisiert. Die tschechische Bevölkerung wollte sich auch nicht losreißen. Als Masaryk 1914 mit seiner auf die Zerstörung der Monarchie ausgerichteten Propaganda anfing, fand er in seiner eigenen Heimat kein Echo. Selbst im Jahre 1918, im Januar, wandten sich 150 tschechische

Parlamentsabgeordnete an den Kaiser mit einem Loyalitätsmemorandum, in welchem sie lediglich eine Föderation vorschlugen, jedoch nicht die Zerstückelung des Reiches. Laut Glaser sind die Völker des Donauraumes ineinander verflochten und aufeinander angewiesen. In den Zeiten der Habsburger war dies so und auch für die Zukunft gäbe es keine andere Lösung, als daß in Gegenden mit gemischter Bevölkerung die verschiedenen Nationen ihr Selbstbestimmungsrecht *miteinander und gemeinsam* ausüben. Einer der Gründe für die Aufteilung der Monarchie war der gewaltige Irrtum, daß nur ein Nationalstaat geeignet sei, das Selbstbestimmungsrecht eines Volkes zu sichern. Der Autor führte aus: es gibt Situationen, in denen die Schaffung von Nationalstaaten einem Harakiri gleichkommt; die natürlichen geographischen, ethnographischen, wirtschaftlichen und politischen Gegebenheiten werden vergewaltigt. Die Aufteilung Österreich-Ungarns bedeutete das Zersplittern eines aus der Erfahrung von Jahrhunderten entstandenen und erprobten Staatsgefüges, einzig und allein aus dem Grunde, weil seine Struktur nicht mit der Philosophie des Nationalismus übereinstimmte und dem Begriff des Nationalstaates nicht entsprach.

Eine grundlegende Arbeit schrieb Arthur May, Universitätsprofessor in Rochester. Auch er führt aus, daß der englische Kreis um Seton Watson und Wickham Steed es nur nach intensiver Propaganda und erst 1918 erreichte, daß die zuständigen Stellen der britischen Außenpolitik die Zerstückelung der Monarchie in Betracht zogen. Denn beim Ausbruch des ersten Weltkrieges gab es einfach keine antimonarchistische Einstellung in Großbritannien. Das zweibändige Werk von Professor May erwähnt, daß Jan Masaryk, der Sohn von Thomas G. Masaryk und späterer tschechoslowakischer Außenminister, bei einem Besuch in England erklärte, die Tschechen seien nie so glücklich gewesen wie im Verband der Monarchie. Er zitiert auch den bedeutenden kroatischen Politiker Ante Trumbic, der 1929 erklärte, es wäre ein großer Fehler gewesen, daß Kroatien aus dem Habsburgerreich herausgerissen wurde. Ebenso erwähnt er den britischen Minister Ernest Bevin, der 1937 sagte, daß die alte Österreichisch-Ungarische Monarchie das gesündeste wirtschaftliche Gebilde vielleicht in ganz Europa war. Professor May stellt fest, daß der erste Weltkrieg zwei schwere Hypotheken hinterließ: Die eine die Geburt des Bolschewismus, die andere der Tod Österreich-Ungarns. Aus dem Untergang der Monarchie folgte gleichsam logisch der zweite Weltkrieg. Professor May wiederholt hier eigentlich die These Churchills, der das gleiche sagte mit dem Zusatz, daß der erste und der zweite Weltkrieg gemeinsam der „Dreißigjährige Krieg“ des 20. Jahrhunderts gewesen wären. Trotz all ihrer Fehler habe die Österreichisch-Ungarische Monarchie große Erfolge auf den Gebieten der öffentlichen Sicherheit, der Wirtschaft und der kulturellen Entwicklung errungen.

Schließlich soll noch ein bedeutender Autor, Oszkár Jászi, zu Wort kommen. In seinem 1929 erschienenen Werk „The Dissolution of the Hapsburg Monarchy“ schreibt er zunächst weitgehend unter Berücksichtigung der damals zeitgemäßen politischen Ziele von Beneš-Masaryk in einer ziemlich habsburgfeindlichen Einstellung. Jászi war nach der Umbildung 1918/1919 in Ungarn Minister für Nationalitätenfragen der Károlyi-Regierung, emigrierte dann und erhielt schließlich einen Lehrstuhl an einer amerikanischen Universität. Es dauerte lange, bis er zu einer gemäßigteren Auffassung gelangte. Als jedoch die Revisionistische Geschichtsschreibung einsetzte, begann auch Jászi zu revidieren. Wenigstens deutet eine 1949 erschienene Studie darauf hin, in welcher er folgendes festhält: „Wenn wir heute, aus einer Distanz von dreißig Jahren, auf die Monarchie zurückblicken, müssen sogar die entschiedensten Gegner der Habsburger – und ich muß auch mich selbst zu diesen zählen – zugeben, daß die Rechtsordnung der Monarchie eine annehmbar sichere war, die persönlichen Freiheiten immer größere Berücksichtigung fanden, die politischen Rechte in immer weiteren Kreisen zur Geltung kamen und das Prinzip der nationalen Selbstregierung immer mehr Anerkennung erhielt. Der freie Personen- und Güterverkehr erwies seine segensreiche Wirkung bis in die verstecktesten Winkel der Monarchie. Die deutsche Sprache war zu so etwas wie einer „lingua franca“ geworden, die die Kontakte zwischen den gebildeten Kreisen und Handesltreibenden der Deutschen, Ungarn, Kroaten, Serben, Rumänen, Slowaken und Polen erleichterte. Die Kontakte, obwohl bei weitem nicht perfekt, waren reell und greifbar. Auch die entschlossensten Nationalisten, selbst wenn sie dagegen ankämpften, erkannten die Bedeutung der über den verschiedenen Nationalismen stehenden höheren Einheit. Die besten der diversen nationalen Gruppen arbeiteten daran, einen Weg zu finden, um das dynastische, klerikale, militaristische und bürokratische Reich der Monarchie in eine aufrichtige Föderation freier Völker zu verwandeln.“

„Die Bedeutung der über den verschiedenen Nationalismen stehenden höheren Einheit“ – schreibt Jászi. „Eine multinationale Union, die heute zu den Wunschträumen der westlichen Völker gehört" – so Professor Arthur May. Oder: das staatsordnende Ideal der ehemaligen Monarchie kann wirklich als Modell dienen, als geschichtliches Modell für die Einigung Europas, denn heute kann man bereits alle Tugenden und alle Fehler des einstigen Reiches klar ermessen. Von den Tugenden kann man profitieren, aus den Fehlern kann man lernen. Niemand hat neben den positiven Seiten auch die Fehler gründlicher studiert als Otto von Habsburg. Selbstverständlich hat ihn all dies nicht dazu bewogen, nach dem zweiten Weltkrieg die Wiederherstellung einer Donau-Föderation anzustreben. Die Anwesenheit der Sowjetunion im Donauraum machte dies ja unmöglich. Außerdem, und das war ausschlaggebend, war er zu der Überzeugung gelangt, daß heute eine regionale Donau-Föderation an sich nicht mehr genügen würde. Die Welt hat sich radikal verändert. Die technische Entwicklung, die Beschleunigung des Verkehrs, wirtschaftliche Zwänge und Sicherheitsprobleme treten nunmehr in größeren Dimensionen auf als zu den Zeiten der Monarchie. Was vor einem halben Jahrhundert als Donaureich noch eine große Einheit war, erscheint heute bereits als zu klein; statt einer regionalen ist heute eine kontinentale Föderation notwendig. Wenn die Völker Mittel- und Osteuropas wieder einmal frei sein werden, ist ihr Platz im integrierten Europa; die einzelnen Donaustaaten könnten sich dort eingliedern. Andererseits ist das sicherste Mittel zur Befreiung dieser Völker die volle Verwirklichung der Einigung Westeuropas. Westeuropa ist aber nur das halbe Europa. Die Integration muß jedoch hier einsetzen, denn hier bestehen die demokratischen Möglichkeiten zu einem freien und freiwilligen Zusammenschluß. So wie die nationalen und chauvinistischen Streitereien der Donauvölker jenes Leid für einige von ihnen herbeiführten, das auch Churchill und andere erwähnen, können sich die übrigen Völker Europas nicht mehr nationalistische Extremismen leisten, ja letzten Endes nicht einmal mehr den Luxus des nationalen Alleingangs. Ein aufgeteiltes und zersplittertes Europa kann sich weder gegen den sowjetischen Hegemonialismus schützen, noch ist es fähig, im weltwirtschaftlichen Konkurrenzkampf seinen Platz zu behaupten. Heute kann weder Frankreich noch Deutschland oder England mehr allein bestehen und florieren. Während die Historiker festgestellt haben, daß das Zertrümmern der Österreichisch-Ungarischen Monarchie ein katastrophaler Fehler war, weil es zur Balkanisierung von Mitteleuropa geführt hat, kann er, Otto von Habsburg, der Politologe, heute feststellen, daß sich das derzeitige Westeuropa hinsichtlich seiner Aufgaben in einem balkanisierten Zustand befindet und daß es ein katastrophaler Fehler wäre, wenn das so bliebe.

Die historische Inspiration zum Werk der europäischen Einigung hat Otto natürlich nicht nur aus der Österreichisch-Ungarischen Monarchie, das heißt der letzten Phase der habsburgischen Politik, geschöpft, sondern auch aus den Visionen seiner weiteren Vorfahren. Er studierte seine Ahnen mit außergewöhnlicher Intensität, jedoch immer auch mit dem erwähnten Nietzsche'schen Pragmatismus, und daher war es ein nützliches Studium. Von jedem der einstigen Habsburger lernte er etwas, und auch aus den Fehlern eines jeden. Am häufigsten suchte er bei ihnen jedoch nach den Saatkörnern der europäischen Mission und von den meisten erhielt er diese auch als Vermächtnis.

Der Dynastie-Begründer, Rudolf I., war in seinen Augen deshalb bedeutend, weil ihm das gelang, was keinem vor ihm gelungen war: die Wiederherstellung der Ordnung im Deutschen Reich. Das war eine „integrierende" Aktion. Den „ersten" Habsburger, Rudolf, sieht der „letzte" Habsburger, Otto, so: „Bei seiner Thronbesteigung war das Reich ein Chaos, bestenfalls ein geographischer Begriff. Achtzehn Jahre später herrschte wieder die kaiserliche Autorität und damit Rechtssicherheit." Laut Otto hat sich in diesem Ahnen bereits fast all das gezeigt, was später dem Hause Habsburg Erfolg brachte und Kraft gab: „Die Politik Rudolfs I. enthüllte bereits jene wichtigsten Grundsätze der Kunst des Regierens, denen seine Nachkommen jahrhundertelang treu blieben: Jede einzelne Tat basierte auf Verträgen oder legitimen Ansprüchen; die Hausmacht wurde nicht nur durch Kriege, sondern durch kluge Politik oder, besser noch, durch Heiratsdiplomatie gestärkt. Großzügig gegen den besiegten Feind, war Rudolf von unerbittlicher Strenge gegen jene, die sich gegen die geltende Rechtsordnung verfehlten. Er fühlte sich als König seines ganzen Volkes, nicht als Souverän einer besonderen, privilegierten Klasse."

In einem anderen Ahnen, Rudolf IV, dem „Stifter", der die Wiener Universität gründete und den Grundstein zum Neubau des Stephansdomes legte – der auch heute noch das Wahrzeichen Wiens ist –, verehrte Otto ebenfalls, daß er die Kraft hatte, etwas Neues und Großes anzufangen, daß er etwas in die Wege leitete: „Man könnte ihn den Vater des österreichischen Staatsgedankens nennen. Dieser ehrgeizige, überaus intelligente Herrscher war erfüllt vom Gedanken seiner Sendung. Er führte in der Verwaltung wie in der Finanzgebarung Reformen durch, die zu seiner Zeit revolutionär wirkten".

Ein dritter von Otto bewunderter Vorfahre ist niemand anderer als Friedrich III., der letzte Kaiser, der in der Ewigen Stadt gekrönt wurde. Dieser Kaiser hatte die öffentlichen Gebäude mit den geheimnisvollen Buchstaben AEIOU verziert. Viele suchten nach einer Erklärung. Eine Auslegung: Austria extenditur in orbem universum. Eine andere: Austria erit in orbe ultima. Otto selbst beteiligte sich nicht an der Lösung des Rätsels. Er verehrte jedoch sehr vieles an Friedrich III. und man kann sagen, daß zahlreiche Charaktereigenschaften dieses Kaisers auch in Otto selbst zu finden sind. Er hielt Friedrichs hohen Bildungsgrad und Kulturhunger für beispielgebend. Otto von Habsburg ruft diesen Vorfahren, der mit dem großen Humanisten Aeneas Piccolomini, dem späteren Papst Pius II., in Briefwechsel stand, wie folgt in Erinnerung: „Er liebte gute Gesellschaft und wählte seine Gäste sorgfältig. Dann blieb er oft bis spät in die Nacht mit ihnen beisammen, diskutierte über wissenschaftliche Fragen oder politische Angelegenheiten. Bei solchen Gelegenheiten erwies er sich als blendender Redner. Er war bemerkenswert gut informiert und hatte einen scharfen Blick für das Wesentliche in der europäischen Politik. Außerdem beherrschte er wie die meisten seiner Vorfahren die Kunst, mit den kleinen Leuten in ihrer Sprache zu sprechen.“ Friedrich III. herrschte außergewöhnlich lange, 35 Jahre. Wenn er auch viele Schlappen erlitt, ist er doch in den Augen Ottos einer der größten Politiker. Weshalb? Weil – er für andere gesät hat! Für die nachfolgenden Generationen. Es ist ihm zu verdanken, daß die erlahmende Dynastie später von neuem an die Spitze kam und zu einer integrierenden Kraft in Europa wurde. Otto von Habsburg über Friedrich III.: „In den langen Regierungsjahren Friedrichs III. wurzeln die konstitutiven Elemente einer Entwicklung, die erst nach dem Tod des Greises sichtbar werden sollte.“

Es ist somit offensichtlich, daß Otto in erster Linie jene Vorfahren verehrt, die entweder etwas gründeten oder wieder neu begonnen haben oder für die Zukunft den Boden vorbereiteten.

Seine Idealgestalt war schließlich der größte Habsburger, Kaiser Karl V. In Ottos Augen ist er der Europäer „par excellence“, der „Großeuropäer“. Schon seine Geburt ist ein Symbol der damaligen europäischen Einigung. Ein habsburgischer Herrscher, der sich auf Grund seiner Valois-Abstammung als Mitglied der königlichen Familie Frankreichs betrachtete. „Denn“ – schreibt Otto von diesem Ahnen – „die burgundischen Niederlande, wo er geboren wurde, und die Freigrafschaft Burgund, die so oft die Drehscheibe seiner wichtigsten politischen Entscheidungen sein sollte, lagen zwischen den beiden großen Reichen der West- und Ostfranken, zwischen Germanien und Gallien, eine lebende Synthese der physischen und psychischen Eigenschaften der beiden großen Völker und Reiche des Abendlandes." Für Otto von Habsburg war es ein großes und nachahmenswertes Bestreben, daß Karl V., der schon infolge seiner Geburt zum Abbau der Gegensätze tendierte, sein ganzes Leben für die religiöse Einheit gekämpft hatte. „Schon vor vielen Jahrhunderten" – schreibt Otto – „hatte Karl V. noch ein anderes Problem erkannt, das auch die Konzilsväter des Zweiten Vaticanums beschäftigen sollte: die ‚Kirche in der Welt von heute', das heißt die Aktualisierung unveränderlicher Glaubenswerte in jeder neuen Epoche. Nicht aus Opportunismus riet der Herrscher der römischen Kirche zur Reform. Er war von der absoluten Notwendigkeit einer Erneuerung zutiefst überzeugt." Neben der Forderung religiöser Einheit und Reform sah er die mustergültige Politik Karls V., ja sein zeitgemäßes „Europäertum" darin, daß er geduldig war, die Universalität über den Nationalismus setzte, das heißt eine Gleichgewichtspolitik auf dem Prinzip „suum cuique" betrieb. Otto sieht es so: „Trotz der bestehenden Rivalitäten hatte der Kaiser niemals versucht, Frankreich zu unterjochen und eine deutsche, spanische oder italienische Vorherrschaft aufzurichten. Niemals hat er eines seiner Königreiche einem anderen vorgezogen. Lange vor dem Ende seiner Regierung vollzog er innerhalb der Familie jene Teilung, die so klar zeigt, daß seine Politik weder unterwerfen noch beherrschen wollte, sondern im Gegenteil auf die Errichtung einer in Freiheit bejahten Gemeinschaft gleichgestellter Partner abziele. Er hatte es sich zum Ziel gesetzt, eine Allianz zu schaffen, deren Völker unter Beibehaltung ihrer Eigenart und ihrer Sonderrechte in der Einheit der Kirche und in der Verteidigung des Abendlandes gegen den Islam ein gemeinsames Band hätten finden können. Der Islam war bis ins Herz Europas vorgedrungen und bedrohte vom Mittelmeer aus die Küsten der christlichen Nationen."

Wahrlich Feststellungen, bei denen Parallelen mit der Gegenwart angebracht sind; Europa ist heute in einer ähnlichen Lage. Diesmal ist die sowjetische Hegemonie statt des Islams an die europäischen „Küsten" vorgedrungen. Die europäische Einheit und Freiheit wird durch sie teils vernichtet, teils wie von einem Damokles-Schwert ständig bedroht. In der Ansicht Ottos ist das Vermächtnis Karls V. deshalb so wichtig, weil sich sein ganzes Lebenswerk gegen den engherzigen und engstirnigen Nationalismus richtete. Gerade dieser nationale Egoismus ist es, der am meisten der unumgänglich notwendigen Integration im Wege steht, der Schaffung eines supranationalen Europas. Kein Wunder, daß die nationalistischen Historiker des 19. Jahrhunderts die großen Tugenden Karls V. nicht erfassen konnten. Der Historiker des 20. Jahrhunderts, Otto von Habsburg, äußert sich dazu: „Im 19. Jahrhundert mußte allein der Gedanke an diesen tiefgläubigen Christen schockieren, denn die Menschheit ging nunmehr daran, den Himmel zu erobern. Staat oder Rasse wurden auf Gottes Thron gesetzt, die Nation zum höchsten Wert erklärt – was sollte der Nationalismus mit einem Menschen gemein haben, der in Burgund geboren, in den Niederlanden aufgewachsen und König von Spanien geworden war? Der die Eigenschaften dieses Landes tief in sich aufgenommen hatte, das, an der Grenze Europas gelegen, die Brücke zu anderen Kontinenten schlug. Was sollte der Nationalismus mit einem Herrscher, der die deutsche Krone trug und als römischer Kaiser ständig Verbindung zur italienischen Nation unterhielt, der Französisch, Holländisch, Spanisch und Deutsch gleichermaßen fließend sprach und schrieb und dessen politischer Horizont von Amerika bis zu den äußersten Grenzen des Fernen Ostens reichte, wovon sein Interesse am Schicksal der Indianer in den Anden, seine Beziehungen zu Schah Sophi von Persien und seine Suche nach dem legendären Priester Johannes Zeugnis ablegen. Mit einem Wort, Karl V., der die sich verengenden Grenzen eines in Auflösung befindlichen Abendlandes überschritt, konnte von den Ideologen des 19. Jahrhunderts nicht verstanden werden, die wie der Frosch in der Fabel die Berge nicht mehr sehen konnten, weil sie über die Grasbüschel ringsum nicht hinauszuschauen vermochten. Diese kurzen Bemerkungen lassen bereits erkennen, warum die Gestalt Karls V., die früheren Generationen unverständlich war, in unserer Zeit stark an Aktualität gewinnt. Das Interesse an ihm wächst und zahlreiche Historiker befassen sich mit ihm. Die Ideen, die in dieser zweiten Hälfte des 20. Jahrhunderts zum Durchbruch kommen, zeigen überraschende Ähnlichkeit mit den Plänen und Problemen Karls V. Nach drei Jahrhunderten der Aufsplitterung gelangen wir allmählich wieder zu einer Tendenz des Miteinander und zu einem einheitlichen Konzept."

Die Reihe der Habsburg-Ahnen ist zu lang, um alle analysieren zu können, aber der „letzte" Habsburger, der heute am Ende der Reihe steht, als gewissenhafter Schüler seiner Vorfahren, hat fast von jedem etwas mitbekommen. Von Karl VI., der die Erbfolge seiner Tochter Maria Theresia durch die Pragmatische Sanktion sicherte, die Mentalität des Friedens-Architekten im Gefolge des Krieges. Von Maria Theresia die anteilnehmende und christlichem Humanismus entstammende Bauernpolitik und ihre sozialpolitischen Ambitionen. Von Joseph II. die Reformsehnsucht, wenn er auch mit den realitätsfremden Verordnungen dieses Kaisers nicht übereinstimmt. Von Franz Joseph, den er als Kind persönlich erlebt hatte und mit dessen Lebenswerk er vertraut ist, vor allem das Pflichtbewußtsein. Von seinem Vater, Karl, die leidenschaftliche Friedensliebe und die ehrlichen Bestrebungen und Gedanken, mit denen dieser die föderative Umwandlung der Monarchie studierte und vorbereitete.

Die Lehren der Ahnen sowie die letzten Jahrzehnte der Monarchie haben Otto von Habsburg in die Richtung des europäischen Integrationsgedankens gelenkt und so führte sein Weg unweigerlich in die aktive Politik. Ein Mann seines Wissens und seiner Tatkraft konnte nicht lediglich Beobachter oder Berichterstatter bleiben, zu einem Zeitpunkt, da die Einigung des europäischen Kontinents bereits eine Frage von Sein oder Nicht-Sein war. Wenn nicht früher, so hat er in den Jahren seiner amerikanischen Emigration, während des Krieges, den Impuls dazu erhalten, ein Verfechter und aktiver Mitarbeiter der europäischen Einigung zu werden. Als er das zweite Mal, im Sommer 1940, in die Vereinigten Staaten kam, schrieb Otto von Habsburg, auf Anregung Präsident Roosevelts, im angesehenen Journal „Foreign Affairs“ eine Studie mit dem Titel „Danubian Reconstruction“. Bereits hier spricht er von Föderalismus und weist über das Donaubecken hinaus auf das größere Europa hin. Das Wesentliche seiner Ausführungen: der Föderalismus ist eines der wichtigsten Elemente im Neuaufbau des Donauraumes; die Föderation muß aber über eine bedeutende zentrale Macht verfügen, in deren Zuständigkeit die gemeinsame Außen- und Verteidigungspolitik, das Finanzwesen sowie die gemeinsame Wirtschaft fallen. Diese Zentralgewalt darf keine Institution sein, die im Gegensatz zu den Interessen der angeschlossenen Völker steht, denn sie konstituiert sich aus diesen. Zur Lösung der verschiedenen Fragen der nationalen Eigenheiten, wie Sprache, Unterricht und kulturelle Probleme, könnte man die dominierende Idee der Verfassung der Vereinigten Staaten heranziehen, nämlich jenes Prinzip, daß jeder Teilstaat, ob klein oder groß, die gleiche Anzahl von Abgeordneten in den Senat entsendet. In dieser Ende 1941 geschriebenen und im Januar 1942 erschienenen Abhandlung hat er gleichsam prophezeit, daß gerade als Reaktion auf den Nationalismus Hitlers in Europa die Idee des Supranationalismus geboren werden wird: „Die Napoleonischen Kriege haben einst den Nationalismus ins

Leben gerufen und angefacht. Vielleicht wird es die Antwort auf die Sünden Hitlers sein, daß sich die Gesinnung wandelt und die supranationale Versöhnung beginnt? Die Geschichte lehrt uns, daß derjenige, der den Nationalismus fördert, meist ein Opfer der stärkeren Nationalismen wird. Mit dem Hitlerismus hat der Rassengrößenwahn seinen Höhepunkt erreicht und vielleicht setzt damit sein Nachlassen ein." Der Artikel Habsburgs im „Foreign Affairs" weist sehr deutlich auf die große, ganz Europa umfassende Föderation hin. Er ist sich jedoch schon damals der Schwierigkeiten bewußt, wenn er schrieb, daß es eine komplizierte Aufgabe sein werde, die Interessen so entfernter Länder wie Frankreich und Polen, Belgien und Rumänien, Schweden und Griechenland auf einen Nenner zu bringen.

In Amerika ist somit in Otto von Habsburgs politischer Gedankenwelt die Nachkriegsaufgabe Europas aufgekeimt, die große Föderation. Auch schon deshalb, das kann jeder bezeugen, den das Schicksal nach Übersee verschlagen hat – weil von drüben gesehen Europa in Wirklichkeit „ein einziges Land" ist. Wen das Geschick in überseeische Emigration trieb, war sich plötzlich bewußt, daß der Dom in Wien und der in Köln, der römische Triumphbogen Kaiser Konstantins und der Pariser Arc de Triumph ein und dasselbe sind, und daß es die Bestimmung des Ärmelkanals ist, zu verbinden, nicht zu trennen. Wer aus der Nähe gesehen hat, wie Kalifornien mit Neu-England verschmilzt, was für eine Kraft und Macht es bedeutet, wenn in San Diego der gleiche politische Wille wirkt wie in Boston, das heißt, wer in Amerika gelebt hat, der kann nicht verstehen, warum es keine Europäischen Vereinigten Staaten gibt. Das hat zu Ottos Europaauffassung beigetragen – ebenso wie ein wichtiges Zusammentreffen.

In Amerika lernte er jenen europäischen Politiker persönlich kennen, dessen Anhänger und späterer politischer Erbe er werden sollte, Richard Graf Coudenhove-Kalergi, den Begründer der Paneuropa-Union und Vater des Paneuropa-Gedankens. Der Graf, der Ältere von beiden, war ein guter Lehrer und Otto ein gelehriger Schüler. Natürlich kannte er bereits den genialen Artikel von Coudenhove-Kalergi, der in der Wiener „Neuen Freien Presse" erschienen war, zwanzig Jahre vor ihrem Treffen in Amerika, und zehn Jahre nach seiner, Ottos, Geburt. Er hatte ihn noch in Lequeitio während seiner Maturazeit gelesen. Einige Jahre nach der Katastrophe des ersten Weltkrieges verkündete Coudenhove-Kalergi die Idee des totalen europäischen Zusammenschlusses, genauer gesagt, er wies auf dessen absolute Notwendigkeit hin. Mit unglaublichem Scharfblick, gleichsam mit seherischer Kraft, sagte er das Kommen Stalins und dessen Imperialismus voraus. Europa – schrieb er – müsse sich zusammenschließen, um eine selbständige Kraft zwischen zwei Supermächten zu werden. Denn es könne ein „russischer Napoleon“ kommen, der die Freiheit, die er seinem Volk wegnimmt, dadurch ersetzt, daß er für Rußland kriegerischen Ruhm erwirbt. Wenn es nicht gelingt, Paneuropa zu schaffen, dann können weder die nach dem ersten Weltkrieg entstandenen kleinen Staaten noch Deutschland oder Frankreich die russische Invasion aufhalten. Das Ende der Prophezeiung von 1922: im besten Fall wäre dann nur davon die Rede, Europa in eine russische und eine anglo-amerikanische Interessenssphäre aufzuteilen.

Diese Vorhersage ist fast Wort für Wort eingetroffen und kann in einem Namen zusammengefaßt werden: Jalta.

In dem durch die Jalta-Linie geschaffenen Europa – in der durch Rußland verursachten Situation – mußte und muß in der westlichen Hälfte gerettet werden, was zu retten ist. Das kann nur durch die Integration des noch freien Teiles Europas geschehen. Das wurde zum politischen Credo Otto von Habsburg – auf Grund des monarchischen Vermächtnisses, der Mission seiner Ahnen, der Wegweisung und Anregung durch den Vater des Paneuropa-Gedankens, Coudenhove-Kalergi.

So kam Otto von Habsburg von der Erinnerung an die Monarchie zu der Notwendigkeit der europäischen Integration. Diese verkündete er in seinen Artikeln, seinen Büchern, seinen Vorträgen. Deshalb suchte er die Bekanntschaft der Großen Europas. Eines der nützlichsten Treffen war jenes mit Robert Schuman, das dann zu wiederholtem Gedankenaustausch führte. Otto von Habsburg war nämlich der Ansicht, es sei nicht richtig, wenn die europäische Integration nur in die Kohle- und Stahl-Union münde. Er befürchtete, sie könnte dort stehenbleiben. Er hätte es für zweckmäßiger gehalten, die Integration mit politischen Schritten und Zusammenschlüssen zu beginnen. Deshalb traf er sich mit Robert Schuman. Die auf hohem Niveau geführte Diskussion zwischen dem alten und dem jungen Politiker endete mit dem „Sieg“ des Älteren. Denn Robert Schuman gelang es, Otto davon zu überzeugen, daß die wirtschaftliche Integration, die auch nicht einfach sei, von den nationalen Regierungen leichter akzeptiert werde als ein stufenweiser Verzicht auf politische Souveränität. Der Erfolg des wirtschaftlichen Zusammenschlusses würde auch einen Schritt zur politischen Integration bilden. Wenn ein wirtschaftlicher Integrationsvorgang auf Schwierigkeiten stieße, wäre das nicht so katastrophal, wie wenn eine politische Integration ins Stocken gerate oder versage. Schumans Schlußwort: In der Politik muß man immer berechnen, welches der richtige erste Schritt ist, und man darf niemals den zweiten Schritt vor dem ersten tun. Otto prägte sich dies als unumstößliche Lehre in sein Gedächtnis ein und auch heute noch gedenkt er dankbar seines väterlichen Meisters. „Damals habe ich von ihm gelernt, wie wichtig in der Politik die richtige Reihenfolge ist.“

Von da an wurde Otto einer der gründlichsten Kenner des in Entwicklung befindlichen Geschehens. Oft lernte er die einzelnen Pläne der Verteidigung oder der wirtschaftlichen Integration noch im Stadium des Werdens, im status nascendi, kennen, wie beispielsweise den Pleven-Plan, den Fouchet-Plan, den Werner-Plan und den Tindemans-Plan, denn die Verfasser suchten wiederholt schon im voraus seinen Rat, waren an seiner Meinung interessiert und weihten ihn in ihre Pläne ein. Er verfolgte – und als Schriftsteller oft recht kritisch – die Entwicklung der Institutionen, wie aus der Kohle- und Stahl-Union das Europa der Sechs, dann der Neun und schließlich der Zehn wurde. Es gab wenige, die so genau wie er bis in die letzten Einzelheiten die Maschinerie der komplizierten europäischen Organisationen kannten, die Kommission in Brüssel, die Funktionen des Ministerrates, die Verteilung sowie Unter- und Überordnung der Kompetenzen. Bei allen einflußreichen Stellen betonte er die Notwendigkeit, die Mitglieder des Europa-Parlamentes direkt zu wählen – es müsse eine ordnungsgemäße „Europa-Wahl“ stattfinden. Er publizierte seine Ansichten regelmäßig für das breite Publikum und intervenierte unablässig bei den zuständigen Stellen und den Mächtigen der Staatsgewalt, immer anspornend, aufmunternd, Ratschläge gebend – als unermüdlicher Propagandist für ein vereintes Europa.

Inzwischen ging sein Leben im gewohnten Rhythmus weiter, sowohl als Privatmann als auch als politischer Schriftsteller. Am 20. November 1972 wurde er sechzig Jahre alt. Otto von Habsburg hatte eine gute Presse. In Österreich hatte die durch die lange sozialistische Obstruktion hervorgerufene Verkrampfung nachgelassen und man würdigte die Persönlichkeit Otto von Habsburgs in objektiven und anerkennenden Artikeln. Die Mehrzahl der Kommentare beschrieb unparteiisch seinen Charakter und Werdegang und seine Leistungen, auch die Linke, die während des Streites um die Rückkehr so viele unwahre Verdächtigungen in Umlauf gesetzt hatte. Otto Schulmeister stellte fest: „Otto Habsburg zwingt auch dem Republikaner Respekt ab, weil er ein Beispiel dafür gibt, daß Charakter stärker ist als das Schicksal, stärker auch als vergangene Geschichte, daß Intellekt nicht permanenten Verrat bedeuten muß." Der vormalige Kanzler Josef Klaus schrieb einen bedeutenden Artikel, in welchem er Otto als „Bürger unter Bürgern" apostrophierte. Inzwischen habe sich die Richtigkeit jener Politik seiner Regierung erwiesen, die in der Habsburg-Frage auf den „historischen Ausgleich" hingearbeitet und Ottos Rückkehr nach Österreich möglich gemacht habe. „Was wir uns erwartet hatten, ist in vollem Maße eingetreten: Der innere Friede ist durch die Anwesenheit Dr. Otto Habsburgs überhaupt nicht gestört worden, seine bescheidene, noble Art des Auftretens, sein hoher Geist, der aus zahlreichen Büchern und Vorträgen spricht, hat nicht nur sein persönliches Ansehen im In- und Ausland – wie lange ist es her, daß ein Österreicher Mitglied der Académie Française wurde! – gehoben, sondern auch zum Ansehen Österreichs selbst beigetragen. Die Republik hat keinen Schaden erlitten, das Vaterland hat gewonnen." Im bedeutenden österreichischen Blatt „Salzburger Nachrichten" stammt aus der Feder Karl Heinz Ritschels folgende Bewertung, die besonders die europäische Dimension hervorhebt: „Otto Habsburg hat sich der europäischen Idee verschrieben. Seine gesamte Arbeit gilt dem Zusammenschluß des Kontinents, der nur so eine Zukunftschance besitzt. Führende Positionen in der Paneuropa-Union und der ‚Europäischen Bewegung' sind nur äußerliche Zeichen einer Agilität, in der Otto Habsburg seine gesamte Kraft, sein Wissen und seine internationalen Verbindungen einsetzt, um die europäische Zielsetzung entscheidend voranzutreiben. Wenn heute die Frage der Direktwahl der Abgeordneten zum Europa-Parlament durch das Volk statt wie bisher durch die nationalen Regierungen spruchreif wird, so hat Otto Habsburg wesentlichsten Anteil daran. Er hat besonders dieses Ziel angestrebt, um auf diesem Wege der breiten Öffentlichkeit das Europabewußtsein mehr als bisher einzuprägen. Aus einer Familie stammend, die einst ein Vielvölkerreich und ebenfalls einen Großteil Europas im Laufe der Jahrhunderte regierte, hat Otto Habsburg diese Familienaufgabe umgewandelt in die Zielsetzung nach einem Vereinten Europa, um so in zeitgemäßer Form seinen Beitrag zur Geschichte zu leisten."

Unzählige Gratulationen und herzliche Glückwünsche erreichten ihn aus allen Teilen der Welt und die verschiedensten Gruppen und Organisationen veranstalteten Festlichkeiten, um ihn zu ehren. Die einstigen Kaisergemeinden luden ihn ein, ebenso die Sudetendeutschen Landsmannschaften; die Emigrantengruppen der Donauvölker, die Ungarn, Kroaten, Slowaken veranstalteten feierliche und ergreifende Treffen mit ihm in den Monaten Oktober, November und Dezember 1972, denn man mußte wegen ihrer großen Anzahl die Feierlichkeiten auf drei Monate verteilen. Scherzhaft bemerkte Otto bei einem Fest: „In diesen Wochen bin ich ausgiebig sechzig Jahre alt geworden". Besondere Festlichkeiten wurden auch in Bayern für ihn veranstaltet. Otto von Habsburg war seit Jahrzehnten hier ansässig, seine heranwachsenden Kinder waren nicht nur im Ort heimisch, sondern im Landkreis, in München, in ganz Bayern. Die Bevölkerung der Gegend um den Starnberger See besuchte und beglückwünschte ihn, die bayerische Regierung veranstaltete einen Empfang und sprach bei dieser Gelegenheit offiziell die Anerkennung des Freistaates für den prominenten Österreicher aus. Im Namen Bayerns begrüßte Staatsminister Fritz Pirkl den Jubilar: . . . Als sichtbares Zeichen dieses Dankes habe ich für den Freistaat Bayern die Ehre, Ihnen als symbolisches Geschenk des Bayerischen Ministerpräsidenten einen Bayerischen Löwen zu überreichen, der Sie allzeit daran erinnern soll, daß sich Bayern seit Jahrhunderten mit dem Hause Habsburg in gesamtdeutscher und mitteleuropäischer Verpflichtung verbunden fühlt und sich seiner europäischen Funktion als Nachbarland von Österreich und Böhmen immer bewußt war und auch in Zukunft bewußt bleibt. Ich wünsche Euer Kaiserlichen Hoheit auch für Ihr zukünftiges Wirken für die Einigung Europas alles Gute und spreche namens der Bayerischen Staatsregierung die Bitte aus, Sie mögen auch weiterhin für das deutsche Heimatvolk aus Böhmen, Mähren und Schlesien, das seit der Vertreibung aus seiner Heimat zum vierten Stamm des Bayernlandes geworden ist, in aller Welt eintreten und allen ostdeutschen Landsmannschaften der kaiserliche Freund und Helfer bleiben."

Die weiteren siebziger Jahre vergingen wieder mit Arbeit und führten zu wichtigen Begegnungen. Zu dieser Zeit kam aus seiner Zuflucht in der Botschaft der Vereinigten Staaten in Budapest Kardinal Mindszenty, Ungarns Märtyrerprimas, in den Westen. Seine Residenz wurde – eine Aufmerksamkeit des Wiener Erzbischofs Kardinal König – das Pazmaneum, das Wiener Haus der ungarischen Kirchenfürsten. Der Primas bat Otto von Habsburg, sein Berater in weltpolitischen Fragen zu sein, da er selbst fünfzehn Jahre lang, seit der Niederschlagung des ungarischen Volksaufstands von 1956, praktisch von der Welt abgeschnitten war. Otto hatte in zahlreichen Artikeln die Persönlichkeit dieses hervorragenden, charakterfesten Kirchenfürsten des zwanzigsten Jahrhunderts gewürdigt und sagte sehr gerne zu, ihm bei seiner Arbeit zu helfen. Es erfüllte Otto mit besonderer Freude, daß Mindszenty bereit war, im Mai

1972, zum 80. Geburtstag der Kaiserin und Königin Zita in Zizers, dem Wohnort seiner Mutter in der Schweiz, die heilige Messe zu lesen.

In diesem Jahr traf Otto von Habsburg auch den österreichischen Bundeskanzler Bruno Kreisky. Das 50jährige Jubiläum der Gründung der Paneuropa-Union fiel auf den 4. Mai und aus diesem Anlaß veranstaltete diese internationale Organisation, deren Vizepräsident Otto inzwischen geworden war, einen Kongreß in Wien. Im Jahre 1926 war der Union auch ein junger Mann aus gutbürgerlichem Hause beigetreten, dessen Eltern ihn in die exklusivste Tanzschule Wiens schickten, der aber lieber sozialistische Versammlungen besuchte: Bruno Kreisky. Nun brachten die Zeitungen an erster Stelle und als großes Ereignis das Bild, wie der sozialistische Kanzler und Otto von Habsburg einander die Hand reichten. Da die Erinnerung an die jahrzehntelange Otto-feindliche Obstruktion noch nicht ganz verblaßt war, wurde das Treffen sofort allgemein als der „Historische Händedruck“ kolportiert. Kreisky wußte recht gut, was die sozialistische Presse niemals offen eingestehen wollte, daß der Name Habsburg in der österreichischen Bevölkerung von großer Bedeutung ist.

Im gleichen Jahr, Anfang des Sommers, setzte eine andere Art von „Zusammentreffen“ die Presse in Bewegung. Die „Sensation“ war, daß Otto von Habsburg einem Budapester Journalisten ein Interview gegeben hatte, und daß der „Thronfolger“ am ungarischen Fernsehschirm erschien. Die Tatsache selbst war schon eine Überraschung; für die Millionen Ungarn war aber die wirkliche Sensation, daß Otto ausgezeichnet ungarisch sprach. Bis dahin hatte die kommunistische Presse die Person Ottos in primitiver und negativer Weise als imperialistisches Monster oder als degenerierten Aristokraten dargestellt, vor allem als ob er, als Habsburger, überhaupt nichts Gemeinsames mit dem Ungarntum hätte. Hinter der offiziellen kommunistischen Propaganda, oder vielleicht gerade als automatische Reaktion durch sie hervorgerufen, bestand in der allgemeinen Meinung der Bevölkerung ein positives Otto-Bild und die unbefriedigte Neugierde nach der „verbotenen Frucht“. Unzählige Episoden zeigten, daß die Menschen auch während der kommunistischen Diktatur die Person Ottos in Evidenz hielten. Einmal, als Otto in Mailand vom Portier den Zimmerschlüssel verlangte, saß in der Hotelhalle eine ungarische Fußballmannschaft. Als Otto dann zum Lift ging, trennte sich ein beliebter Fußballstar von der Gruppe, als ob er selbst auch in sein Zimmer wollte, und im Aufzug, zwischen zwei Stockwerken sagte er nur so viel: „Bitte, wir wissen, wer Sie sind – erlauben Sie mir Ihnen zu sagen, daß wir in Anhänglichkeit an Sie denken." János Kádár, Generalsekretär der Kommunistischen Partei, beklagte sich einmal in einer Rede vor dem Parlament, die kommunistische Umschulung der Intellektuellen gehe sehr langsam vor sich, und erwähnte als Beispiel, daß man noch immer auf Schritt und Tritt Bemerkungen höre wie „Otto von Habsburg ist doch ein gescheiter Mann . . .". Das Interview war in St. Pölten aufgezeichnet worden. Die Wirkung der Sendung war so groß, daß auch noch viele Jahre danach, wenn ein Ungar ins Ausland kam und in intimem Kreis mit emigrierten Landsleuten sprechen konnte, eines der ersten Themen war, wie perfekt Ottos Ungarisch sei und welch' kluge Bemerkungen er im Fernsehen über die Weltpolitik gemacht habe. Das Wesentliche seiner diplomatischen und vorsichtigen Ausführungen war, daß im Leben und in der Politik nichts ewig und das höchste Gesetz der Geschichte die Veränderung sei . . . Das war nicht aufwiegelnd, jedoch tröstend . . . und die Ungarn verstanden.

Im Jahre 1972 verabschiedete sich die Welt von einem Mann, dessen historische Größe in seiner ganzen Bedeutung erst nach der endgültigen Verwirklichung der Vereinigten Staaten von Europa erkannt werden wird. Ende Juli starb Coudenhove-Kalergi. Fünfzig Jahre zuvor hatte er die große paneuropäische Vision aufgezeigt und einen vollkommenen europäischen Zusammenschluß gefordert, unter dem Motto, daß Europa sich entweder einigt oder endgültig zerfällt. Wahrscheinlich hat sich niemand so warm von ihm verabschiedet und ihn so treffend charakterisiert wie sein Schüler Otto von Habsburg: „Richard Coudenhove-Kalergi, Vater des Paneuropa-Gedankens, ist gestorben, wie er gelebt hatte: einfach, ohne viel Aufhebens, würdig. Er hatte immer gehofft, daß ihn das Ende in voller Schaffenskraft treffen würde. Noch in seinem letzten Brief, den ich vor wenigen Stunden erhielt, hatte er für den kommenden Herbst seinen Arbeitsplan für Europa entworfen. Als ich ihn das letzte Mal sprach, machte er eine Bemerkung, die heute, da ich die Todesnachricht in Händen halte, doppelt bezeichnend ist. Er sagte, nun sei es soweit, man könnte das geeinte Europa klar vor sich sehen. Bei meinem ersten Treffen mit ihm hatte mir Coudenhove als seine Mission dargetan, die Europäer zu diesem Ziele zu führen – es aber selbst nicht mehr zu erreichen. Die einzige Gunst, die er vom Allmächtigen erbitte, sei, wie einst Moses auf dem Berge Nebo, das Gelobte Land aus der Ferne zu schauen. Diese Gnade war ihm vergönnt. Coudenhoves hervorstechende Charaktereigenschaft war seine Selbstlosigkeit . . . Er war einer der ganz wenigen Menschen, der kein Machtstreben kannte. Niemals im

Laufe seiner Arbeit hat er an eine politische Funktion für sich selbst gedacht. In entscheidenden Augenblicken hat er daher jeweils anderen den Vortritt gelassen, die dann dort ernteten, wo er gesät hatte."

Am 13. Mai des darauffolgenden Jahres wurde Otto von Habsburg in Straßburg zum Nachfolger Coudenhove-Kalergis gewählt und damit Präsident der Internationalen Paneuropa-Union. Die große Mehrheit der führenden Mitglieder dieser weitverzweigten Organisation, die in allen Staaten Europas vertreten ist, war der Ansicht, Otto sei ein würdiger Anhänger des Gründers, ein unbeirrbarer Verfechter des Europa-Gedankens und ein unermüdlicher Arbeiter für die Stärkung der Organisation. Otto von Habsburg erhielt dadurch eine formelle Position. Für ihn war jedoch wesentlich, daß er infolge dieser Position mehr Möglichkeiten als bisher hatte, dem Europa-Gedanken zu dienen. Von da an widmete er einen ansehnlichen Teil seiner Zeit dem Bemühen, der Union ein aktives Wirkungsfeld in der europäischen Öffentlichkeit und bei den Staatsmännern des Kontinentes zu sichern. Die Paneuropa-Union war eine interessante Organisation von bedeutender Vergangenheit, mit zeitweilig mehr, dann wieder weniger Gewicht, aber immer mit hervorragenden Persönlichkeiten. Schon Ende der zwanziger Jahre war Aristide Briand Ehrenpräsident, jener französische Staatsmann, mehrfach Ministerpräsident und Minister, der 1921 Ottos Vater zur Rückkehr nach Ungarn ermutigte. Unter den ersten führenden Persönlichkeiten der Paneuropa-Union tauchte alsbald der deutsche Partner von Briand, Gustav Stresemann, auf und später Konrad Adenauer. Schriftsteller wie Thomas Mann und Heinrich Mann folgten; Lyriker wie Rainer Maria Rilke und Dramatiker wie Gerhart Hauptmann schlossen sich ebenfalls an. Sigmund Freud wurde Mitglied und der mit den Thesen des Freudismus arbeitende Stefan Zweig. In der Reihe der begeisterten Anhänger fehlte auch der große Humanist Albert Einstein nicht. Nach dem Krieg trat Winston Churchill bei und eine ganze Reihe von französischen Politikern, die die europäische Einigung bejahten. In Deutschland übernahmen hervorragende Politiker wie Eugen Gerstenmaier, Franz Josef Strauß, Walter Scheel und Alfons Goppel leitende Positionen. Otto von Habsburg erfüllte die Organisation mit neuem Leben, er wollte die Jugend einbeziehen und einen kämpferischen Geist entfachen, damit die Organisation mit mehr Dynamik für die konkreten Aufgaben der europäischen Einigung eintrete. Die Paneuropa-Union war von Anfang an gegen den Kommunismus, wegen seines Totalitarismus, und gegen die Sowjetunion als imperialistische Macht. In den siebziger Jahren wurde das noch deutlicher, da sowohl in Deutschland als auch in einigen anderen europäischen Ländern Kräfte im Vormarsch waren, die eine Mohrenwäsche versuchten, indem sie die Kremlgewaltigen als Humanisten, den Kommunismus als eine Art heilsames sozialistisches Experiment darzustellen trachteten und die sowjetische Expansion als einen rein amerikanisch-russischen Wettstreit, der Europa nichts angehe. Diese Richtung hatte die Völker hinter dem Eisernen Vorhang abgeschrieben und bezeichnete diejenigen, die weiterhin an das Schicksal dieser Nationen erinnerten, als „kalte Krieger" und als Kriegshetzer. Diese Anschuldigung traf oft auch Otto von Habsburg, der nicht aufhörte, Freiheit und Menschenrechte konsequent für alle Völker Mitteleuropas zu fordern. Manche stellten ihn deshalb als einen Don Quichotte dar und spotteten, er sei ein ewig Gestriger, der auf verlorenem Posten kämpfe. Otto parierte glänzend. Mit einem einzigen Ausspruch beschrieb er plastisch seinen geistigen und politischen Standpunkt und die Ethik des Intellekts: „Ich bin immer lieber bei der Nachhut der Zivilisation als bei der Vorhut der Barbarei".

Ottos Kinder wuchsen heran und übernahmen vor allem im Rahmen der Paneuropa-Union aktive organisatorische Arbeiten. Otto selbst nahm immer stärker Anteil am öffentlichen Leben in Deutschland und bei seinen Versammlungen war meistens seine Gemahlin oder eines der Kinder anwesend, entweder einer seiner Söhne, Karl oder Georg, oder die politisch interessierteste Tochter, Walburga.

In diese Zeit fiel ein trauriges Familienereignis. 1971 starb Erzherzogin Adelheid als erstes der Kinder von Karl und Zita. Sie wurde in einer der treuesten „Kaisergemeinden", in Tulfes, in Tirol, begraben.

Am 1. April 1972 stand Otto von Habsburg auf der Insel Madeira am Sarg seines Vaters. Beim Vatikan läuft der Seligsprechungsprozeß Kaiser und König Karls. Die zuständige Kommission hatte am fünfzigsten Todestag das Grab geöffnet, um den Vorschriften entsprechend die Leiche zu identifizieren und ihren Zustand festzustellen. Die Untersuchung dauerte von 8 Uhr früh bis 5 Uhr nachmittag. Auf dem eisernen Sarkophag befindet sich ein Kreuz und die Aufschrift: „K. I., Imperator et Rex, 17. 8. 1887–1. 4. 1922." Der Leiter der Kommission, der Vorarlberger Bischof Bruno Wechner, stellte fest: „Wir haben den toten Kaiser sofort erkannt." Ein anderes Mitglied der Kommission, Pater Ségur: „Der Körper des Kaisers ist, da er einbalsamiert war, doch einigermaßen zufriedenstellend erhalten geblieben." Nach der Zeremonie äußerte sich der sechzigjährige Sohn über den Sterbetag seines so jung – mit 35 Jahren – verschiedenen Vaters: „Es war ein sehr eindrucksvoller Tag. Es war ein sehr großes Erlebnis für mich. Er ist so friedlich hinübergegangen. Er hatte heute noch einen so friedlichen Gesichtsausdruck, daß man gar nicht das Gefühl hatte, es handle sich um einen echten Toten. Es ist vielmehr das Übernatürliche, das mich so beeindruckt hat." Pater Ségur erklärte abschließend: „Das Protokoll der Kommission sowie die Filme der einzelnen Phasen der Recognitio cadaveris wurden versiegelt und nach Rom geschickt."

1976 brachte ein Fest der Freude: die Silberhochzeit von Regina und Otto ein Wiederaufleben der Erinnerungen an die Heirat in Nancy vor fünfundzwanzig Jahren. Damals wurde das Gnadenbild von Mariazell nach Nancy gebracht; nun pilgerte das gefeierte Paar selbst nach Mariazell. Die Feier fand mit einer zeitlichen Verschiebung von einigen Monaten erst im Herbst statt. Wie damals nach Nancy kamen zum Marien-Gnadenort zu Tausenden die Verehrer, Freunde und Getreuen des Ehepaares und die neuen Anhänger der politischen Ziele Otto von Habsburgs. Eine unabsehbare Menschenmenge bewegte sich auf den hügeligen Straßen des Städtchens. Viele liebe Geschenke wurden gebracht und es kam eine Unzahl von aufrichtigen, herzlichen Glückwünschen aus allen Bevölkerungsschichten. Heutzutage erlebt man in Europa selten eine Festlichkeit, an der Tausende teilnehmen und von der man doch sagen kann, es sei eine „Familien-Feier". Und es war tatsächlich eine. Das Ehepaar hörte mit Tausenden anderen gemeinsam die heilige Messe, Regina, Otto und alle Familienmitglieder mischten sich den ganzen Tag über unter die Scharen der Festgäste. Dutzende von Musikkapellen zogen vorbei, ein bunter Reigen von Trachtenabordnungen, darunter fünfhundert der berühmten „Linzer Goldhauben". Viele nationale Gruppen begrüßten das auf ein Vierteljahrhundert ungetrübten Familienlebens zurückblickende Paar.

Otto hatte in Tirol eine Wohnung, eine Übersiedlung der Familie nach Österreich war jedoch nicht durchführbar, denn es wäre nicht ratsam gewesen, die Kinder aus dem bayerischen Schulsystem herauszureißen. Später bestand dann ohnedies die Möglichkeit eines Universitätsstudiums in Österreich und den Söhnen stand auch der freiwillige Militärdienst offen.

Nacheinander heirateten vier der Mädchen. Als erste die älteste, Andrea, dann Gabriela, Monika und Michaela. Die jüngste, Walburga, inskribierte mit viel Ambition an der juridischen Fakultät in Salzburg, um später als ausgebildete Juristin ihrem Vater in der Europa-Arbeit behilflich sein zu können.

Mitte der siebziger Jahre waren Ottos Vortragsverpflichtungen in einem fast untragbaren Maß angewachsen, aber er erfüllte sie gerne und hielt durch. Im Rahmen dieses Buches wäre es unmöglich, jedes Forum anzuführen, vor dem er sprach, oder die Verschiedenheit der Themen aufzuzählen, die er Woche für Woche behandelte. Er wurde zum „Tag der deutschen Einheit" den 17. Juni ebenso als Festredner eingeladen wie zum Mechitaristen-Kongreß aus Anlaß des 300jährigen Bestehens der Wiener armenischen Gemeinde. Einmal sprach er zum Männertag in Donauwörth als weltlicher Vortragender der Männerseelsorge, dann nahm er an verschiedenen Arbeitskommissionen österreichischer Universitätskonferenzen teil. Den einen Tag war er in Bozen, um vor dem Symposium über Südtiroler Minoritätenprobleme seine eigenen Ansichten darzulegen, dann wieder leistete er dem einen oder anderen deutschen Abgeordneten Wahlkampfhilfe in kleinen bayerischen Dörfern. Dazwischen immer wieder Reisen nach Tokio oder Washington, ein Blitzbesuch bei Henry Kissinger, oder ein Flug nach Salisbury, um die Entwicklung in Afrika an Ort und Stelle zu studieren. Es kam vor, daß er aus Mexico City direkt nach Rosenheim eilte und er hörte den Wünschen der bayerischen Lehrer ebenso aufmerksam zu wie zwei Tage darauf den Überlegungen des Sohnes von General Mac Arthur bezüglich der Innenpolitik der Vereinigten Staaten.

Im Herbst 1975 nahm Otto von Habsburg einen „Posten" an. In der Bundesrepublik hat jede der anerkannten Parteien eine Art politische Bildungsanstalt, eine Akademie. Die Bayerische CSU hatte zu diesem Zweck die Hanns-Seidel-Stiftung ins Leben gerufen und Otto von Habsburg wurde Konsulent der außenpolitischen Planungsgruppe, nicht als Parteimitglied, sondern auf Grund seiner persönlichen außenpolitischen Verbindungen. Nun stand ihm eine Organisation zur Verfügung, in deren Rahmen er das Sammeln und Verbreiten von Informationen über die Weltpolitik fortsetzen konnte, wodurch seine Bindung an die deutschen Christdemokraten noch enger wurde. Er sagte offen, daß seiner Auffassung und Überzeugung diese Richtung am besten entsprach und innerhalb dieser aus mehreren Gründen die bayerische Variante, die Christlich-Soziale-Union. Der erste Grund: die aktuelle politische Aktivität der Partei ist nicht ohne historisches Bewußtsein, dessen Inspiration aus dem Ideal des Orbis Europeus Christianus komme. Der zweite: das Parteiprogramm basiere auf modernen gesamtwirtschaftlichen

Erkenntnissen und vertrete das Prinzip sozialer Gerechtigkeit. Es baue nicht auf marxistischen Utopien auf, sondern verfolge die Sozialpolitik einer freien Marktwirtschaft. Weiters spiele eine Rolle, daß er seit Jahrzehnten hier wohne und die alten und jungen Parteimitglieder kenne und ihren Pflichteifer schätze. Nicht zuletzt trug dazu bei, daß Otto, der bereits mit den großen Staatsmännern der Welt, von Churchill über Adenauer bis de Gaulle, befreundet gewesen war, mit scharfem Auge sehr bald erkannt hatte, daß der Vorsitzende der Partei, Franz Josef Strauß, zur ersten Garnitur der Europa- und Weltpolitik seiner Zeit gehöre. Abgesehen von den politischen Fähigkeiten fühlte sich Otto auch deshalb zu Strauß hingezogen, da dieser seit Jahrzehnten im Sperrfeuer ungerechtfertigter Angriffe stand. Weil Strauß zu einem zweiten Adenauer werden könnte, führte der kommunistische Osten und die westliche extreme Linke einen in Rufmord ausartenden Verleumdungsfeldzug gegen ihn. Otto zeichnete verschiedentlich in der deutschen sowie in der internationalen Presse ein objektives Bild von Strauß und machte den Charakter und die Zielsetzungen dieses politischen Naturtalentes bekannt. Als 1976 die Hetzkampagne gegen Strauß ihren Höhepunkt erreichte und die Attribute wie „diktatorisch", „wildgewordener Extremist", „unbeherrscht" nur so herumflogen, nahm ihn Otto mit journalistischer Feder in Schutz. Mit Schwung und Polemisierlust sagte und schrieb er unter anderem: „Wer die Strauß'sche Karriere von Anfang an verfolgt, wird sich an mehr als eine ähnliche Stunde erinnern. Der bayerische Politiker kann es vielen Medien nicht recht machen. Er ist der Buhmann aus verschiedensten Gründen. Der Snobismus selbsternannter Ästheten kann es nicht vertragen, daß der Sohn des Fleischhauers aus Weilheim so weit gekommen ist. Anderen wieder sind seine klaren Äußerungen einfach unbequem. Dabei zeigt eine vorurteilslose Analyse: Wenn auch Strauß nicht unfehlbar ist, hat er doch im Schnitt in den meisten Fällen recht gehabt, bestimmt öfter als viele geachtete Würdenträger. Er ist einer der wenigen wirklichen Vollblutpolitiker, die die Bundesrepublik besitzt. Auch in ganz Europa kann man kaum jemand finden, der ihm gleichkommt. Natürlich gibt es Schattenseiten. Die Heilige Schrift sagt, sogar der Gerechte sündige mindestens siebenmal am Tag. Nur die Toten machen keine Fehler. Strauß ist aber sehr lebendig. Dazu kommt noch etwas Weiteres. Strauß hat oftmals beinahe unheimliche Klarsicht gezeigt. Man kann ihn als Kassandra Westeuropas bezeichnen. Seit den Tagen der Trojaner sind Propheten unbeliebt. Kein Wunder daher, daß man den unangenehmen Mahner ablehnt, ganz besonders weil man im stillen fühlt, er könnte doch recht haben. Er stört nun einmal die Verdauung."

Trotz alledem trat Otto von Habsburg nicht der CSU bei und Franz Josef Strauß war diesbezüglich einer Meinung mit ihm. Auch so war die Bindung stark und die Zusammenarbeit ungestört, gleichzeitig bot die Nicht-Partei-Gebundenheit beiden Teilen große Möglichkeiten, einander nützlich zu sein.

Für die Kooperation zwischen Otto und der CSU, das heißt Otto und der Hanns-Seidel-Stiftung, war das hauptsächliche Bindeglied eben die Europa-Politik. Der Bayerische Ministerpräsident Alfons Goppel war ständig auch als leitende Persönlichkeit der Paneuropa-Union Deutschland tätig. Goppel und Otto verband persönliche Sympathie und Achtung, und noch etwas: beide hatten guten Humor. In der Paneuropa-Union Deutschland trat zu dieser Zeit der Abgeordnete Heinrich Aigner hervor, der ein aktives Mitglied sowohl des Bonner als auch des Europa-Parlamentes war. Aigner pflichtete aus vollster Überzeugung der Ansicht Ottos bei, das Parlament müsse neue Leute bekommen. Es genüge nicht, wenn die nationalen Parlamente aus ihren eigenen Reihen Abgeordneten-Gruppen in das Europa-Parlament entsenden. Eine Direktwahl sei notwendig. Mitten in den Beratungen über diese Idee der direkten Wahl trat Heinrich Aigner mit folgendem Gedanken an Otto von Habsburg heran: er, der vor allen europäischen Instanzen mit so viel Nachdruck für die Einführung der direkten Wahl eingetreten sei, solle sich jetzt auch selbst den Wählern stellen. Falls es zur Direktwahl komme, solle er Mandatsträger in dem ersten auf diese Weise gewählten Parlament werden, zum beauftragten Sprecher des größten Souveräns unserer Zeit, des Volkes.

Otto von Habsburg als Europa-Abgeordneter!

Ein kühner Gedanke – doch wie ist er durchführbar? In das Europa-Parlament kann nur gewählt werden, wer Bürger eines Mitgliedstaates des Europas der Neun ist. Otto hingegen ist österreichischer Staatsbürger und Österreich gehört nicht zu den Neun. Außerdem ist er kein Parteimitglied, könnte also nur kandidieren, wenn ihn eine Partei in ihre Liste aufnimmt. Aigner und viele andere waren überzeugt, daß es für die CSU von Vorteil wäre, einen so hervorragenden Europäer auch ohne Parteimitgliedschaft auf die Kandidatenliste zu setzen, und zwar ganz vorne. Was konnte man und was mußte man tun?

Otto wies den Gedanken nicht von sich, wollte jedoch erst prüfen, inwieweit er richtig oder falsch, absurd oder wünschenswert sei. Mit gewohnter Gründlichkeit untersuchte er das Problem von allen Seiten und informierte sich auch bezüglich der notwendigen Schritte. Er hatte sich noch nicht entschieden, doch von diesem Augenblick an beschäftigte ihn diese Überlegung intensiv. Die aufgeworfene Idee hatte für ihn die gleiche Bedeutung wie einst sein Treffen mit Coudenhove-Kalergi in Amerika im Jahre 1940. Damals gab ihm der „Euro-Graf" den Anstoß, jetzt eröffnete ihm der Euro-Abgeordnete eine konkrete Perspektive.

Bleibt es ein Impuls, der „Aigner-Impuls", wie er ihn bezeichnete, oder wird er zur Tat? Kommt der Augenblick, da der Sohn des letzten österreichischen Kaisers und ungarischen Königs auch eine formelle Funktion in der Europa-Politik übernimmt – einen Auftrag des Volkes zu jener Arbeit erlangt, die er auch bisher geleistet hatte? Wird er sagen können:

– paratus sum. Ich bin bereit!

V. Der Wahlkampf

Am 10. Juni 1978 brachte die angesehenste, in Wien erscheinende österreichische Tageszeitung „Die Presse“ auf der Titelseite, in Balkenlettern und in die Mitte gesetzt, folgende etwas ungläubige, bange Frage: „Ist Otto Habsburg kein Österreicher mehr?“

Das Münchner Massenblatt, die „Abendzeitung“, informierte ihre Leser am gleichen Tage, mit einem Bild des Kaisersohnes, daß Otto von Habsburg Deutscher geworden sei.

Unverzüglich meldeten sich in beiden Ländern, in Österreich und in der Bundesrepublik, die habsburgfeindlichen Marxisten und forderten, man solle Otto sowohl die deutsche als auch die österreichische Staatsbürgerschaft aberkennen.

So begann sie, die neue, interessante und lehrreiche politische „Habsburg-Story“.

In den ersten Tagen erhielten die Leser der österreichischen Blätter keine genauen Informationen. „Die Presse“ schrieb lediglich, es würde, laut Gesetz und internationaler Gepflogenheit die frühere Staatsbürgerschaft automatisch erlöschen, wenn jemand um eine andere freiwillig ansuche, ohne sich die Bewilligung zur Beibehaltung der ursprünglichen gesichert zu haben. Der Korrespondent der Zeitung hatte sich bei der für den Geburtsort Ottos zuständigen niederösterreichischen Landesregierung sowie im Bundesministerium für Inneres in Wien erkundigt, und überall die Antwort erhalten, man wisse nicht, ob und wie Otto Habsburg die Frage geregelt habe. Unter bestimmten Voraussetzungen erlaubten die österreichischen Gesetze die doppelte Staatsbürgerschaft, das heißt, wenn der Antragsteller hervorragende Leistungen im Interesse der Republik Österreich erbracht hat. Das Blatt ließ die Frage offen, ob Otto einen solchen Antrag gestellt und ob die Republik seine hervorragenden Verdienste anerkannt habe . . .

Dem Bericht westdeutscher Zeitungen, daß der älteste Sohn des letzten Kaisers von Österreich und Königs von Ungarn Dr. Otto von Habsburg-Lothringen von nun an bundesdeutscher Staatsbürger sei, war am 9. Juni 1978 ein offizieller Akt vorangegangen. Vom Leiter der Abteilung „Öffentliche Sicherheit und Ordnung“ bei der Regierung von

Oberbayern wurde im Kanzleiraum Nr. 3327 in feierlicher Zermonie dem im bayerischen Pöcking wohnhaften Otto von Habsburg die Einbürgerungsurkunde ausgehändigt. Daß dies zufällig genau ein Jahr und einen Tag vor der Europa-Wahl 1979 stattfand, sollte ungeahnte Bedeutung erlangen. Wäre es nämlich auch nur einen Tag später erfolgt, hätte sich Otto von Habsburg laut Wahlgesetz gar nicht nominieren lassen können, denn er wäre noch kein ganzes Jahr Staatsbürger eines EG-Landes gewesen.

„Die Welt“, eine Hamburger Tageszeitung mit besonders großer Verbreitung, befaßte sich in einem fast seitenlangen ausführlichen Report mit dem Ereignis. Drei Photographien: Otto mit bayerischen Bauern, die Hochzeit von Otto und Regina in Nancy und Otto mit dem bayerischen Staatsbeamten, der die Einbürgerungsurkunde in Händen hält. Eine Zusammenfassung verschiedener Zitate aus Ottos Büchern, darunter das bekannte: „Jesus Christus war nicht der Vorläufer von Karl Marx“. Dann der Bericht selbst mit dem Titel: „Warum wurde Otto von Habsburg Deutscher?“

Das Blatt beantwortete diese Frage folgendermaßen: Weil er durch die deutsche Staatsbürgerschaft ein Bürger des Gemeinsamen Marktes wurde und nun als solcher bei den Europa-Wahlen kandidieren kann. Am Starnberger See zu Hause, kämpfe dieser passionierte Europäer für ein Ideal, das Europa Zukunft, Frieden und Freiheit sichern soll. Die beiden Weltkriege, die Otto Bürgerkriege nennt, haben den Kontinent seiner Bedeutung beraubt, er bleibe gelähmt, obgleich er zahlenmäßig und zum Beispiel in gewisser wirtschaftlicher Hinsicht auch heute der wichtigste Faktor der freien Welt sei. Diesen Zustand möchte Otto ändern. „Die Welt“ berichtete seinen Lebensweg, seinen Kampf gegen Hitler, die Jahre in Amerika und die Rückkehr nach Österreich. Es fehlten auch nicht Hinweise auf die Geschichte: Otto, dessen Ahnen seit 1273 Kaiser des Heiligen Römischen Reiches Deutscher Nation bis zu dessen Ende 1806 waren und damit Deutsche, dieser Nachfahre Karls V. wird nun neuerlich deutscher Staatsbürger – so endet der Artikel.

Inzwischen hatte sich auch in Österreich herausgestellt, daß Otto längst den Gesetzen entsprechend seine österreichische Staatsbürgerschaft geregelt hatte. Da das niederösterreichische Reichenau sein Geburtsort war, hatte er schon im Jahre 1977 eine Anfrage an den Landeshauptmann dieses Bundeslandes gerichtet, um im Falle der eventuellen Erlangung einer deutschen Einbürgerung weiterhin die österreichische

Staatsbürgerschaft behalten zu können. Landeshauptmann Maurer hielt das Ansuchen für gerechtfertigt und traf am 18. April 1978 eine positive Entscheidung. Er erklärte, Otto entspräche den Anforderungen der doppelten Staatsbürgerschaft auch von österreichischer Seite, denn er habe sogar in zwei Beziehungen Verdienste erworben. Erstens dadurch, daß er sich während des zweiten Weltkrieges, als Hitler Österreich von der Landkarte gewischt hatte, erfolgreich für die Wiederherstellung der Unabhängigkeit des Landes einsetzte. Zweitens, daß er über zwanzig Bücher geschrieben und dadurch einen Beitrag zum geistigen Ansehen Österreichs geleistet habe.

In ähnlicher Würdigung erhielt Otto von Habsburg auch die deutsche Staatsbürgerschaft, denn gleichzeitig mit der Überreichung wurde ihm auch eine Auszeichnung verliehen. Die Festlichkeit war eines Kaisersohnes würdig. Im Antiquarium, Prunksaal der Münchner Residenz, hielt Ministerpräsident Alfons Goppel persönlich die Laudatio und überreichte Otto von Habsburg den weiß-blauen Bayerischen Verdienstorden.

All dies war zuviel für den kleinen Kreis, der in Deutschland und Österreich weiterhin einen anachronistischen Krieg gegen die untergegangene Habsburg-Monarchie führte – mit Klassenkampfparolen aus dem Anfang des Jahrhunderts und mit schlechtem Gewissen wegen der Unterminierung jenes einheitlichen Donaureiches. Die Grazer „Tagespost“ meldete schon nach einer Woche in großer Aufmachung: „Sozialisten entfachen neue Habsburg-Hysterie.“ Die Sozialisten, die diese Hysterie auslösten, waren nicht die Mitglieder der Regierung Kreisky, denn Kreisky hatte vor Augen aller den „historischen Händedruck“ mit Otto von Habsburg herbeigeführt. Es waren nicht die Minister, sondern die zweite Parteigarnitur, die die habsburgfeindlichen Pflichtübungen absolvierte. Im Parlament wurde der sozialistische Innenminister interpelliert, ob er sein Recht, die doppelte Staatsangehörigkeit zu überprüfen, nützen wolle, um Otto Habsburg die österreichische Staatsbürgerschaft zu entziehen? Man könnte – suggerierten sie – jenes Gesetz anwenden, demzufolge ein Österreicher seine Staatsbürgerschaft verliert, wenn er sich in den Dienst eines anderen Staates begibt. Man führte auch an, wenn Otto Habsburg als Österreicher Mitglied der Europäischen Wirtschaftsgemeinschaft und dort einer der führenden Politiker wird, er damit Österreich in Gefahr brächte, da die immerwährende Neutralität die Mitgliedschaft im Gemeinsamen Markt verbiete. Und schließlich kam als drittes und schwerstes Geschütz die unglaubliche Vermutung, Otto von Habsburg könnte einen neuen Anschluß vorbereiten. Eine Organisation der Österreichischen Gewerkschaften – Präsident Benya schwieg und schloß sich den Habsburg-Gegnern nicht an –, die Fraktion der Transportarbeiter, erklärte, Otto hätte sein Recht auf die österreichische Staatsbürgerschaft verwirkt, weil er in der Bundesrepublik an der Seite von Franz Josef Strauß eine aktive Rolle in der reaktionären Politik spiele. Ihr Angriff zog eine Parallele mit Hitler: Diese Sache erinnere in grotesker Weise an einen anderen Österreicher, der eine politische Karriere in Deutschland gemacht habe.

Diese Hysterie war jedoch mehr Rauch als Feuer und die kalte Konsequenz der konkreten Fakten löschte bald auch die letzte Flamme. Otto von Habsburg hatte sich nicht weitreichende juristische Kenntnisse angeeignet und war nicht seit fast einem halben Jahrhundert in der Weltpolitik tätig, um nicht vor einem so wichtigen Schritt für eine perfekte Rechtsregelung zu sorgen. Innenminister Erwin Lanc konnte demnach auf die Interpellationen nur antworten, die Regierung habe weder Veranlassung noch Möglichkeit, in dieser Frage aktiv zu werden, weil dafür ausschließlich die niederösterreichische Landesregierung zuständig sei. Die Landesregierung von Niederösterreich wiederum ließ wissen, daß in dieser Angelegenheit die Zustimmung der zuständigen Stellen völlig den gesetzlichen Vorschriften entsprochen habe und das Bundesministerium für Inneres in Wien davon zeitgerecht in Kenntnis gesetzt worden war. Kanzler Kreisky gab auf den Vorschlag, Otto Habsburg nunmehr die österreichische Staatsbürgerschaft abzuerkennen, die entschlossene Antwort, daß es so etwas bei ihm nicht gäbe. Die Ausbürgerung sei eine Vorgangsweise von Diktaturen und Österreich sei keine Diktatur. Taus, der Obmann der oppositionellen Volkspartei, erklärte, seine Partei habe keine Habsburg-Komplexe, es bestünde für sie nicht einmal die Notwendigkeit eines „historischen Händedrucks". Ein Hinweis darauf, daß es die Alleinregierung der Österreichischen Volkspartei unter Kanzler Klaus war, die die Rückkehr Ottos nach Österreich ermöglicht hatte.

Der Aufruhr verstummte dann völlig, als das österreichische Radio und das Fernsehen sowie mehrere Tageszeitungen Interviews mit Otto von Habsburg brachten.

Wie ein Jahrzehnt zuvor jene Aktionen scheiterten, die die Rückkehr Ottos nach Österreich verhindern wollten, so blieb Otto der Sieger auch in dieser zweiten habsburgfeindlichen Agitation. Der „Kurier" berichtete, es habe einen Augenblick lang so ausgesehen, als ob die Sozialistische Partei Österreichs in den alten Irrtum zurückfallen würde, aber diese Gefahr sei durch Kreiskys zurückhaltende Erklärung gebannt worden. Dr. Otto Habsburg habe sich während des zweiten Weltkrieges in der Emigration unbestrittene Verdienste um Österreich erworben. Das Blatt tadelte die Sozialisten, daß sie dies in Zweifel ziehen. („Kurier“ 20. Juni 1978.)

Offensichtlich in Kenntnis all dieser Tatsachen sprach Otto Schulmeister in einem mit Pfeffer und Honig gewürzten Leitartikel der „Presse“ von dem Mangel an Ernst und von der Lächerlichkeit der Habsburg-Kannibalen. Otto Habsburg sei schließlich und endlich der bekannteste Österreicher in der ganzen Welt und die gegen ihn gerichteten Angriffe erhöhten nur seine politischen Chancen. Der Habsburg-Kannibalismus sei eine Art Ersatzbefriedigung für einzelne Sozialisten. Die Otto-Hitler-Parallele weist Schulmeister mit mit Hohn gemischtem Ärger zurück: „Adolf Habsburg, Otto Hitler! Zum Lachen, zum Schämen“.

Aus dem Fiasko der Habsburg-Gegner in Österreich hatten jedoch die westdeutschen Sozialisten nicht viel gelernt. Sie wiederholten die gleichen Fehler wie die Austromarxisten. In der Bundesrepublik, wo über die Aufstellung Ottos als Kandidaten zum Europaparlament entschieden werden sollte, griffen einzelne Sozialisten seine neue Staatsangehörigkeit ebenfalls auf zwei Ebenen an. Einerseits weil, wie sie sagten, Otto die Einbürgerung putschartig erworben hatte, ohne Wissen und Zustimmung des Bonner Innenministeriums, und für ihn, nebst außergewöhnlichen Privilegien, das Verfahren besonders beschleunigt worden war. Andererseits schreckte die sozialistische Propaganda – die eigentlich bereits als Auftakt zur Europa-Wahl betrachtet werden mußte – auch vor der wohlfeilen Einstellung nicht zurück, es hätte bereits einmal einen Politiker gegeben, der aus Österreich kommend Deutschland in die Katastrophe führte. Man scheute sich also auch hier nicht, Habsburg mit Hitler zu vergleichen.

Was die Einbürgerung betraf, war die Argumentation nicht stichhaltig, denn laut Gesetz ist die Zuerkennung einer Staatsbürgerschaft Landessache und Bayern hatte von diesem Recht Gebrauch gemacht. Es hätte wohl das Innenministerium informieren können, doch es war dazu nicht verpflichtet. Von einem Schnellverfahren konnte auch nicht die Rede sein, denn für die Erlangung der Staatsbürgerschaft ist im allgemeinen ein zehnjähriger Aufenthalt in Deutschland notwendig und Otto von Habsburg lebte bereits vierundzwanzig Jahre in Bayern, an der gleichen Adresse, in Pöcking. Die Beschuldigung, es handle sich um ein Privileg, klang fast komisch in Anbetracht der vielen Zehntausende, die eine doppelte, österreichische und deutsche, Staatsbürgerschaft besitzen.

Die Sache hatte auch ein parlamentarisches Zwischenspiel, denn die sozialistischen Abgeordneten interpellierten beim Bonner Bundestag sowie in mehreren Landesparlamenten, darunter in Bayern selbst, weiters in Baden-Württemberg und in Schleswig-Holstein.

Der Staatssekretär im Bonner Innenministerium von Schoeler stellte sich auf den Standpunkt, Bayern hätte in der Angelegenheit der Einbürgerung Otto von Habsburgs Bonn konsultieren müssen. Demgegenüber erklärte in München der Innenminister von Bayern, Dr. Seidl, die bayerische Regierung teile diese Ansicht nicht, die bestehenden Gesetze schrieben eine solche Konsultation nicht vor, sie sei demnach „nicht erforderlich". Ein christlich-demokratischer Abgeordneter im Bonner Parlament fragte den Staatssekretär, ob er von anderen Fällen wüßte, in denen gegen Personen, in der Angelegenheit einer ähnlichen doppelten Staatsbürgerschaft, eine Diffamierungskampagne solcher Art versucht worden wäre, wie jetzt im Falle von Dr. Otto von Habsburg. Der Staatssekretär nahm sein Privileg in Anspruch, auf diese Frage nicht zu antworten. Auf die Frage eines anderen CDU-Abgeordneten, von der Heydt, ob die Regierung in Bonn Kenntnis von irgendeiner Tatsache habe, auf Grund derer sie eine Einbürgerung Otto von Habsburgs ablehnen würde, konnte der Staatssekretär nicht mit ja antworten. Der CSU-Abgeordnete Dr. Becher wies darauf hin, daß zwischen Österreich und Deutschland jahrhundertealte Bande bestünden und auch heute auf beiden Seiten der Grenze Millionen Menschen mit verwandtschaftlichen Beziehungen wohnen. Die Debatte in Bonn zeigte schließlich, daß die Angreifer gegen Otto von Habsburg ihre Einwände anhand der bestehenden Rechtsordnung und der gültigen Gesetze nicht erhärten konnten.

Noch klarer trat dies in Bayern zutage. Staatsminister Dr. Alfred Seidl legte den Sachverhalt vor: Otto von Habsburg habe schon Anfang Oktober 1977 an seinem Wohnsitz in Pöcking den Antrag eingereicht. Das Landratsamt in Starnberg hatte das Schreiben am 12. Oktober erhalten und mit entsprechender Befürwortung an den Innenminister in München weitergeleitet. Dieser hatte vorschriftsmäßig den zuständigen österreichischen Partner, die Landesregierung von Niederösterreich, konsultiert und schließlich hatte Otto von Habsburg am 9. Juni 1978 die deutsche Einbürgerung erhalten. Der Minister wies darauf hin, daß in anderen ähnlichen Fällen das Verfahren 5 bis 10 Monate dauere. Bei

Otto von Habsburg waren es acht Monate, „von einem Eilzugstempo oder gar einer Rekordzeit könne in diesem Fall keine Rede sein". „Im Gegenteil" – führte der Minister aus –, „ich darf ergänzend sagen, es gab auch schon Einbürgerungen, die nur zwei Wochen dauerten. Ich erinnere mich an den Fall eines kanadischen Eishockeyspielers, der bei einem Eishockeyclub in Bayern spielen wollte. Dieses Verfahren – man hat natürlich auch hier alle Vorschriften beachtet – hat nur zwei oder drei Wochen gedauert." Im Namen seiner Regierung würdigte der Minister die Bedeutung Otto von Habsburgs und erklärte, weshalb eine deutsche Staatszugehörigkeit für ihn wünschenswert war. Unter anderen zählte er folgende Fakten auf: „Die Tatsache, daß das Haus Habsburg-Lothringen jahrhundertelang, bis zum Jahre 1806, den Kaiser im Heiligen Römischen Reich Deutscher Nation gestellt hat. Es kommt hinzu, daß eine enge Verbindung zwischen Bayern und Österreich seit Jahrhunderten besteht. Weiterhin hat sich insbesondere Dr. Otto Habsburg-Lothringen seit vielen Jahren in zahlreichen Veröffentlichungen, Büchern und Broschüren für die Einigung Europas eingesetzt, schon zu einer Zeit, als Graf Coudenhove-Kalergi mit seiner Paneuropa-Union den Gedanken der Einigung der Europäischen Staaten in die Öffentlichkeit gebracht hat. Das sind nur einige wenige Tatsachen, die nach unserer Überzeugung ausreichen, um das öffentliche, das staatliche Interesse an der Einbürgerung zu bejahen." Während dieser Rede des Ministers ertönte der Zwischenruf des sozialistischen Abgeordneten Kamm „Wir haben schon einmal einen Österreicher eingebürgert!" wieder einmal in Anspielung an die Habsburg-Hitler-Parallele. Zu den verschiedenen Fragen der Sozialisten, ihren offenen oder versteckten Verdächtigungen gegenüber der Person Otto von Habsburgs und auf ihre Einwände bezüglich des Einbürgerungsverfahrens gab der christlichsoziale Abgeordnete Kaps eine treffende Erklärung, als er eine, den Kern des Problems berührende Frage stellte: „Herr Staatsminister, teilen Sie meine Auffassung, daß es zu dieser konzertierten Frageaktion der linken Seite des Hauses dann nicht gekommen wäre, wenn es sich an Stelle dieses weltbekannten Demokraten Otto von Habsburg unter den gleichen Voraussetzungen um einen Linkssozialisten gehandelt hätte?"

Das war der wunde Punkt. Der Fehler lag nicht in der Person Ottos, sondern darin, daß er nicht der Linken angehörte, sondern der Mitte, und daß sein politisches Ansehen und Talent in dem zu erwartenden Wahlkampf um das Europa-Parlament den Sieg der christlich-demokratischen, konservativen Parteien begünstigen würde. Es sollte daher von vornherein verhindert werden, daß er die Abstimmung zugunsten der Christdemokraten beeinflussen und, im Falle einer erfolgreichen Kandidatur, diese Richtung im Europa-Parlament selbst stärken könne.

Deshalb wurde vom gesetzlichen auf den politischen Schauplatz hinübergewechselt. Der politischen Kampagne diente auch der Vergleich Hitler – Habsburg. Nun stand dieser aber in einem so eklatanten Gegensatz zu der geschichtlichen Wahrheit, denn Otto war ja vom Anfang bis zum Ende einer der standhaftesten Gegner Hitlers, daß man zur Untermauerung dieser absurden Parole noch etwas dazuerfinden mußte. Das geschah wie folgt:

Axel Wernitz, sozialistischer Abgeordneter, Vorsitzender des Innenausschusses im Bundestag, stellte die These auf, daß es schädlich wäre, wenn Otto von Habsburg als deutscher Politiker Abgeordneter im Europa-Parlament würde, denn man müsse befürchten, daß er dann auch die siebeneinhalb Millionen Österreicher repräsentieren wolle, obgleich Österreich nicht Mitglied der EG sei. Außerdem hatte Wernitz einen Artikel von Otto von Habsburg, „Zeitgerechte Abwehr", ausgegraben, der in der Zeitschrift „Zeitbühne" erschienen war. In dieser rein theoretischen Abhandlung untersuchte Otto, was geschehen würde, wenn zum Beispiel eine Nuklearbombe in die Hände von Terroristen fiele und diese damit versuchten, den Staat zu erpressen. Otto war der Ansicht, daß man für einen solchen Katastrophenfall schon im voraus die notwendigen Vorkehrungen treffen müsse und die Gesetzgebungsorgane, das Parlament, die Regierung zeitgerecht und vorsorglich diesbezügliche Gesetze erlassen sollten. Mit diesen Gesetzen müsse gesichert werden, daß in Ausnahmefällen, wie eben einer nuklearen Erpressung, im Augenblick der Gefahr, da für breite Beratungen die Zeit fehle, einer im voraus bestimmten führenden Persönlichkeit alle Macht übertragen und diese autorisiert werde, selbständig alle Anordnungen zu treffen, um der Bedrohung erfolgreich zu begegnen. Diese alleinige Verfügungsgewalt habe jedoch zeitlich begrenzt zu sein. Als Vorbild zitierte er das alte Rom. Das Wesentliche der theoretischen Überlegung war demnach, daß die Parlamente und die Regierungen einerseits das Volk über die Möglichkeit einer Stunde der Krise ausreichend unterrichten und andererseits in weiser Voraussicht für den Fall einer plötzlichen großen Gefahr jene rechtsstaatlichen gesetzlichen Regelungen schaffen müßten, die das Leben der Bevölkerung und den Fortbestand des demokratischen Staates schützen könnten. Seine Studie sollte lediglich ein Denkanstoß für eine prinzipielle Diskussion dieser Notstandsituation sein.

Axel Wernitz und sein Kreis rissen jedoch einzelne Sätze der Abhandlung aus dem Zusammenhang, versahen sie mit eigenen Interpretationen und stellten daraufhin die Beschuldigung auf, Otto von Habsburg sei kein Demokrat, sondern habe diktatorische Neigungen, er wolle in Deutschland die demokratische Staatsform vernichten und die Diktatur einführen. Auf diese künstliche These gestützt kam es dann, wie schon bei der Einbürgerung, wieder zu mehreren parlamentarischen Interpellationen. Doch auch diese Kampagne mußte scheitern; wie falsch sie war, zeigte sich schon bei den Debatten. Auf die Frage beziehungsweise Anschuldigung des sozialistischen Abgeordneten Klasen – Otto von Habsburg = Diktatur – antwortete der bayerische Staatsminister in München ebenso klar und wirkungsvoll wie bei der Einbürgerung. Er kenne den fraglichen Artikel von Otto von Habsburg. Es sei eine politisch-wissenschaftliche Studie und der Zweck der darin enthaltenen Idee sei „unsere freiheitlich-demokratische Grundordnung in Extremsituationen gegen Angriffe zu schützen und zu verteidigen –, es ist das kein Anlaß, an der Verfassungstreue des Verfassers zu zweifeln." Der Minister wies darauf hin, daß schon die Weimarer Verfassung aus dem Jahre 1919 Sonderverfügungen für besondere Situationen enthalten habe –, und daß die Schrift Otto von Habsburgs sich gerade auf solche Konstellationen bezog. Geschickt wandte er ein: „Es war kein anderer als der sozialdemokratische Reichspräsident Friedrich Ebert, der in der Zeit zwischen 1919 und 1925 in 136 Fällen von dieser Möglichkeit Gebrauch gemacht hat." Jedoch auch in der näheren Vergangenheit, „zur Zeit der Großen Koalition in der Bundesrepublik Deutschland, nämlich im Jahre 1968, haben sich auch die Sozialdemokraten Gedanken darüber gemacht, wie im Falle eines Staatsnotstandes dieser Staat gegen Angriffe von innen, insbesondere aber von außen geschützt werden kann." Ähnliche Überlegungen stellte der Innenminister und spätere Ministerpräsident Späth im Landesparlament in Baden-Württemberg an. „Die Landesregierung geht davon aus, daß Otto von Habsburg mit seinen Vorschlägen nicht das Ziel verfolgt, die freiheitlich demokratische Grundordnung in Frage zu stellen, sondern sie vielmehr in bestimmten Notstandssituationen zu sichern." Der Minister erinnerte daran, daß nicht nur Otto von Habsburg, sondern auch andere namhafte Schriftsteller sich mit dem gleichen Problem befaßt hatten. „Ich erinnere nur an Überlegungen, die etwa Theodor Eschenburg oder Golo Mann, deren Grundeinstellung zur Demokratie wir doch alle überhaupt nicht in Zweifel ziehen, angestellt haben. Sie haben in Aufsätzen erörtert, was denn zu tun sei, um etwa einer speziellen Situation, die beispielsweise aus dem Terrorismusbereich kommt, entgegenzutreten."

Die Debatte, die im Bonner Parlament angefangen hatte und sich dann in den Landesparlamenten fortsetzte, endete schließlich mit einem Mißerfolg für die Urheber, weil sie aus dem Artikel eigentlich einen einzigen Satz herausgegriffen und an Hand dessen versucht hatten, die absolut demokratische Grundhaltung des Verfassers zu verfälschen und zu mißdeuten. Zur allgemeinen Heiterkeit konnte so im Bayerischen Parlament der christlichsoziale Abgeordnete Dumann die Frage stellen: „Herr Staatsminister, sind Sie mit mir der Meinung, daß ein Großteil der Diskutanten von der linken Seite nur den einzigen Satz von Otto von Habsburg kennt, aber den ganzen Artikel gar nicht gelesen hat? . . ."

Otto fühlte jedenfalls die Vorboten des herannahenden Unwetters; es würde ein harter Wahlkampf werden. Doch er kannte ein Rezept, das sich in Sturmzeiten immer bewährte: die Arbeit. Und er hatte wahrlich genug zu tun. Von den verschiedensten Seiten kamen unzählige Ansuchen um Vorträge und Informationen zur politischen Lage. Er mußte alten und neuen Verpflichtungen nachkommen. Otto besuchte seinen voraussichtlichen Wahlbezirk und dessen Umgebung. Einmal sprach er im Festsaal des Münchner Thomasbräu über weltpolitische Fragen; die Versammlung wurde von dreißig Kommunisten gestört, die erreichten, daß der Beginn um eine Stunde verschoben werden mußte. Dann wieder sprach er vor dem Bundesgrenzschutz in Rosenheim und unterhielt sich anschließend lange mit den jungen Soldaten. Ein anderes Mal nahm er an einem Round-Table-Gespräch in einer Klinik für Krebskranke teil, um gemeinsam mit berühmten Ärzten und gefeierten Schauspielerinnen, jeder auf seine Weise, die Rehabilitationspatienten aufzuheitern. So jagte eine Sitzung und eine Versammlung die andere.

Inzwischen bereitete sich Otto von Habsburg auf eine große Reise vor, nach China, auf Einladung der chinesischen Regierung. Seit langem China-Reisender und Sachverständiger, war Otto Kenner der chinesisch-sowjetischen Gegensätze und wußte auch genau Bescheid über die rot-chinesisch und national-chinesischen Differenzen, da er oft zu Gast in Taiwan war. Trotz seiner engen Freundschaft mit Nationalchina, oder vielleicht gerade deshalb, erachtete es Peking für wichtig, daß Otto von Habsburg das kommunistische China besuche. Die Festlandchinesen wollten, daß er sie kennenlerne, und sie selbst wünschten sich eine nähere Bekanntschaft mit diesem bedeutenden Europäer. Peking sah in Otto vor allem den Vorkämpfer der europäischen Einigung und die offizielle

Einladung erging an ihn als Internationalen Präsidenten der Paneuropa-Union auf ausdrücklichen Wunsch von Deng Xiaoping. In den drei Wochen in China hatte Otto Gelegenheit, mit allen wichtigen politischen Persönlichkeiten des Landes zu sprechen, mehrere Arbeiterviertel, Fabriken und Werkstätten zu besuchen, und abgesehen von der Hauptstadt, das Leben in Shanghai, Nanking, Kanton und in Provinzstädten zu studieren, ein Privileg, das nur wenigen Ausländern zuteil wird. Seine chinesischen Gesprächspartner waren in erster Linie an der Einheit Europas interessiert. Aus der Sicht Pekings wird die Notwendigkeit eines solchen Zusammenschlusses der europäischen „Kleinstaaten" vielleicht noch besser erkennbar als in Europa selbst. Wie die führenden Politiker Chinas Otto erklärten, halte Peking die Schaffung eines einigen Europas nicht nur aus wirtschaftlichen Erwägungen für lebenswichtig, sondern auch aus Gründen der Sicherheit. Die Sowjetunion sei eine imperialistische Macht, die auf Eroberung ausgehe. Falls sich die Staaten Westeuropas – sei es aus Egoismus oder aus Furcht – den sowjetischen Bestrebungen nicht widersetzten, dann werde Westeuropa, so oder so, das Schicksal Osteuropas teilen. China selbst hegte auch für das eigene Land Befürchtungen bezüglich des sowjetischen Hegemonialismus. In der Zarenzeit hatte Rußland mehrere Gebiete Chinas an sich gerissen und die Sowjetunion hat die Provinz Tannu Tuva annektiert. Für China noch gefährlicher sei der kürzlich geschlossene Beistandsvertrag zwischen Moskau und Hanoi mit der Absicht, in Südostasien einen gegen China gerichteten Brückenkopf zu errichten. Die Lage werde noch verschärft durch die wachsende russische Flottenpräsenz im Indischen Ozean, im Rücken Chinas. China suche deshalb nach natürlichen Verbündeten gegen Moskau, und zwar in dem von Moskau ebenfalls bedrohten Westeuropa und in Japan, dessen Inselgruppe der Südlichen Kurilen die Sowjetunion noch immer besetzt halte. Otto kam mit der Überzeugung aus Peking zurück, eines der wichtigsten Ereignisse in der politischen Entwicklung der letzten Jahre sei der Vertrag zwischen Peking und Tokio.

Gleich nach seiner Rückkehr eilte er vom Münchner Flughafen zu einer Pressekonferenz, um über seine Eindrücke zu berichten. Unter anderem betonte er eben dieses chinesisch-japanische Abkommen, das mit seiner politischen Zielrichtung klar gegen die Sowjetunion gerichtet sei und das 900 Millionen arbeitswilliger Chinesen mit 100 Millionen technisch hochentwickelter Japaner verbunden habe. Hier in Asien sei plötzlich eine Macht von einer Milliarde Menschen entstanden, die selbstverständlich die Weltpolitik entscheidend beeinflussen werde. Diese Macht bestehe aus zwei Nationen, die beide der Sowjetunion Rechnungen zu präsentieren haben. Otto hielt es für etwas sehr Wesentliches, daß China, im Gegensatz zur Sowjetunion, nicht bestrebt sei, den Kommunismus zu exportieren und eine Weltrevolution zu entfachen. Auch sei das chinesische System nicht starr, sondern zu Reformen bereit und die derzeitigen Führer des Landes suchten die Entwicklung nicht an Hand von Ideologien, sondern von Vernunft. Otto zitierte den pragmatischen Ausspruch von Deng Xiaoping, demzufolge es nicht wichtig sei, ob die Katze schwarz oder weiß ist, sondern daß sie die Maus fängt. Schließlich, als nunmehriger deutscher Staatsbürger und Politiker, hatte sich Otto in Peking auch dafür interessiert, wie man dort die Bundesrepublik beurteile. Sein Resümee: „Ich war jetzt drei Wochen in China. Das Wort Weltrevolution habe ich dabei nicht ein einziges Mal gehört. Aber über die Deutschen jenseits des Stacheldrahtes hat jeder Chinese mit mir gesprochen. Und es ist stets von Königsberg die Rede gewesen. Immer wieder ist mir gesagt worden, wir sollten doch um Gottes willen die deutschen Ostgebiete nicht abschreiben. Alle Chinesen haben mich nach der deutschen Wiedervereinigung gefragt. In geradezu beschwörenden Worten haben sie darauf hingewiesen, daß wir niemals die Bedeutung Berlins für die europäische Zukunft vergessen dürfen."

Bei seiner Ankunft aus China, Ende November, hörte er, noch vor der Pressekonferenz, eine unangenehme, überraschende Nachricht. Die Partei, auf deren Liste er gegebenenfalls für die Europa-Wahl kandidieren wollte, nämlich die Bayerische CSU, hatte ihre frühere Absicht bezüglich seiner Nominierung fallengelassen und es stehe eine Entscheidung bevor, Otto von Habsburg nicht auf einen sicheren Platz zu reihen. Die Tatsache selbst war weniger verblüffend als die Begründung. Sie zeigte nämlich, daß die Christlich-Soziale Union im Begriffe war, die Argumentation ihres Erzfeindes, der linksextremen Sozialisten, zu übernehmen. Wegen seines Konservatismus hatten die Sozialisten Otto konsequent den Stempel des „Reaktionärs" aufgedrückt, und nun sagte der neue Generalsekretär der CSU auch in der Öffentlichkeit, Otto von Habsburg biete zu sehr das Bild des „restaurativen Deutschen". Otto hielt dies in erster Linie für die Partei selbst für gefährlich. Eine Wahltaktik, die nach rückwärts losgehen könnte. Churchill hatte ihm einst erklärt, der Sieg des Feindes beginne dann, wenn das eigene Lager die Terminologie des Gegners übernimmt. Diesen Fehler schien die CSU begehen zu wollen.

Er selbst tat vorerst gar nichts und stellte sich auf den in Amerika gelernten Standpunkt des „wait und see“. Seine Anhänger erfüllte jedoch diese Wendung mit Sorge, besonders weil die Zeitungen Tag für Tag diese Angelegenheit als vorrangige Sensation brachten, mit schreierischen und unheilverkündenden Überschriften, wie „CSU rückt von Kandidatur Otto von Habsburgs ab“, „Läßt CSU Habsburg fallen?“, „Habsburg soll nicht als Kandidat der CSU auf Europa-Liste kommen“, oder „Aus für Habsburg?“

. Diese Frage beunruhigte auch CSU-Parteimitglieder, die in den vergangenen Jahren zu Tausenden seine Reden gehört und ihn persönlich kennengelernt hatten und die stolz darauf waren, daß ein so gebildeter und gutinformierter Politiker zu ihnen gekommen war, bereit, auch in ganz kleinen bayerischen Dörfern auf CSU-Versammlungen Vorträge zu halten. Vorübergehend gab es große Unsicherheit innerhalb der Partei und nicht zuletzt im engeren Kreis um Otto von Habsburg.

Otto seinerseits wollte sich erst ganz genau informieren, ehe er irgendwelche Schritte unternahm. Er übereilte nichts, sondern wartete die Entwicklung ab. Inzwischen erfüllte er verschiedene eingangene Verpflichtungen. Im November fand das 20jährige Bestandsjubiläum des ungarischen Gymnasiums von Burg Kastl statt. Das ist eine der bedeutendsten ungarischen kulturellen Institutionen in Deutschland und verdankt seine Existenz der liberalen Kulturpolitik und Unterstützung des Freistaates Bayern sowie der materiellen Förderung seitens der Regierung in Bonn. Die Schule hatte Otto, der in den vergangenen Jahren viel für die Erhaltung des Gymnasiums getan hatte, als Festredner eingeladen. Anschließend mußte Otto nach Paris reisen, diesmal um selbst geehrt zu werden. Er erhielt den diesjährigen Preis des „Comité de la Couronne Française“, eine Auszeichnung, die vor ihm unter anderen den Restauratoren des Palais von Versailles, dem Meeresforscher Cousteau, dem berühmten russischen Musiker Rostropovich und dem britischen Admiral Lord Louis Mountbatten verliehen worden war. Die Feier fand am 28. November 1978 in einem festlichen Rahmen, im Beisein zahlreicher Pressevertreter statt. Der Generalsekretär des Komitees, Armand Chaffanjon, überreichte den Preis im Namen der Mitglieder – Schriftsteller, Historiker, Mitglieder der Académie – mit den Worten, es solle damit Otto von Habsburgs positive Einstellung zum Leben, seine Geradlinigkeit und sein unermüdlicher Einsatz im Interesse der Allgemeinheit geehrt werden.

In der Zwischenzeit hatte sich Otto ein klares Bild davon machen können, was sich während seiner Chinareise in München abgespielt hatte und weshalb es zweifelhaft geworden war, ob die CSU für ihn einen sicheren Platz auf ihrer Liste für die Europa-Wahl reservieren würde oder nicht.

Der Freistaat Bayern könnte 14 Abgeordnete ins Europa-Parlament entsenden. Nach dem zu erwartenden Wahlergebnis würden wahrscheinlich sieben an die zwei anderen Parteien, die Sozialdemokraten (SPD) und die Liberalen (FDP), entfallen, somit könnte die Christlich-Soziale Union (CSU) mit sieben sicheren Mandaten rechnen. Den bisherigen Plänen zufolge sollte der ehemalige Ministerpräsident Alfons Goppel auf den ersten Platz gesetzt werden, auf den zweiten ein weiblicher Abgeordneter, damit auch die Frauen vertreten sind. Dann gäbe es vier Parlamentarier, die als Mitglieder des Bundestages auch bisher in Straßburg tätig waren, nicht als gewählte, jedoch als delegierte Vertreter. Selbstverständlich mußten diese die Möglichkeit haben, bei der Direktwahl zu kandidieren. Es verblieb also praktisch nur mehr eine sichere Placierung und diese war für Otto von Habsburg vorgesehen gewesen. Otto war jedoch kein CSU-Parteimitglied und es gab innerhalb der Partei viele Anwärter. Das führte bei einer Gruppe, die nur die lokalen Partei-Interessen sah und den Vorteil nicht erkannte, den die Kooperation mit einer internationalen außerparteilichen Persönlichkeit für die ansonsten auf Bayern beschränkte CSU bedeuten würde, zu der Initiative, nur Parteimitglieder zu berücksichtigen. Der neue, sehr aktive Generalsekretär gehörte dazu, denn für ihn hatten parteiinterne Überlegungen Vorrang und er wünschte Leute der Parteimaschinerie zu belohnen. Außerdem machte die Jugend der Partei eine Prestige-Frage daraus, daß auch ein Vertreter der Jungen Union nach Straßburg komme.

Otto hatte für letzteres viel Verständnis und freute sich über die Ambitionen der jungen Politiker, nicht aber über die Bestrebungen, jeden, der über sechzig ist, als unbrauchbar zu disqualifizieren. Sobald es an der Zeit wäre, in eigener Sache aktiv zu werden, wollte er der Parteileitung eine Lösung vorschlagen, die den Standpunkt der Jungen Union positiv in Betracht zieht.

Es folgten acht aufregende Wochen, während die deutsche Presse Vermutungen aufstellte, ob Otto von Habsburg überhaupt kandidieren könne. Ob es nicht am Ende gerade die Partei Franz Josef Strauß' wäre, die die Kandidatur Otto von Habsburgs als Europa-Abgeordneter verhindere, etwas, wofür die Sozialisten unter Willy Brandt mit allen Mitteln gekämpft hatten.

Wer das aber erhofft hatte, wurde enttäuscht. Denn die Parteibasis meldete sich zu Wort. Auf die Nachricht, daß die Partei eventuell Otto von Habsburg fallenlassen würde, setzte sich die Masse der einfachen Wähler in Bewegung. Erst erreichten nur einige Dutzend Briefe die Parteileitung, in denen das Befremden darüber zum Ausdruck kam, daß Otto von Habsburg vielleicht nicht aufgestellt würde. Dann kamen Hunderte von Briefen. Darunter auch solche von Funktionären, die darauf hinwiesen, wie oft ihnen Otto von Habsburg aus der Verlegenheit geholfen hatte, wenn sie von der Parteizentrale keinen prominenten Redner bekommen konnten. Der CSU-Vorstand erhielt Hunderte von Telefonanrufen, die gegen den Plan protestierten und die Nominierung Otto von Habsburgs forderten. Es meldeten sich die in die Bundesrepublik eingewanderten Ungarn, Kroaten und andere, die längst Bundesbürger geworden waren und neuerdings die Christ-Demokraten wählten, weil sie wußten, daß Otto von Habsburg diese Partei bevorzugte. Es meldete sich die große Masse der sudetendeutschen Wähler, und das fiel besonders ins Gewicht, denn die Person Otto von Habsburgs hatte eine Anziehungskraft auch für die sudetendeutschen Sozialdemokraten. Man konnte sicher sein, daß bei einer Europa-Wahl viele sozialdemokratische Sudetendeutsche Otto wählen würden, aus Dankbarkeit für all das, was er für sie getan hatte. Wenn er aber nicht nominiert werde, würden diese Stimmen den sozialistischen Kandidaten zugute kommen.

Die Presse des sozialistischen Lagers verabsäumte es auch nicht, höhnisch zu bemerken, die Habsburg-Mafia sei in Aktion getreten. Jedenfalls verhalf diese unerwartete Vorwahl, diese Flut von Briefen, Otto von Habsburg zu einer so günstigen Position, daß er selbst gar nichts mehr unternehmen mußte, außer – nach altem Brauch – jenen die Hand zu reichen, die ihn angegriffen hatten.

Vor allem wollte er die Situation mit den Mitgliedern der Jugendorganisation klären. Er wußte, daß nicht alle in der Bewegung gegen seine Nominierung waren, denn sehr viele Christdemokraten hatten ihm spontan versichert, daß sie zu ihm hielten, und ihn gebeten, nicht aufzugeben, sondern um sein Mandat zu kämpfen. Der Landesvorsitzende der Jungen Union, Dr. Otto Wiesheu, erklärte, seine Organisation habe keine Bedenken bezüglich der Person Otto von Habsburgs, „man habe aber die Sorge, daß die CSU-Europaliste einen zu hohen Altersdurchschnitt der Kandidaten aufweisen werde“. Diese Sorge führte dann dazu, daß einige jugendliche Mitglieder den Slogan prägten: „Hast du einen Opa, schick' ihn nach Europa“. Otto von Habsburg schmunzelte über diese Parole und wartete mit Ruhe die weitere Entwicklung ab. Das Für und Wider dauerte von Anfang Dezember 1978 bis Ende Januar 1979. Die Präsidiums-Sitzung vom 11. Dezember brachte keine Entscheidung und man beschloß, die Liste am 7. April zusammenzustellen. Inzwischen ergaben weitere Berechnungen, daß die CSU statt mit sieben mit acht sicheren Mandaten rechnen könne. Dieser Umstand entschärfte zwar die Lage etwas, aber Mitte Januar schrieben die Zeitungen, daß der 35 Jahre alte CSU-Politiker Reinhold Bocklet erklärt hätte: „Wenn Habsburg kandidiert, dann kommt es zu einer stärker konflikt-orientierten Politik zwischen der Jungen Union und der CSU". Die Zeitungen berichteten auch, es sei Bocklet, der für sich selbst auf den dritten sicheren Platz Anspruch erhebe. Dieser Umstand machte der breiten Öffentlichkeit deutlich, daß es sich nicht um eine Strömung in der Jugend gegen Habsburg handelte, sondern um eine Rivalität Bocklet contra Habsburg. Einen Gewinn konnte Bocklet auf jeden Fall für sich buchen: sein Name wurde zugleich mit Habsburg genannt und das machte ihn bekannt. Später wurden sie enge Mitarbeiter.

Unter diesen Voraussetzungen kam es am 20. Januar 1979 zur Landesvorstandssitzung in Erlangen. Finanzminister Max Streibl, der Bezirksvorsitzende von Oberbayern, berichtete über die Flut von Zuschriften: „Es kamen erstaunlich viele Briefe für Habsburgs Kandidatur selbst aus Österreich und Ungarn". Nach der Beratung teilte der Ministerpräsident von Bayern, Franz Josef Strauß, als Parteivorsitzender der Presse kurz und bündig mit, die Nominierung Otto von Habsburgs sei „wünschenswert, zweckmäßig und erforderlich". Alfons Goppel, der frühere bayerische Ministerpräsident und jetziger erste Kandidat auf der bayerischen Europa-Liste, hatte sich schon früher zugunsten Otto von Habsburgs ausgesprochen und betont, für wie wichtig er dessen Mitarbeit im Europa-Parlament halte. Von mehreren Präsidiumsmitgliedern wurde hervorgehoben, Otto von Habsburg habe einen international bekannten Namen, sei ein guter Redner und fülle, im Gegensatz zu vielen anderen Politikern, die Säle.

Die Richtigkeit dieser Behauptung bewies Otto von Habsburg inzwischen in allen Teilen des Landes. Während es um ihn herum Überlegungen und Ratlosigkeit bezüglich seiner Nominierung gab, ging er von Ort zu Ort, von Stadt zu Stadt und sprach in den verschiedensten Versammlungen, immer vor großem Publikum, das er stets mitriß. Nicht nur in Bayern, sondern auch in anderen Bundesländern, nicht nur in den CSU-Bezirken, sondern auch in CDU-Wahlkreisen. Gerade am Vorabend der Sitzung in Erlangen hatte ihn die CDU Westhessen zu einem Vortrag eingeladen, und der „Wiesbadener Kurier“ informierte seine Leser am nächsten Tag: „Dr. Otto von Habsburg spricht im überfüllten Kurhaus-Pavillon“. Unter diesem vielsagenden Titel erschien ein Bericht, der auch das Europa-Programm Otto von Habsburgs umriß und einen Hinweis darauf gab, mit welchen Argumenten Otto, für den Fall seiner Nominierung, in den Wahlkampf ziehen werde. Seine Freunde und Gegner konnten folgendes lesen: „Dr. Otto von Habsburg, der von dem CDU-Bundestagsabgeordneten Benno Erhard begrüßt wurde, unterstrich die Bedeutung der Europa-Wahlen mit dem Hinweis, daß es um die Antwort auf die Frage gehe: Soll das Europa von morgen ein freier oder ein marxistisch-kollektivistischer Erdteil sein? Über Europa wird nach Ansicht des Referenten ‚wenig, allzu wenig‘ gesprochen. Was gesagt werde, sei meistens negativ. Man spreche von einem Traum oder einer fortgesetzten Serie von Fehlschlägen. Dabei habe dieses Europa gerade in den letzten Jahrzehnten eine große Erfolgsgeschichte geschrieben. Man sollte sich vor Augen halten, daß vor einem Drittel-Jahrhundert dieses Europa ein Trümmerfeld war. Otto von Habsburg verwies in diesem Zusammenhang auf das deutsch-französische Abkommen, ‚ohne das wir heute Kolonien der Sowjetunion wären‘, und auf die Erfolge der EG. ‚Wenn wir weiter unseren Wohlstand genießen und frei bleiben wollen, müssen wir dem Erreichten eine politische und sicherheitspolitische Dimension geben‘, hob der Redner hervor. Das Europäische Parlament werde schon in seiner ersten Legislaturperiode auf weiten Gebieten der Kultur, Wirtschaft, Sozial- und Außenpolitik diesen Erdteil prägen. Der Redner forderte ein Groß-Europa: ‚Für uns hört Europa weder an den Grenzen der EG noch in Westeuropa auf. Für uns ist jene künstliche Linie, die an einem Unglückstag des Februar 1945 von Nicht-Europäern quer durch unseren Erdteil gezogen worden ist, nicht die Grenze Europas. Wir bekennen, daß die europäischen Völker hinter der Jalta-Linie, die Tschechen und die Magyaren, die Slowaken und die Polen und, nicht zu vergessen die Millionen Deutsche hinter Stacheldrähten und Minenfeldern, genauso Europäer sind wie wir‘ – so der Redner abschließend.“

Nach der CSU-Konferenz in Erlangen änderten sich auch die Zeitungsüberschriften im Zusammenhang mit Otto von Habsburg. Der Tenor „Aus mit Habsburg?“ verschwand und es erschienen Überschriften wie: „Schickt die CSU doch den Kaisersohn nach Europa?“, „Otto von Habsburg soll für die CSU kandidieren“, „Kaisersohn soll Europa-Abgeordneter werden“. Für Otto war es in propagandistischer Hinsicht nützlich, daß um seinen Fall jeweils eine Zeitungsdiskussion entbrannte. Die Kommentare waren teils positiv, teils negativ. Die ihm besonders gewogene „Deutsche Tagespost“ setzte sich vor allem mit den Anti-Habsburg-Elementen in der CSU auseinander und hob hervor, wieviel der parteiungebundene Habsburger für die Partei tun könne und bereits getan habe. „Habsburg, als Präsident der Paneuropa-Union, als ein mutiger Mann, der den Europagedanken in zahllosen Veröffentlichungen und Reden seit Jahrzehnten in Deutschland, Europa und in aller Welt leidenschaftlich propagierte, ist angesichts der sozialistischen und euro-kommunistischen Offensive geradezu prädestiniert, die christlich-konservative Seite zu repräsentieren und damit auch ein gutes Zugpferd bei den Wählern, die kein sozialistisch-marxistisches Europa wollen. Man fragt sich nämlich in der CSU mit Recht, welche Persönlichkeit solchen Zuschnitts die Partei eigentlich sonst dem Wähler anbieten könnte gegenüber den international bekannten Namen von SPD und DGB wie Brandt, Vetter u. a. In ähnlichem Sinne schrieb der „Münchner Merkur“, das wichtigste lokale Blatt, einen Leitartikel, und daraufhin auch viele andere Zeitungen Bayerns. Der Artikel wendete sich gegen jene, die mit billigen Parolen die kaiserliche Abstammung Otto von Habsburgs kritisierten, und stellte ironisch fest: „Zu allem Unglück verfügt Otto von Habsburg auch in der Politik im allgemeinen und in der Europapolitik im besonderen über mehr Sachverstand als die allermeisten seiner Kritiker“. (Paul Pucher). In die gleiche Kerbe schlug auch der „Rheinische Merkur“, der die Einwände tadelte, die von einem Teil der CSU-Jugend aus Uninformiertheit vorgebracht werden. Diese „kleinkarierten Bedenken“, die „in einigen Teilen der Jungen Union laut werden, die nicht zu wissen scheinen, daß Otto von Habsburg seit dem Tod des Grafen Richard von Coudenhove-Kalergi der Präsident der Internationalen Paneuropa-Union – der ältesten Europa-Bewegung – ist und seit Jahr und Tag unermüdlich und ohne Schonung seiner physischen Kräfte landauf, landab für die Einigung Europas unter dem gesamteuropäischen Aspekt der Allgemeingeltung der Menschenrechte wirbt. Der CSU-Vorsitzende Strauß und der Vorstand der CSU, die am Wochenende in Erlangen die Nominierung beschlossen haben, wissen das europäische Engagement und das internationale Ansehen dieses Kandidaten richtig einzuschätzen. Ihm zuvor den Parteieintritt abzuverlangen, wäre gleichbedeutend mit der Aussperrung überparteilicher Persönlichkeiten, die ohnehin schon auf den Listen aller Parteien nahezu völlig fehlen." Die linksgerichtete „Frankfurter Rundschau" behandelte mit verständlichem Interesse und in allen Einzelheiten die CSU-interne Debatte bezüglich der Position Otto von Habsburgs und gab den linken Angriffen gebührenden Raum, doch auch dieses Blatt stellte das Wesentliche fest, was bei einer Wahl zählt: „. . .Auch erweist sich immer wieder, daß der Habsburger mit seiner Vorliebe, die weltpolitischen Zusammenhänge auf ebenso schlichte wie eingängige Formeln zu bringen, für ein breites Publikum attraktiv ist; Veranstaltungen mit dem ‚Publizisten' – (so seine eigene Berufsbezeichnung) – sind besser besucht als die mancher prominenter Politiker." Selbst der Großmeister destruktiver Adjektive, der sich über Otto mokierende „Stern", fügte der Diskussion folgende Bemerkungen bei: „Opa hin, Opa her – die CSU wäre in der Tat nicht schlau gewesen, wenn sie den 66jährigen Inhaber von 27 Vornamen und sieben Kindern nicht nominiert hätte. Otto von Habsburg ist von Haus aus Europäer. Strauß trifft in Rom, Brüssel, Madrid, Paris und Luxemburg nur Parteifreunde – Otto hat überall Verwandte. Schließlich war es sein großes Vorbild, Karl V. (1500–1558), der zu Beginn der Neuzeit von Madrid aus ein habsburgisches Großreich zimmerte, gegen das sich das Europa der Neun nur bescheiden ausnimmt. CSU-Nichtmitglied Otto vertritt auch die christlich-soziale Ideologie so lupenrein wie sonst nur der Große Vorsitzende. Und auch an Anziehungskraft steht er, im Alpenraum zumindest, Strauß kaum nach. Im vergangenen Landtagswahlkampf lockte nur Strauß mehr Zuhörer an als Otto." Das größte Massenblatt Deutschlands, die populäre Zeitung „Bild", berichtete über eine Talkshow, zu der Otto eingeladen worden war: „Habsburg parierte die Fragen von Talkmaster Sammy Drechsel über eine Stunde lang – meist mit Bravour."

Erlangen brachte die, wenn auch noch nicht endgültige, jedoch fast sichere Entscheidung, daß die CSU Otto auf ihre Liste setzen werde. Als weitere wichtige Vorentscheidung zählte zwei Wochen nach Erlangen die Sitzung des oberbayerischen CSU-Bezirksvorstands. Hier stimmten von 43 Vorstandsmitgliedern 31 für die Nominierung Otto von Habsburgs, während der Gegenkandidat, Bocklet, neun Stimmen erhielt.

Otto konnte zufrieden sein. Obgleich er einige Tiefschläge auch von der eigenen Seite erhalten hatte, war ihm die Entwicklung im großen und ganzen recht. Er war sich dessen bewußt, wie wichtig es für ihn sei, daß seine Nominierung auf Grund einer ordnungsgemäßen demokratischen Vorgangsweise erfolgte.

Das oberste Gremium der CSU hatte die endgültige Entscheidung über die Kandidatenliste für Ende März oder Anfang April festgesetzt. Gleich nach Erlangen hatte der große Gegner, die sozialistische Seite, eine heftige Kampagne gegen Otto von Habsburg gestartet. Der Zweck war, der CSU Angst einzujagen und eventuell zu erreichen, daß diese Otto doch nicht nominiert. Oder, falls das ihm nicht gelingt und die Nominierung Ottos absolut endgültig wird, seine Person bis dahin vor den Wählern zu diffamieren. Einige Kapitäne des gegnerischen Lagers verletzten häufig die für politische Auseinandersetzungen geltenden Anstandsregeln und sie schreckten auch vor ehrenrührigen Mitteln nicht zurück. Man benützte gegen Habsburg jede Waffe der Verzerrung und sparte auch nicht mit persönlichen Beleidigungen.

Aus der Mottenkiste wurde die vor einem Jahr bereits in der Einbürgerungsfrage abgeschossene Munition hervorgeholt. Die „Zeitbühne"-Studie, genauer gesagt die daraus willkürlich entnommenen Satzteile und die um letztere gewobene falsche Anschuldigung, daß Habsburg eine Diktatur wolle, wurde wieder strapaziert. Axel Wernitz zum Beispiel fügte mit geübter Dialektik in einem kurzen habsburgfeindlichen Artikel ein halbes Dutzend Mal wie einen Refrain an den Namen Otto von Habsburgs das Wort „Diktatur" an. Immer wieder verwendet Wernitz Ausdrücke wie „Habsburgs Diktatur-Konzept", „Habsburgs-Diktatur", „Prediger der Diktatur", „Diktatur mit Habsburg", „Habsburg für den Rechtsstaat auf Abruf", „Otto Habsburg mit seinen verfassungswidrigen Diktaturthesen" usw. Schon diese intensiv wiederholte Anwendung einer Unwahrheit – Habsburg = Diktatur – dieses tendenziöse Suggerieren überschritt die Grenzen der Fairneß. Der Autor geht jedoch noch weiter, indem er gewissermaßen ein Gleichheitszeichen zwischen Otto von Habsburg und Adolf Hitler, ja sogar zwischen Otto von Habsburg und die Kommunisten setzt. Er schreibt nämlich wörtlich: „Es ist ein Skandal ersten Ranges und ein Alarmzeichen für alle Demokraten, wenn nach den furchtbaren Erfahrungen mit der Hitler-Diktatur, aber auch den Lehren kommunistischer Diktaturen bis hin zu dem jüngst gestürzten Regime in Kambodscha, eine große Partei wie die CSU einen Prediger der Diktatur als Spitzenkandidaten für ein Parlament zu präsentieren wagt." Der Wernitz-Artikel versuchte auch eine Diskrepanz zwischen Otto von Habsburg und den Katholiken sowie seinem ehemaligen Lehrmeister Coudenhove-Kalergi aufzuzeigen. Dann schreibt er der Gegenpartei, der CSU, gleichsam vor, diesen Mann fallenzulassen. Schließlich verurteilt er Otto von Habsburg als jemanden, der das Land in Gefahr bringe: „Die CSU lädt nicht nur sich, sondern auch unserer jungen Demokratie mit Otto Habsburg eine überflüssige und böse Hypothek nach innen und außen auf. Um diese Verantwortung wird sich die CSU nicht herumdrücken können."

Diese Technik des Kampfes änderte sich in den darauffolgenden Wochen und Monaten keineswegs. Der Erzbischof von München und Freising, Kardinal Ratzinger, hielt es sogar für notwendig, seine Stimme gegen die Verrohung des Wahlkampfes zu erheben und davor zu warnen, aus Otto von Habsburg künstlich eine Art „Unperson" zu machen.

Die Angriffe der Sozialisten zeigten jedenfalls, daß diese Partei in Otto von Habsburg ihren gefährlichsten Gegner sah und mit allen Mitteln verhindern wollte, daß das Programm, die Energie, der Geist und das Wissen dieses Politikers im Europa-Parlament zur Geltung kommen. Sein direkter Gegenspieler bei den bayerischen Sozialisten und Leiter ihrer Wahlkampagne, Bruno Friedrich, stellte auch die These auf, daß „eine Kandidatur Otto von Habsburgs eine schwere Belastung der deutschen Außenpolitik aus einer ganzen Reihe von Gründen" sei. Anstelle einer Begründung folgte jedoch eher eine Reihe willkürlicher und Otto diffamierender Adjektive. Die Deutsche Presseagentur, DPA, faßte in einer Meldung die Definitionen Bruno Friedrichs und anderer Sozialisten wie folgt zusammen: „Als ‚rassistischen Schreibtischtäter' und ‚Reaktionär schlimmster Sorte' am ‚Rande der rechten Szene' haben führende bayerische Sozialdemokraten den Sohn des letzten österreichischen Kaisers, Otto von Habsburg, attackiert, der einen Spitzenplatz auf der CSU-Liste zur Europawahl erhalten soll. Habsburg sei bekannter als alle anderen Europakandidaten der Union und stelle als Repräsentant des konservativen Deutschland eine ‚ungeheure Belastung des Europäischen Parlaments gegenüber der Dritten Welt' dar, erklärte der Wahlkampfleiter der sozial-demokratischen und sozialistischen Parteien zur Europawahl, Bruno Friedrich (MdB), am Dienstag vor Journalisten in München. Bayerns Staatsregierung und die zuständigen Behörden hätten nie zulassen dürfen, daß Habsburg deutscher Staatsbürger wurde, kritisierte Friedrich. Als Nachweis für Habsburgs ‚kolonialen Rassismus', wie er in Deutschland auch Wegbereiter des Rassismus der Nazizeit gewesen sei, legte Friedrich drei Artikel aus der Zeitschrift ‚Die Zeitbühne' vor."

Es war offensichtlich, daß die sozialistischen Wahlstrategen in diesen Wochen die fleißigsten Leser der Schriften Otto von Habsburgs wurden, es war aber auch ebenso offensichtlich, daß ihre Aufmerksamkeit nicht dem Inhalt und der Gesamtaussage galt, sondern sie nur den einen oder anderen Ausdruck herausangelten, um ihn mit einseitiger Interpretation aufzubauschen. Die von Friedrich inkriminierten Artikel und andere Schriften sagten im wesentlichen nur aus, daß Otto von Habsburg die einseitige Afrika-Politik der UNO tadle und darauf verwies, es wäre zu überlegen, ob es vertretbar sei, daß in der Weltorganisation ein afrikanischer Zwergstaat die gleiche Stimme habe wie bedeutende zivilisierte Länder, zum Beispiel die Bundesrepublik Deutschland oder die Vereinigten Staaten von Amerika.

Andere sozialistische Politiker bereicherten dann die Anti-Habsburg-Literatur mit neuen schmückenden Beiwörtern. Der bayerische SPD-Landesvorsitzende Rothemund erklärte: „Otto von Habsburg gehört in ein europäisches Panoptikum“. Heinz Oskar Vetter, sozialistischer Kandidat und Gewerkschaftsführer, wiederum meinte, daß die Nominierung Otto von Habsburgs „eine einzige Geschmacklosigkeit“ sei. Die Geschmacklosigkeit bestehe darin, führte Vetter weiter aus, daß „ein Mann, der sich von seinen Freunden noch als ‚kaiserliche Hoheit‘ anreden lasse, auf keine demokratische Liste gehöre“. Den gleichen Ton schlug natürlich auch der Vorsitzende der Partei, Willy Brandt, Bundeskanzler a. D., an, der Otto folgendermaßen apostrophierte: „importierte, abgetakelte Kaiserliche Hoheit“.

Diese zur Beeinflussung gedachten Adjektiva blieben aber ohne Wirkung, weil sie im Grunde genommen hohl und geistlos waren. Vor allem aber entsprachen sie nicht der Wahrheit. Otto hatte nie im Leben verlangt, daß man ihn mit kaiserlicher oder königlicher Hoheit anspreche, noch daß man ihm seiner Herkunft wegen Sonderrechte einräume. Es war jedoch auch selbstverständlich, daß er, wenn jemand aus innerem Bedürfnis – nicht aus einem Geist der Unterwürfigkeit, sondern einfach aus tiefverwurzeltem Traditionsgefühl und aus Achtung vor der Geschichte – ihn mit „kaiserlicher Hoheit“ anredete, den Betreffenden nicht zurechtweisen konnte. Schließlich und endlich war es nicht möglich, jede Vorstellung damit zu beginnen, er sei keine kaiserliche oder königliche Hoheit, und wenn der Organisator einer Veranstaltung Otto mit einem Titel begrüßte, konnte er nicht so taktlos sein, ihn öffentlich zu verbessern. Die klassenkämpferische Leidenschaft der sozialistischen Kritik bewies Engstirnigkeit und Weltfremdheit in ihrem Kampf gegen historische Titel. In der Nachbarschaft der Bundesrepublik gibt es eine Anzahl von Monarchien, in denen Titel und Rang noch Bedeutung haben. Und in jenem Europa der Neun, deren Abgeordnete gerade gewählt werden sollten, gab es mehr Monarchien als Republiken. Es war daher nicht wahrscheinlich, daß diese Mitgliedstaaten es als „Geschmacklosigkeit“ empfinden würden, wenn der Nachfahre einer kaiserlichen und königlichen Familie Europa-Abgeordneter wird. Das auf nicht mehr aktuellem Klassenkampf aufbauende Dreigespann Friedrich-Vetter-Brandt hatte auch nicht daran gedacht, daß in England zahlreiche führende sozialistische Politiker nach dem Titel „Lord“ streben, und viele – von sozialistischen Ministerpräsidenten vorgeschlagen – diesen auch verliehen erhalten. Demnach ist es nicht undemokratisch, wenn jemand einen Titel führt und mit diesem angesprochen wird. Eigentlich hätte Brandt, der einst Außenminister war, wissen müssen, daß im internationalen Protokoll die alten Anreden weiterhin gebräuchlich sind. Wenn der Präsident der Vereinigten Staaten, der ersten demokratischen Macht der Welt, oder der Ministerpräsident der Französischen Republik an Otto von Habsburg schreiben, verwenden sie die Anrede „Kaiserliche Hoheit“. In der Tat kann Otto von Habsburg, der übrigens auf den selbsterworbenen „Doktor“ stolz ist, weder dem Amerikanischen Präsidenten noch einem mitteleuropäischen Bürger vorschreiben, wie er ihn zu titulieren habe. Ein betagter deutscher General, der einst mit dem k. u. k. Generalstab in Verbindung stand, und ein kroatischer Universitätsprofessor gaben unabhängig und weit entfernt voneinander die gleiche Antwort, als man sie fragte, warum sie Dr. Otto von Habsburg als kaiserliche beziehungsweise königliche Hoheit titulierten. Jeder sagte, er achte die Tradition und es gehöre zu seinen ganz persönlichen Rechten, jemanden nach eigenem Ermessen anzusprechen.

Die Sozialistische Partei hatte mit ihrer veralteten klassenkämpferischen Einstellung, die auch sehr vielen sozialistischen Wählern mißfiel, keinen sehr erfolgreichen Wahlschlager gegen Otto gefunden. Die Diskussion über „Titel“ war nur dazu angetan, daß noch mehr über die Habsburg-Kandidatur gesprochen wurde. In diesem Punkt zeigte die Partei überhaupt kein besonderes Fingerspitzengefühl. Sie brachte sogar Bundeskanzler Helmut Schmidt als größte Persönlichkeit und führenden Sozialdemokraten dazu, in den Wahlkampf einzugreifen und die sozialistischen Gemeinplätze gegen Habsburg aufzusagen. An sich wäre das nicht arg gewesen, schlimm war nur, daß Helmut Schmidt dies nicht auf einer sozialistischen Wahlversammlung tat, sondern im Parlament in Bonn. (24. Januar 1979). Während der Budget-Debatte meinte Schmidt zuerst ironisch bezüglich Otto von Habsburg, jeder Mensch habe seinen Vogel, warum solle er sich nicht kaiserliche Hoheit nennen lassen. Auf den ironischen Schmidt folgte der derbe Schmidt mit der Behauptung,

Otto von Habsburg zeige ein „erstaunliches Maß an politischer Unreife". Auf den ironischen und derben Schmidt folgte endlich der demagogische Schmidt, der seine Wahlrede vor dem Bundestag mit der Feststellung schloß, Otto von Habsburg sei „eine schlechte Visitenkarte für Europa".

Der sozialistische Kanzler hatte ungewollt dem Kandidaten Otto von Habsburg einen Dienst erwiesen, denn man wird auf jemanden, von dem das Staatsoberhaupt spricht, eher aufmerksam als auf jemanden, den das Staatsoberhaupt gar nicht erwähnt. Darüber hinaus hatte Schmidt, gleichfalls ungewollt, zu Dutzenden jene Leute mobilisiert, die als Journalisten oder – und das ist vielleicht noch wichtiger! – als Leser die politischen Ereignisse gerne kommentieren. Viele Kommentare und noch mehr Leserbriefe erschienen in den Spalten der Zeitungen. Kritiker, einfache Leser und selbstverständlich auch christdemokratische Politiker griffen zur Feder, um Otto von Habsburg zu verteidigen. Einer der Kommentare nahm die Worte des Kanzlers mit trauriger Verwunderung zur Kenntnis: „Ist jemand, der aus einem uralten Herrschergeschlecht stammt, nicht etwa würdig für das Europa-Parlament zu kandidieren? Helmut Schmidt scheint diese Auffassung zu vertreten . . . Einen Mann vom Bildungsniveau . . . eines Otto von Habsburg, der acht Sprachen spricht, fast jeden Brennpunkt auf der Welt aus persönlicher Anschauung kennt und zahlreiche Bücher geschrieben hat, derart rüde zu attakkieren, zeugt nicht gerade von feiner hanseatischer Art. Wahrscheinlich hat der Bundeskanzler noch nie Zeit und Muße gefunden, eines der Werke des Habsburgers wenigstens diagonal zu lesen, sonst könnte er sich nicht über dessen ‚politische Unreife' mokieren. Aber wahrscheinlich traute er blindlings dem Pressedienst seiner Partei, der in schludriger Manier Äußerungen des Sohnes des letzten Kaisers der Donaumonarchie aus dem Zusammenhang riß und ihm damit ein ‚diktatorisches Konzept' unterschob." (Dr. Walther Zuzan, „Cellesche Zeitung"). Es kamen dann auch andere, verärgerte Kommentare: „Den Bundeskanzler, der sich, vor allem, wenn die Fernsehkamera ihm ins Gesicht ‚zielt', besser als mancher Schauspieler zu verkaufen weiß, muß wirklich ein Pferd getreten haben, als er in der Debatte zu den Europa-Wahlen hinsichtlich einer Kandidatur Otto von Habsburgs in seiner abkanzelnden Art meinte: ‚Jeder Mensch hat seinen Vogel. Weshalb sollte er sich nicht Kaiserliche Hoheit nennen!'. Das Pferd hat ihn aber ganz mächtig getreten und Helmut Schmidt ist ins Schleudern gekommen – denn nicht Otto von Habsburg nennt sich Kaiserliche Hoheit, vielmehr wird der älteste Sohn des letzten Kaisers von Österreich mit diesem Prädikat angesprochen. Angesprochen von konservativen wie liberalen Menschen, eben solchen, für die die Welt noch nicht nur aus ‚Genossen' besteht." („Deutschland Journal" O. S.) Es gab dann auch noch besonders heftige Kommentare, die nicht nur Otto verteidigten, sondern sogar den Kanzler angriffen und ihm vorwarfen, er hätte sich auch früher schon dieses Tones gegenüber dem großen Kanzler Konrad Adenauer bedient und hätte vor nicht allzu langer Zeit Karl Carstens, den späteren Staatspräsidenten, in derselben Tonart attackiert, als dieser noch Präsidentschaftskandidat war. Einige Feststellungen: „Schon in den sechziger Jahren tobte Helmut Schmidt gegen Konrad Adenauer (am 23. Mai 1961 in Neumünster): ‚Wenn Sie glauben, der Bundeskanzler hat noch alle Tassen im Schrank, dann irren Sie sich. Er hat sie nicht im Schrank'. Und am 25. Mai 1961 in Eutin: ‚Der Alte soll seine Schnauze halten. Wenn er nicht so alt wäre, hätte ich ihn schon längst geohrfeigt.' Oder am 27. Mai 1961 in Sulzbach/Saar: ‚Der Bundeskanzler ist ein Mann ohne Anstand.' Jetzt mißbraucht Helmut Schmidt die Tribüne des Deutschen Bundestages, um einem Mann vom geistigen Rang und moralischen Ansehen eines Otto von Habsburg vorzuwerfen, er sei ein ‚unreifer Mensch' und ‚habe einen Vogel'. Fürchtet er diesen Kandidaten für das Europa-Parlament?" (Kurt Ziesel, „Deutschland Magazin")

Noch bedeutungsvoller als die Kommentare waren die Leserbriefe. Die Zeitungsleser sind jene große politische Armee jeder wirklich demokratischen Gesellschaft, die die Politik so intensiv interessiert, daß sie bereit sind, die natürliche Bequemlichkeit zu überwinden und sich die Mühe zu machen, einer Zeitung ihre Ansicht mitzuteilen. Man brauchte nicht gleich Mitglied einer Habsburg-Clique zu sein, um sich zu entschließen, gegen den Kanzler und für den zu Unrecht angegriffenen Otto von Habsburg Partei zu ergreifen. Einige Kostproben: Zuerst ein ironischer Leserbrief mit der Überschrift „Schmidt: Schicken Sie keine unreifen Menschen nach Europa" – „O heiliger Karl Marx, welch' ein Gedanke – ein Parteiloser und dann noch ein Habsburg im Europa-Parlament – einfach schauderhaft! . . . Man stelle sich vor: Man sitzt selber im Straßburger Parlament und kapiert trotz Kopfhörer und stotternder Simultanübersetzung nicht, welche Geistesblitze der fremdländische Europakollege da vorn vom Stapel läßt, und der Dr. v. Habsburg versteht alles, weil er sämtliche europäische Sprachen fließend beherrscht – der kann einem ja die Show stehlen. Ja, der könnte sogar auf Grund seiner historischen Bildung und aktuellen Weltkenntnis zu einer Art europäischer Integrationsfigur werden! Und das mit seiner christlich-abendländischen Europa-Idee. Wie sollen wir denn da unseren progressiven Sozialismus aus dem vorigen Jahrhundert in die kommende Zeit hinüberretten? Schließlich hat der Dr. von Habsburg sich schon mit dem europäischen Zusammenschluß beschäftigt, als unser Europa-Genosse Heinz Oskar Vetter als höherer Hitlerjugend-Funktionär sein fortschrittliches ‚Sieg Heil!‘ auf seinen fortschrittlichen Führer ausbrachte. Nein – der Habsburg würde mit seinem paneuropäischen Festhalten an den sogenannten Europäern in den sozialistischen Bruderländern nur unsere Entspannung vermiesen. Wenn der wenigstens eine Haltung wie Chamberlain hätte, dann ließe sich vielleicht noch mit ihm reden, aber so? Für uns und den kleinen Moritz muß es heißen: Habsburg-Monarchie = katholisch = Reaktionär = Ewiggestriger. Wenn die CSU den als Kandidaten aufstellt – und dann vielleicht auch noch auf Bundesebene –, nicht auszudenken – der wird ja glatt gewählt.“ Hans-Werner Fhr. v. Bischoffshausen, Wentorf („Die Welt“ vom 28. Januar 1979).

Als zweites ein polemischer Leserbrief über Schmidt und Habsburg: „Wenn man das gesprochene und vor allem das gedruckte Wort beider Persönlichkeiten vergleicht, stellen sich folgende Fragen: 1. Entspricht es demokratischen Gepflogenheiten, gegenteilige Ansichten als ‚Unreife‘ zu bezeichnen? Oder darf man dieselbe Bezeichnung auch auf den Herrn Bundeskanzler anwenden, wenn man seine Meinung nicht teilt? 2. Hat der Herr Bundeskanzler Habsburgs Buch ‚Idee Europa – Angebot der Freiheit‘ gelesen? Sollte das nicht der Fall sein, ist dann seine Beurteilung überhaupt ernst zu nehmen? 3. Auf Menschen – und damit meine ich nach Meinungsaustausch mit anderen Lesern nicht nur mich –, die das genannte Buch gelesen haben, macht die Beurteilung des Herrn Bundeskanzlers keinen guten Eindruck. Mangelt dem Herrn Kanzler der Wille zur Objektivität oder gibt er – bewußt oder unbewußt – der parteipolitischen Demagogie den Vorzug? Auf Grund des Urteils über Dr. Otto von Habsburg gehe ich wohl nicht fehl in der Annahme, daß für den Herrn Bundeskanzler die Meinung des sogenannten kleinen Mannes – und damit meine ich mich – nicht interessant ist. Ihre Veröffentlichung soll aber Ausdruck unserer Meinungsfreiheit sein.“ Hans Kryll, 8960 Kempten („Bayernkurier“).

Schließlich als dritter ein sarkastischer Leserbrief: „Dazu kann man nur folgendes sagen: Hätte der Bundeskanzler nur einen Bruchteil der politischen Weitsicht und Verantwortung, der echten Einstellung zu Europa und Kenntnis der politischen Zusammenhänge wie der inneren

Vornehmheit von Dr. Otto von Habsburg, dann könnte er vor sich selber den Hut ziehen! Aber so?“ Dr. Wolfgang Scholz, 4300 Essen („Deutsche Tagespost“).

Nicht nur Presseleute und Leser, auch politische Organisationen wiesen die Anschuldigungen des Kanzlers zurück, und zwar in dem gleichen polemischen und energischen Ton, den er selbst angeschlagen hatte. Es meldete sich auch die Paneuropa-Union durch ihren Geschäftsführenden Vizepräsidenten Rudolf Wollner zu Wort sowie die angesprochene Partei, die CSU, durch ihren stellvertretenden Fraktionsführer im Bonner Parlament, Walter Althammer.

Rudolf Wollner richtete einen Offenen Brief an Kanzler Helmut Schmidt. In diesem heißt es u. a. wörtlich: „Sehr geehrter Herr Bundeskanzler!

. . . Form und Ton Ihrer Ausführungen sind in diesem Falle der Stellung eines Bundeskanzlers unwürdig! Der Deutsche Bundestag ist keine Wahlkampfarena, sondern die oberste Vertretung des deutschen Volkes. Die Würde dieses Hauses verträgt einen solchen Ton nicht!

Nun zur Sache selbst: Dr. Otto von Habsburg ist Chef des Hauses Habsburg. Es gibt viele Bürger in dieser Bundesrepublik, die ein geschichtliches Bewußtsein haben und – auch wenn das Haus Habsburg kein regierendes Fürstenhaus mehr ist – doch aus alter Anhänglichkeit und Tradition durch Formen der Anrede dieser Tradition gerecht werden. Dr. von Habsburg selbst legt in seiner Bescheidenheit keinen Wert darauf. Es gab und gibt ja letzten Endes auch ehemalige Bundespräsidenten, Minister und andere hohe Würdenträger, die sich als solche noch anreden lassen, ohne daß sich jemand darüber mokiert.

Zur ‚politisch unreifen Persönlichkeit‘ möchte ich bemerken, daß Dr. von Habsburg seine politische Reife in einer Zeit gezeigt hat, als andere beim Jungvolk oder der Hitler-Jugend – sicher in gutem Glauben – für ‚Führer und Volk‘ eingetreten sind. Dr. von Habsburg war es, der während des Krieges auf den amerikanischen Präsidenten Roosevelt eingewirkt und vor den verheerenden Folgen des Morgenthau-Planes gewarnt hat; der sich gegen die Vertreibung der Deutschen gewandt hat; der aus humanitären Überlegungen mit mittel- und südamerikanischen Staaten erreicht hat, daß viele tausend Juden in diesen Staaten Aufnahme und eine neue Heimat gefunden haben.

Wenn Sie einen Artikel zitieren, den er unter der Überschrift ‚Zeitgerechte Abwehr‘ in der ‚Zeitbühne‘ über den Terrorismus geschrieben hat, wobei er davon ausgegangen ist, daß es den Terroristen gelingen

könnte, eine Atomwaffe in die Hand zu bekommen, und deshalb die Auffassung vertrat, daß die bisherigen Mittel der Abwehr nicht ausreichend seien und aus diesem Grunde die Verfassung sich diesen Erfordernissen anzupassen habe, dann möchte ich Sie an Ihr eigenes ‚Spiegel'-Interview vom 15. Januar 1979, S. 41/42 erinnern. In diesem Interview gaben Sie selbst zu, daß Sie im Falle der Überschwemmungskatastrophe und bei der Geiselnahme in Mogadischu sich *nicht* an die Verfassung gehalten und damit die Verfassung gebrochen haben. Sie gaben also einige Tage vor Ihrer Erklärung im Deutschen Bundestag zu, daß die Verfassung für solche außergewöhnlichen Notstandsfälle nicht ausreicht und Sie selbst zum Schutz und zur Sicherheit dieser Bürger Maßnahmen ergriffen haben, die sich gegen die Verfassung richteten, weil eben – wie Dr. von Habsburg ganz richtig feststellt – die Verfassung für derartige Fälle nicht ausreicht und deshalb einer Ergänzung bedarf.
. . . Mit vorzüglicher Hochachtung,
gez. Rudolf Wollner,
Geschäftsführender Vizepräsident,
Paneuropa-Union Deutschland e. V.

Im wesentlichen sagte Walter Althammer das gleiche, er tadelte aber nicht Schmidt allein, sondern darüber hinaus die ganze Diffamierungskampagne der SPD und meinte dann: „Bundeskanzler Schmidt habe am allerwenigsten das Recht, sich über Habsburgs Verfassungsvorschläge zu empören. Er rühme sich heute noch, während der Hamburger Flutkatastrophe wissentlich und willentlich das Grundgesetz und die Hamburger Verfassung übertreten zu haben". Er fügte hinzu, Otto von Habsburg sei eine integre Persönlichkeit, die einem direkt gewählten Europäischen Parlament wertvolle Impulse geben könnte.

Das vielseitige Echo bewies den sozialistischen Wahlstrategen, daß es unklug gewesen war, den Kanzler in die Anti-Habsburg Polemik hineinzuziehen, denn es war nicht Otto von Habsburg, der durch die entfachte Diskussion zu Schaden kam. Besonders auch deshalb unklug, weil gerade zur gleichen Zeit ein anderer sozialistischer Bundeskanzler sich positiv und in höflicher Form über den ins Kreuzfeuer der westdeutschen Wahlschlacht geratenen Habsburger äußerte, dessen doppelte Staatsbürgerschaft noch immer an beiden Seiten der Grenze von sozialistischen Habsburg-Gegnern beanstandet wurde. Die Grazer „Kleine Zeitung" berichtet über ein Gespräch, das der österreichische Kanzler Bruno Kreisky nach einer Ministerratssitzung mit Journalisten geführt hatte. Der Bericht lautet: „Mit geradezu demonstrativer Noblesse äußerte sich der Kanzler über Otto Habsburg, der bekanntlich von sozialistischer Seite in letzter Zeit deshalb attackiert wurde, weil er sich der CSU als Kandidat für das Europaparlament zur Verfügung stellte. Dr. Habsburg, sagte der Kanzler, besitze neben der österreichischen auch die bundesdeutsche Staatsbürgerschaft und er sei dann, falls er gewählt werde, eben ein deutscher Politiker. Dies sei aber kein Grund dafür, ihm die österreichische Staatsbürgerschaft zu nehmen.“ Einige Tage danach fragte die Wiener Tageszeitung „Kurier“ Otto von Habsburg direkt bezüglich eines neuerlichen Kreisky-Habsburg-Treffens und erhielt die Antwort „Bitte, mit Freuden“.

Kreisky sprach auch davon, er hätte es gerne gesehen, wenn Dr. Otto Habsburg österreichischer Botschafter beim Heiligen Stuhl geworden wäre. Er war somit bereit gewesen, ihm einen prominenten diplomatischen Posten anzubieten, und befürchtete offensichtlich nicht, daß Otto eine „schlechte Visitenkarte“ wäre.

Was Schmidts Worte vor dem Parlament betraf, blieb Otto zurückhaltend. Einmal bemerkte er scherzhaft „Der Kanzler hat mir einen Vogel zugebilligt“. Ein anderes Mal meinte er, offensichtlich seien die Freunde von Bundeskanzler Helmut Schmidt beunruhigt, weil der Wahlkampf nicht so laufe, wie es erwartet wurde. Mit dem Schimpfen solle die Aufmerksamkeit von den wirklich bedeutenden Fragen abgelenkt werden. Wenn ihm bezüglich der Aussagen Schmidts Fragen gestellt wurden, borgte er vom Gedankengut der Bauern und antwortete mit volkstümlichen Redensarten, die ja so oft tiefe Wahrheiten beinhalten. Auf den Hamburger Auftritt Schmidts angesprochen, endete er eine ernste Ausführung „Wer ein Loch in der Hose hat, soll nicht auf den Maibaum steigen!“. Ein andermal zitierte er einen Bismarck zugeschriebenen Ausspruch: „Es sind nicht die schlechtesten Birnen, an denen die Wespen nagen“.

Die Entgleisung Schmidts – Habsburg politische „Unreife“ nachzusagen – wäre vielleicht durch die Hitze des Wahlkampfes entschuldbar, wenn er selbst diese Entschuldigung bei anderen auch gelten ließe. Einige Jahre später jedoch, als im Verlaufe des israelischen Wahlkampfes von 1981 Ministerpräsident Begin in ähnlicher Art über Schmidt sprach, wie dieser 1979 über Habsburg, das heißt verletzend und mit unwahren Angaben, gab der Pressechef des Kanzlers mit Recht folgende Erklärung ab: „Ich weise die Vorwürfe des israelischen Ministerpräsidenten Begin gegen Bundeskanzler Schmidt zurück. Solche Entgleisungen stehen wohl im Zusammenhang mit dem israelischen Wahlkampf. Aber

auch ein Wahlkampf entschuldigt nicht abwegige und beleidigende Behauptungen."
Wie wahr!

Im weiteren Verlaufe der Wahlkampagne wurden die Sozialisten auch nicht vornehmer, aber auch nicht erfolgreicher. Sie stellten ständig die unmöglichsten Behauptungen über den illustren Gegner auf, ohne sich um historische und leicht beweisbare Fakten zu kümmern. Die Anschuldigungen der Verfassungswidrigkeit, der Hitler-Vergleich, das Beiwort „Rassist" nahmen kein Ende. Die sozialistischen Funktionäre verlangten einfach von der CSU, sie solle sich von „diesem Menschen reinigen" und ihn nicht auf ihre Europa-Liste setzen. Die Politiker der CSU zögerten jedoch nicht, sich zugunsten Otto von Habsburgs auszusprechen; auch jene, die eventuell vorher gegen ihn gewesen waren, standen ihm jetzt zur Seite. Die sozialistischen Angriffe hatten eine einheitliche Habsburg-Front innerhalb der CSU zur Folge.

Stoiber, Generalsekretär der Partei, attackierte zum Beispiel Heinz Oskar Vetter, als dieser unvorsichtigerweise seinerseits versuchte, Otto von Habsburg in die rechtsextreme Ecke zu schieben. Stoiber erinnerte an das Verhalten Vetters in der Hitlerzeit: „Ein Mann mit der politischen Vergangenheit Vetters sollte es vermeiden, andere als ‚rechte Radikale' zu bezeichnen". Und er fügte hinzu: „Wer sich zwischen 1933 und 1945 wie Vetter verhalten habe, sollte sich über die demokratische Gesinnung anderer besser nicht äußern." Stoiber verwahrte sich auch dagegen, daß die Sozialisten der CSU vorschreiben wollen, wen sie nominieren dürfe und wen nicht. Otto von Habsburg sei ein Kandidat, der die Zuhörer in seinen Bann schlage.

Bei jeder sich bietenden Gelegenheit brach Ministerpräsident a. D. Alfons Goppel eine Lanze für Otto. Er wies die sozialistischen Behauptungen zurück, daß die Person Otto von Habsburgs für die Bundesrepublik ein Negativum sei. Er sehe darin keine Belastung. Daß sich die SPD gegen die Kandidatur des Kaisersohnes wende, sei möglicherweise in deren Tradition begründet, aber durch keinerlei Argumente belegt. Das Haus Habsburg habe lange, ehe es im Westen so etwas wie eine Einigkeit Europas gegeben habe, Einigkeit mit den Völkern des Ostens und Südostens vorgelebt.

Die CSU als Partei wies auch die falschen Anschuldigungen zurück, die gegen Otto vorgebracht wurden. Godel Rosenberg, Pressesprecher der CSU, forderte die SPD auf „mit der Methode aufzuhören, Politiker von CDU und CSU per Diffamierungskampagne abzuschießen. Das

Vorgehen der Sozialdemokraten sei verabscheuungswürdig. Man sei nicht weiter bereit, sich einer Auseinandersetzung auf dieser Ebene zu stellen." Auf die trommelfeuerartige Forderung der Sozialisten, die CSU solle die Nominierung Otto von Habsburgs fallenlassen, erklärte Rosenberg: grundsätzlich gelte, daß sich die CSU von niemandem außer von ihren Europa-Delegierten vorschreiben lasse, wen sie als Kandidaten für die Wahl zum Europa-Parlament nominieren wird.

Für Otto ergriffen auch jene christlichsozialen Jugendführer Partei, die noch im Dezember des Vorjahres ihm gegenüber Zweifel hegten. Günter Gerhard, der noch kurz vorher einen vier Seiten langen Brief an die Parteileitung verfaßt hatte, erklärte anläßlich einer Sitzung in Hochstett, daß es zwischen der CSU und ihrer Jugendorganisation bezüglich der Kandidatur Otto von Habsburgs keine Differenzen mehr gäbe. Alfred Sauter, ein anderer leitender Funktionär der Jugend, ließ sich in eine Diskussion mit den Sozialisten ein und betonte, daß bezüglich der Person Otto von Habsburgs nicht ein einzelner Artikel ausschlaggebend sei, sondern die Gesamtpersönlichkeit des Kandidaten. Ein anderes Mal sagte Sauter über den „Zeitbühne"-Artikel, Otto von Habsburg hätte damit nur eine Diskussion in Gang setzen wollen, und seitens der Jungen Union sei der Fall abgeschlossen, er sei „vom Tisch". Otto von Habsburg würde in Zukunft sogar als Vortragender an Sitzungen der Jungen Union mitwirken.

Das tat er auch. Er erweiterte dadurch den Kreis seiner Anhänger, denn die Jugend lernte die ganze Persönlichkeit, das profunde Wissen und die Lebenserfahrung dieses weitgereisten 66jährigen Politikers kennen. Die 16- bis 25jährigen waren von dem jugendlichen Elan des „Opa" begeistert, von seiner eleganten Höflichkeit und freundlichen Natürlichkeit, und es überraschte sie, wie genau er über die Probleme der jungen Generation und ihrer Art zu denken Bescheid wußte. Besonders genossen sie es, wenn sie ihn nach einem Vortrag mit Fragen bombardierten und er diese einerseits mit großer Sachkenntnis und andererseits recht schlagfertig beantwortete. Auf eine vielleicht etwas grob zynische Frage reagierte Otto mit feinem Zynismus, wenn jemand aus Mangel an Information eine Dummheit sagte, so belehrte er ihn nicht, sondern führte ihn durch eine ruhig-nüchterne Aufzählung der Tatsachen auf den Weg der Realität. Er hatte stets Humor. Summa summarum stellte sich heraus, daß dieser „Opa" die Sprache der Jugend sogar sehr gut verstand.

Am 31. März und 1. April 1979 versammelte sich das höchste Wahlgremium der CSU, die Delegiertenversammlung, um die endgültige Reihung in der Europa-Liste zu entscheiden. Es stand außer Zweifel, daß in Anbetracht seiner großen Verdienste Alfons Goppel den ersten Platz erhalten werde. Ebenso war unbestritten, daß der zweite Platz der langjährig bewährten Ursula Schleicher zustehe, auch als Repräsentantin der Frauen. Otto selbst hatte sich für diese Nominierung eingesetzt, unter dem Motto „Ladies first". Und der dritte Platz? Dieser war für den Europa-Politiker Otto von Habsburg als Nicht-Parteimitglied vorgesehen. Doch da meldete sich neuerdings der Rivale Reinhold Bocklet. Über die übrigen Plätze wurde abgestimmt, da aber für Platz 3 zwei Kandidaten in Rede standen, erfolgte hier eine Kampfabstimmung. Das Resultat ergab eine Zweidrittel-Mehrheit zugunsten Otto von Habsburgs. Für ihn wurden 120 von 175 Stimmen abgegeben, für Bocklet 53. Die Abstimmung hatte somit eine eindeutig klare Lage geschaffen und der Weg ins Europa-Parlament war für Otto von Habsburg frei. Der Partei war bewußt, daß dies auch zu ihrem Vorteil war. Minister Max Streibl sagte nicht ohne Grund vor der Delegiertenversammlung, daß der parteiungebundene Politiker Otto von Habsburg schon bisher von großem Nutzen für die CSU war und es auch in Zukunft sein würde. Denn „Otto von Habsburg kenne die Probleme, fülle die Säle und bringe Stimmen".

Die Nominierung war somit offiziell, doch da meldete sich erneut und mit verstärkter Diffamierung das sozialistische Lager. Wenn ein Verein Otto von Habsburg zu einem Vortrag einlud, zum Beispiel das Katholische Männerwerk in Offenburg, schrieben die Sozialisten einen Protestbrief an den Vorstand des Vereins, ja sogar an den Bischof der Diözese: man dürfe Otto nicht sprechen lassen, da „Herr Habsburg kaum die demokratische und politische Reife besitzt, für ein Gemeinwesen wie die Bundesrepublik ins Europäische Parlament einzuziehen". Als der Baden-Württembergische Industrieverband Steine und Erden Otto ersuchte, das Wort an die Hauptversammlung zu richten, erklärten SPD-Abgeordnete sofort, dann nicht zu kommen. Als Begründung diente wieder die Anschuldigung der „Einmann-Diktatur", gewürzt mit einer beleidigenden Verwunderung darüber, daß der Verband „ausgerechnet diesen Mann" eingeladen habe. So ging es weiter und die vielen Angriffe der Sozialisten erhöhten den Wert des Kandidaten immer mehr. Bruno Friedrich dehnte die Anti-Habsburg-Kampagne über die Grenzen Bayerns, ja über die Grenzen der Bundesrepublik aus und ließ auch sozialistische Persönlichkeiten in Holland und Belgien die Stimme erheben. So war Otto von Habsburg für die Sozialisten nicht mehr lediglich ein

CSU-Kandidat, sondern er wurde zum kontinentalen Gegner, zum europäischen Buhmann. Da aber die Anschuldigungen des Faschismus immer lächerlicher schienen, war die sozialistische Propaganda zeitweilig gezwungen, zurückzustecken und die Anklagen ein wenig zu differenzieren. So machte zum Beispiel Willy Brandt auf einer Münchner Wahlversammlung die Konzession, Otto Habsburg sei zwar „kein Faschist“, aber ein Rassist sei er gewiß.

Das sozialistisch-marxistische Sperrfeuer bewirkte natürlich wieder, daß immer mehr Leute eine Lanze für Otto von Habsburg brachen. In den Leserbrief-Spalten der deutschen Zeitungen erschienen erneut Zuschriften, ja es kam zu einem regelrechten Pro- und Contra-Habsburg-Gefecht, da einzelne Briefschreiber sich nicht nur zu Zeitungsnachrichten oder Artikeln, sondern auch zu den in anderen Leserzuschriften enthaltenen Behauptungen äußerten. Otto von Habsburg hatte als Kandidat die Wähler tatsächlich elektrisiert und in diesen Briefen kam es manchmal sogar zu Geschichtsdiskussionen. Der „Spiegel“ stellte eine kleine Auswahl von Habsburg verspottenden Äußerungen zusammen, in anderen Blättern – von Düsseldorf bis München, von Wetzlar bis Darmstadt – meldeten sich die Verfechter einer Pro-Habsburg-Linie.

Hier eine kleine Kostprobe aus dieser eigenwilligen politischen Kunstrichtung, der Literatur der Leserbriefe. Zuerst einige Beispiele aus der „Spiegel“-Sammlung, also aus dem gegnerischen Lager:

„(Nr. 8/1979, SPIEGEL-Interview mit Otto von Habsburg über seine Kandidatur zum EG-Parlament)

Seit sieben Jahren lebe ich als österreichischer Europäer im Reiche des Franz Josef Strauß, und ich hatte es fast schon aufgegeben, mich über irgendwelche politischen Ereignisse hier zu wundern. Und jetzt dieser Hammer: Otto, unser Fossil, als CSU-Kandidat für das Europa-Parlament.

München Richard Huckauf

Ich möchte es Otto Habsburg in aller Freundschaft zurufen: Aber Otto, hier geht's doch nicht lang!

Wien Werner Sulzer-Reifisch, Arbeiterdichter

Spätestens seit der unheilschwangeren Burgundischen Hochzeit hieß Habsburger Familienpolitik raffiniert feudalsystematischer Monopolkapitalismus. Ihr Hinweis auf den wiederum piemontesischen Neofaschismus hat also zwar nicht ins Braune, jedoch tief ins „Schwarze“ ge-

troffen: Hier fand die habsburgische Synthese in aller Stille statt. Werden die Prinzen von Preußen alsdann dem Neocäsarianer einst wieder submissest den Wahlentscheid zum allerneuest-notstandsverfassungsmäßigen Solo-Konsul ins urheimatliche Straßburg überbringen?
Düsseldorf Günther Schaumkessel

... So aber darf gedacht werden: Ist nicht der Österreicher Hitler nach Bayern gegangen und ist dort (Anmerkung d. Buchautors: nein, nicht dort, sondern in Braunschweig!) deutscher Staatsbürger geworden? Und dieser Habsburger – ist er nicht auch in Bayern Deutscher geworden, unlängst, sozusagen von Straußens Gnaden?! Fragen über Fragen!
Daß wir uns nicht mißverstehen: Es gibt einen Haufen guter Habsburger. In der Kapuzinergruft, Wien I.
Villach (Österreich) Fritz Schimke, Diplomchemiker

Ich empfehle der CSU, ihren Slogan „Freiheit oder Sozialismus" künftig um die folgende frei nach Theodor Fontane formulierte Anti-Totalitarismus-Hymne zu ergänzen:
Laut gesungen, hoch gesprungen!
Ob verschimmelt auch und dumpf,
bald ist er von uns bezwungen:
Otto Habsburgs Damenstrumpf!
Bonn Dr. phil. Heinrich Sprenger"

Andere Briefschreiber stellten sich hingegen aus tiefer Überzeugung auf die Seite Otto von Habsburgs und gaben ihrer Entrüstung über den gegen ihn angewandten politischen Zynismus und die Methoden der Diffamierung Ausdruck. Einige Stimmen aus diesem Lager:
„Für einen Hinweis auf die von der SPD gegenüber Otto von Habsburg praktizierte Sippenhaft – denn darauf läuft diese Kampagne ja hinaus! – ist Herrn Helms (Leserbrief vom 26. 4.) zu danken. Zusätzlich ist zu fragen, was denn an dem Hause Habsburg so schlimm war, daß der Kaisersohn wie ein Aussätziger geächtet werden soll? Immerhin war die Herrschaft Habsburgs, verglichen mit den Herrschern von heute, doch recht sanft: Crankshaw und andere weisen darauf hin, daß die Völker der Donaumonarchie seit 1918 mehr gelitten haben denn je zuvor. Auch war jener Vielvölkerstaat immerhin ein gutes Modell für Europa, das die heutigen engstirnigen Nationalismen noch immer nicht zustande kommen lassen. Und Gestalten wie Karl V., Margarete von Österreich, Leo-

pold I., Maria-Theresia und nicht zuletzt Karl I. († 1922) zeigen eine Höhenlage des Hauses Habsburg, die man anderen Herrscherhäusern gewünscht hätte. Hätten wir mehr Politiker vom Format Otto von Habsburgs, der mehr als zehntausend Juden vor den Nazis gerettet hat, so stünde es besser um Europa!

Hanswerner Reissner, Düsseldorf"
(„Sollinger Morgenpost")

„Zum Leserbrief „Warum einen Habsburger ins Europa-Parlament?" (SZ vom 14. Februar)

Warum man Otto von Habsburg ins Europa-Parlament senden will, fragt der Verfasser der Zuschrift und vergleicht ihn mit Hitler. Das ist mehr als ungerecht und zudem Rufmord; denn der Kaisersohn ist alles andere als für Diktatur eingestellt, vielmehr hat er einmal in einer berechtigten staatsrechtlichen Überlegung festgestellt, daß es in äußersten Notlagen des Staates etwas wie eine mögliche absolute Autorität geben müsse, und zwar streng zeitlich begrenzt. Daraus Diktaturgelüste des Kaisersohns zu machen, ist ebenso lächerlich wie gehässig.

Weiß der Einsender jenes Leserbriefes nicht, daß die Besetzung Österreichs (1938) unter dem Stichwort Unternehmen ‚Otto' lief und Otto von Habsburg des Todes sicher war, hätte man ihn gefaßt? Weiß er, daß seine Verwandten im KZ waren?

... Dr. Otto von Habsburg, Erzherzog, spricht geläufig über ein halbes Dutzend Sprachen, vermag in großen Diskussionen durch Takt, Klugheit, Wissen, hohe Intelligenz und eben seine Vielsprachigkeit zu vermitteln und ist, nachdem er – Erbe der 1866 leider unterlegenen Habsburger – wie seine Ahnen wieder Staatsangehöriger auch Deutschlands geworden ist, wie kaum einer in der Lage, auch als geborener und übernationaler Europäer uns zu vertreten. Es gibt nur wenige, die all diese Vorzüge in einer Person vereinigen ...

Dr. Ludwig, Lindau"
(„Süddeutsche Zeitung")

„Man kann zu Otto von Habsburg stehen wie man will, aber ihn als abgetakelten Kaisersohn zu bezeichnen, finde ich nicht nur geschmacklos, sondern auch noch unverschämt, vor allem, wenn es von einem abgetakelten Bundeskanzler (Brandt) kommt, der unter einem falschen Namen leben muß und nicht in der Lage ist, seine Partei und Familie in Ordnung zu halten. Wenn man aber bedenkt, wieviel Intelligenz und vornehme Ausdrucksweise die beiden trennt, dann kann man verstehen, daß hinter solchen markigen Worten versucht wird, Komplexe zu verstecken.

Gebhard Märk, 4041 Norf"
(„Rheinische Post")

„Der Vortrag von Dr. Otto von Habsburg war eine geistige Glanzleistung, die nicht mit Schlagworten bestückt war und zum Nachdenken veranlaßte.

Diejenigen, die ihn kritisieren, sollten versuchen, es ihm gleichzutun. Selbst wenn diese oder jene Redewendung, die bei der Wiedergabe willkürlich aus dem Ganzen herausgepickt wurde, einzelne verärgerte, vielleicht auch verunsicherte, so ist das kein Grund, verächtlich, unsachlich und beleidigend zu werden.

Warum soll in einer Demokratie ein ehemaliger Kaisersohn sich in Sack und Asche hüllen oder seine Herkunft verleugnen? . . .

Erna Strauss, Wetzlar"
(„Wetzlarer Neue Zeitung")

„Der stellvertretende Vorsitzende der Wetzlarer SPD, Karl-Heinz Pfaff, sprach im Zusammenhang mit den Ausführungen des österreichischen Kaisersohnes Otto von Habsburg im ‚Wetzlarer Hof' von bestätigten Befürchtungen. Er stellte die für ihn so erschreckende Tatsache fest, daß Anwesende der CDU Beifall klatschten.

„Ja, was ist denn Herr Pfaff eigentlich für ein Demokrat, wenn er auf Grund dieser Feststellung Herrn Kühle und Herrn Görnert an den äußersten rechten Rand der CDU rückt? Sind wir schon soweit wie im anderen Teil Deutschlands, daß man in der Öffentlichkeit nur auf Befehl Beifall zu spenden, Mißbilligung auszudrücken, zu lachen oder zu weinen hat? Herr Pfaff hat den harten Wahlkampf also schon begonnen, und zwar nach dem Motto seines Vorsitzenden Brandt: ‚Notfalls wird geholzt'.

Gerade diejenigen, die soviel über angebliche Gesinnungsschnüffelei reden, praktizieren diese in so abstoßender Weise. Herr von Habsburg hat eine brillante Rede über die Situation von heute gehalten und Herr Pfaff hat kleinkariert reagiert.

Theo Fesser, Wetzlar"
(„Wetzlarer Neue Zeitung")

„Ich kenne Dr. Otto von Habsburg seit mehr als 20 Jahren, habe ihn in vielen Veranstaltungen selbst gehört und stehe im Briefwechsel mit ihm.

Welches Europa Otto von Habsburg meint, ist klar: Er meint das Europa der neun Staaten der Europäischen Wirtschaftsgemeinschaft. Wünschenswert wäre, nach Meinung von Dr. Otto von Habsburg, später eine Aufnahme der Völker Mittel- und Osteuropas, soweit diese auf Grund freier Selbstbestimmung das wünschen . . .

Dr. Otto von Habsburg gehört nicht zu den ‚reaktionärsten Kreisen' Europas, vielmehr ist er ein fortschrittlich denkender Mensch, der die Welt kennt. Er selbst erwartet niemals, mit ‚Kaiserlicher und Königlicher Hoheit' angesprochen zu werden und träumt auch nicht von einer monarchistischen Staatsreform. Wenn seine Anhänger, vor allen Dingen die Flüchtlinge aus Österreich, ihn ‚Kaiserliche Hoheit' nennen, so stellt dies ein Zeichen der Verehrung seitens der Vertriebenen für das Haus Habsburg dar . . .

Dr. Otto von Habsburg hatte eine Professur an einer US-Universität, er spricht acht Sprachen. Außerdem ist er ein bekannter Schriftsteller. Als überzeugter Demokrat denkt er nicht daran, eine Diktatur zu schaffen. Wegen dieser Gesinnung wurde er von vielen europäischen Organisationen geehrt und ausgezeichnet.

Dr. Elsie Kühn-Leitz, Präsidentin der Deutsch-Französischen Gesellschaft, Wetzlar"

(„Wetzlarer Neue Zeitung")

. . . Dr. von Habsburg ist ein engagierter Gegner eines jeden Totalitarismus; er bekämpft in Wort und Schrift den Sowjetimperialismus und tritt – auch heute noch! – für die Rechte der deutschen Heimatvertriebenen ein . . . Er ist nicht einmal ein ‚Kapitalist", sondern verdient das Brot für seine neunköpfige Familie durch seines eigenen Kopfes Arbeit. Sein einziges ‚Verbrechen' besteht darin, der Sohn eines Kaisers zu sein, genau: der Sohn des letzten Kaisers der Österreichisch-Ungarischen Monarchie.

Berechtigt diese Tatsache, da nach unserer demokratischen Überzeugung alle Menschen vor dem Gesetz gleich sind, dazu, einen hervorragend gebildeten, politisch klarsichtigen, mit einem liebenswürdigen Wesen ausgestatteten Menschen zu diffamieren und zu disqualifizieren? Ich meine: nein; und viele meiner Landsleute sowie andere Vertriebene und Flüchtlinge aus allen Ländern und allen Nationalitäten der einstigen k. u. k. Monarchie meinen dies mit mir. Sie haben nicht nur nichts gegen

Dr. Otto von Habsburg, sondern sind froh, in ihm einen Repräsentanten gefunden zu haben, der in seiner Person, ihre Lebensart, ein tiefverwurzeltes Geschichtsbewußtsein und schon jahrhundertealtes paneuropäisches Denken in das neue europäische Parlament einbringt.

Es gehört wahrlich das tolpatschige Verhältnis der deutschen Sozialdemokraten zur Geschichte dazu – ihre österreichischen Genossen sind da, wenigstens in ihren bedeutenden Persönlichkeiten von Viktor Adler über Theodor Körner bis Bruno Kreisky, weniger engherzig –, um gegen diesen Mann ein Kesseltreiben zu inszenieren. Dieses Kesseltreiben aber wird weder den Kandidaten noch seine vielen Freunde entmutigen: eine große Zahl von Menschen, deren Heimat Böhmen und Mähren, Ungarn und Siebenbürgen, Kroatien und Galizien ist, begrüßt vielmehr von Herzen die Kandidatur Dr. von Habsburgs und wünscht ihm eine erfolgreiche parlamentarische Tätigkeit als Abgeordneter in und für Europa.

Ernst Martini, 6100 Darmstadt"
(„Darmstädter Tagblatt")

Zum Abschluß noch der Leserbrief des Autors selbst vom 12. Mai 1979:

„Die in der SZ am 27. April veröffentlichte Glosse ‚Der Kardinal und die Politik' gebraucht im Zusammenhang mit Otto von Habsburg einige Adjektive, die die Probe einer eingehenderen Untersuchung nicht bestehen und in Kenntnis seiner mehr als 20 Bücher sich als unhaltbar erweisen. Laut diesem Artikel ist Otto von Habsburg ein Reaktionär, ist nicht was man sich unter einem Demokraten vorstellt, und steht für ein längst untergegangenes, Feudalvorstellungen entsprechendes Europa.

Man braucht aber nur zwei seiner Bücher zu lesen – ‚Die soziale Ordnung von morgen' und ‚Politik für das Jahr 2000' – um festzustellen, daß die sozialpolitischen Ansichten des Autors ökonomisch und soziologisch fundiert und viel progressiver sind als viele utopisch-marxistische Auffassungen. Otto von Habsburg verdankt seine Ansichten tief sozial fühlenden ungarischen Benediktinerpatres und er entwickelte sein sozialpolitisches Weltbild an einer der modernsten Universitäten unserer Zeit, nämlich an der Universität von Löwen. Wenn Otto von Habsburg in seinen Europa-Reden von einem ‚abendländischen' Europa spricht, so ist er dazu in erster Linie durch seine Hochschätzung des europäischen Kulturgutes inspiriert, und nicht durch den Feudalismus, worüber er in seinen Büchern als über eine abgeschlossene und unwiederbringliche historische Tatsache schreibt.

Ferner möchte ich bemerken, daß die von seinen Gegnern viel zitierte ‚außerparlamentarische Macht'-Idee Otto von Habsburgs überhaupt nicht außerparlamentarisch ist, da er in seinem betreffenden Artikel unmißverständlich erörtert, daß eine mit besonderer Macht investierte Persönlichkeit nur dann im Notstand funktionieren kann, wenn sie dazu bereits in Friedenszeiten von den konstitutionellen und parlamentarischen Organen, von dem Gesetzgeber, von dem durch das Volk gewählte Parlament nach allen Regeln ermächtigt wird. Dies ist ein in der Weltgeschichte und in der Geschichte der Demokratien überhaupt nicht ungewöhnlicher Vorgang. Dieser Artikel Otto von Habsburgs wird meistens unvollständig, durch Anwendung der Methode der ‚Fälschung durch Weglassung' zitiert. Überhaupt ist dieser Artikel kein zentrales Requisit der politischen Welt Otto von Habsburgs: er ist viel mehr eine Dissertation theoretischer Art und kein politischer Programmpunkt. Otto von Habsburg hat selbst wiederholt erklärt, daß er ‚nicht mit dieser Idee verheiratet' ist.

Otto von Habsburg wurde von so wichtigen Persönlichkeiten der großen angelsächsischen Demokratien als politischer Freund angesehen und akzeptiert wie Churchill und Roosevelt. Ihn des Faschismus oder des Rassismus zu beschuldigen, ist bestenfalls ein Irrtum, meistens aber eine bewußte Entstellung der Tatsachen.

Dr. Emil Csonka, Historiker (Zeitgeschichte) München"
(„Süddeutsche Zeitung")

Die Arbeit der Habsburg-Anhänger wurde erleichtert und jene der Habsburg-Gegner erschwert durch eine von der CSU herausgebrachte ausführliche und gut redigierte Publikation. Diese dokumentierte eindrucksvoll, wie der „Faschist" Otto von Habsburg gegen Hitler gekämpft und wieviel er für die von Hitler Verfolgten geleistet hatte. Die ersten vier Punkte der Dokumentation beweisen, daß Otto seit 1933 in Wort und Schrift öffentlich gegen den Nationalsozialismus zu Felde zog und Hitlers Annäherungsversuche zurückwies; weiters daß Hitler 1938 einen Fahndungsbrief gegen ihn erließ und ihn für „vogelfrei" erklärte. Der Inhalt der weiteren Punkte (5–7) lautet wortwörtlich:

„5. Nach dem Krieg enthüllten britische Geheimdienstberichte, daß Hitler versucht hatte, Otto von Habsburg aus seinem belgisch-französischen Exil zu entführen und ihn in einem Schauprozeß vor dem Volksgerichtshof zum Tode verurteilen zu lassen. Ein Gestapo-Mann, der sich Fischler v. Treuberg nannte, war unter dem Vorwand, ein Emigrant zu sein, nach Frankreich gekommen und hatte sich Otto von Habsburg als Pilot zur Verfügung gestellt. Otto von Habsburg wollte mit ihm zu Verhandlungen mit Churchill nach London fliegen. In letzter Minute konnte Otto von Habsburg wegen Gesprächen mit der französischen Regierung nicht zum verabredeten Zeitpunkt zum Abflugort kommen, so daß ‚Fischler v. Treuberg' glaubte, sein Plan, Otto von Habsburg nach Deutschland zu entführen, sei aufgeflogen. ‚Fischler v. Treuberg' setzte sich überstürzt wieder nach Deutschland ab.

6. 1940 erließ der Stellvertreter Adolf Hitlers, Rudolf Hess, einen handschriftlichen Befehl, wonach Otto von Habsburg und seine Brüder, falls sie von den vorrückenden deutschen Truppen irgendwo erwischt werden sollten, ohne weiteres Verfahren zu erschießen seien. Damit hängt wohl auch zusammen, daß nach dem Einmarsch der Deutschen in Belgien über dem dortigen Wohnsitz der Habsburger in Steenockerzeel eine einzelne Bombe abgeworfen wurde. Zu diesem Zeitpunkt befand sich aber bereits kein Habsburger mehr in Belgien. Otto von Habsburg gehört übrigens, trotz all dieser Vorkommnisse, seit Jahren dem ‚Komitee für die Freilassung von Rudolf Hess' an, weil er glaubt, daß gerade die ehemaligen Verfolgten einen Schlußstrich unter die Vergangenheit ziehen müssen.

7. In Südfrankreich waren 1940 etwa 80.000 Menschen aus Österreich, die meisten von ihnen Juden, als Staatsangehörige eines feindlichen Staates interniert, obwohl sie Verfolgte des Dritten Reiches waren. Otto von Habsburg bemühte sich, möglichst viele von ihnen aus diesen Lagern zu retten. Nachdem Frankreich den Waffenstillstand mit Deutschland schloß, gelang es Otto von Habsburg, immerhin 10.000 bis 15.000 Juden vor Hitler aus der nichtbesetzten Zone Frankreichs nach Spanien und Portugal zu bringen. Otto von Habsburg blieb dabei bis zur letztmöglichen Minute in Frankreich und riskierte so seine eigene Verhaftung. Als auch er Frankreich verlassen mußte, traf er mit Salazar zusammen, der ihm versicherte, daß er die Emigranten trotz aller Drohungen Hitlers nicht ausliefern würde. Otto von Habsburg mußte sich aber dafür verbürgen, daß er diese Menschen möglichst schnell aus dem Land schaffen werde. So wurde mit Geldern, die Otto von Habsburg sammelte, in Lissabon ein Büro für die Rettung der Juden eingerichtet, das Walter von Schuschnigg, der Vetter des früheren österreichischen Bundeskanzlers, leitete.

Otto von Habsburg flog unverzüglich nach New York und Washington, wo er sich bemühte, Visa für die Juden zu bekommen. Der US-Unterstaatssekretär Breckenridge-Long zeigte Otto von Habsburg jedoch die kalte Schulter und sagte wörtlich: ‚Wir haben hier genug Juden. Soll sie doch der Hitler nehmen'.

Über Vermittlung des demokratischen Abgeordneten Sol Bloom, Vorsitzender des außenpolitischen Ausschusses, kam Otto von Habsburg mit dem New Yorker Rechtsanwalt James Naumburg-Rosenberg zusammen. Dieser begleitete ihn auf einer Reise nach Mittelamerika. In der Dominikanischen Republik fand Otto von Habsburg Unterstützung bei dem dortigen Präsidenten Trujillo und seinem Staatssekretär Pastoriza, die 3000 Juden aufnahmen. Das war Ende August 1940. Auch Gespräche mit dem damaligen kubanischen Präsidenten Batista, vermittelt durch den österreichischen Ex-Konsul v. Russ, verliefen erfolgreich. Kuba nahm 1500 bis 2000 Juden auf. Das war Ende Oktober 1940. Die übrigen Juden bekamen Visa nach Shanghai, die ihnen die Kuomintang-Regierung erteilte. Etliche der Juden hatten auch Transit-Visa durch die USA, wo sie dann einfach blieben.

Vieles davon ist in einem inzwischen vergriffenen Buch von Martin Fuchs ‚Un pacte avec Hitler' geschildert. Die Anti-Defamation-League und andere jüdische Organisationen können den Einsatz Otto von Habsburgs für die Juden noch heute durch Zeugenaussagen untermauern."

Was erwiderte wohl auf all dies der Gegner in der Wahlkampagne, die SPD? Die Antwort war, daß man Otto nun nicht mehr direkt zum Rassisten deklarierte, sondern behauptete, er habe einen „Hang zum Rassismus". Die Aktionen Ottos gegen Hitler nannten sie die „*angebliche* Gegnerschaft Habsburgs zu Hitler". Als weitere Reaktion begann die Partei riesige Recherchen für eine Gegendokumentation. Dieser Versuch schlug jedoch fehl. Es gelang mit sehr viel Mühe kaum mehr als etwas komisch anmutendes Material zu sammeln. Die neuesten „Beweise" waren schwach und daher leicht zu entkräften.

Einer der Haupttrümpfe gegen Otto war nun, daß er doch ein Faschist sein müsse, weil er sich mit dem Führer der italienischen neofaschistischen Partei, Georgio Almirante, getroffen habe. Die Wahrheit war, daß Otto von Habsburg auf seinen Reisen nach Italien regelmäßig die Delegierten aller Schattierungen im römischen Parlament traf. Es war seine alte Gewohnheit, jeden anzuhören und dadurch seinen Horizont zu erweitern. Deshalb sprach er auch zwischen 1938 und 1940 in der Pariser

Emigration mit den geflüchteten Kommunisten und konsultierte in Amerika und England sowohl die Politiker der Regierungspartei als auch die der Opposition – was in keiner Weise bedeutete, daß er sich mit den Ansichten seiner Gesprächspartner identifizierte. Auch Almirante war nur einer seiner vielen Konversationspartner. Otto von Habsburg konnte daher ruhig die in der Publikation steckende Verdächtigung, er arbeite mit den italienischen Neofaschisten zusammen, zurückweisen. „Ich bin“ sagte er „für sehr viele Ultrarechte ein rotes Tuch, aber ich rede mit jedem und habe in meinem Leben ein einziges Gespräch refüsiert, nämlich das mit Adolf Hitler“. Er bemerkte noch, daß er im italienischen Parlament auch mit maoistischen Abgeordneten gesprochen habe und doch kein Maoist sei, und wenn er sich mit Almirante unterhalte, werde er dadurch nicht zum Faschisten. All dies bedeute auf keinen Fall, daß er auch nur einen Millimeter von seiner christlich-freiheitlichen Grundüberzeugung abweiche. Darüber hinaus erklärte Otto, daß das, was der politische Widersacher hier betreibe, ins Absurde gehe. Diese Kampagne entspringe einer die Grenzen des Erträglichen übersteigenden Scheinheiligkeit und Heuchelei. Im Gegensatz zu manchem SPD-Politiker habe er nie eine Schwäche für rechte oder linke radikale Ideologien besessen.

Tatsächlich hatte sich die SPD mit dem „Almirante-Einfall“ selbst eine ernste Angriffsfläche gegeben, denn er rief in Erinnerung, welch intensive Verhandlungen die SPD-Politiker mit den italienischen Kommunisten geführt hatten, und machte überhaupt auf die engen Verbindungen und herzlichen Kontakte aufmerksam, die sie mit kommunistischen Diktatoren unterhielten. Außerdem begingen sie noch den Fehler, sich mit einer provozierenden Anfrage an den Bayerischen Innenminister zu wenden: Was seine Behörde über die Verbindung zwischen Habsburg und Almirante in Erfahrung gebracht habe? Innenminister Tandler gab ihnen die verdiente Antwort: „Die Staatsregierung geht weder Kontakten zwischen Otto von Habsburg und Almirante noch Gesprächen zwischen SPD-Politikern und Vertretern der Kommunistischen Partei Italiens nach . . .“

Die an die Vergangenheit Otto von Habsburgs angesetzten emsigen Recherchen der Sozialisten brachten nur einen einzigen „belastenden“ Punkt zutage und auch dieser führte zu nichts. Bruno Friedrich nämlich „deckte auf“, daß Otto von Habsburg in Verbindung mit Leon Degrelle, dem Führer der belgischen Rexisten, gestanden hatte, der während des Krieges mit den deutschen Nationalsozialisten zusammenarbeitete.

Auch diese neue Verdächtigung zerging wie eine Seifenblase, da sie Otto mit einer eindeutigen Erklärung sofort widerlegen konnte: „Leon Degrelle, damals noch aktives Mitglied der Katholischen Aktion und der Katholischen Partei, studierte mit mir gleichzeitig an der Katholischen Universität von Löwen (Belgien). Wir hatten mehrere Vorlesungen gemeinsam. Da er nicht sehr oft bei Vorlesungen anwesend war und sich hauptsächlich der Literatur widmete, habe ich ihm vielfach meine Notizen für seine Prüfungsvorbereitungen überlassen. Nach Beendigung meines Universitätsstudiums 1933 habe ich ihn noch einige Male gesehen. Doch als Degrelle dann unter den Einfluß nationalsozialistischer Doktrinen geriet und sich entschloß, der NS-Führung in Berlin einen Antrittsbesuch zu machen, habe ich ihn noch ein letztes Mal getroffen und versucht, ihn von diesem Vorhaben abzubringen. Da er sich in keiner Weise umstimmen ließ, habe ich ihm damals klipp und klar gesagt, daß ich von jetzt ab nicht mehr mit ihm verkehren würde. Ich habe ihn seitdem nie mehr gesehen".

Die vom SPD-Vorstand unter dem Titel „Quellen zu Otto von Habsburg" herausgebrachte Publikation löste natürlich wieder eine ganze Reihe von Widerlegungen, Leserzuschriften und Kommentaren zu Ottos Verteidigung aus. Ein ausführlicher Artikel in der Zeitung „Die Welt" vom 12. Mai 1979 aus der Feder des Mitteleuropa-Experten Carl Gustaf Ströhm zeigt mehrere Schwächen dieser „Dokumentation" auf. Einige seiner Feststellungen:

„. . .Hier beweist allerdings der SPD-Abgeordnete Bruno Friedrich auch im Falle Habsburg, daß geschichtliche Bildung und Kenntnis europäischer Zusammenhänge nicht seine starken Seiten sind. Etwa wenn er in der Einleitung zur Dokumentation erklärt: ‚Habsburger waren stets zur Stelle, wenn es darum ging, die um Freiheit kämpfenden Ungarn oder Polen niederzuschlagen'.

Die Habsburger haben im Gegensatz zu Preußen und Russen niemals einen polnischen Aufstand niedergeschlagen. An den Teilungen Polens haben sie sich nur beteiligt, um ein noch weiteres Vorrücken Rußlands nach Westen zu verhindern. Im einst österreichischen Teil Polens – aus dem übrigens der gegenwärtige Papst stammt – gab es keine Germanisierung und keine Russifizierung. Und die Ungarn waren seit dem zweiten Drittel des 19. Jahrhunderts innerhalb des Habsburger Reiches übermächtig – so mächtig, daß die Ungarn, um nur ein Beispiel zu nennen, die Krönung Kaiser Franz Josephs zum König von Böhmen in Prag verhindern konnten.

Ebenso grotesk ist es, wenn die SPD-Dokumentation aus der Tatsache, daß Otto von Habsburg 1936 im belgischen Exil mit dem späteren Hitler-Freund Leon Degrelle – dem Führer der sogenannten ‚Rexisten' – zusammentraf, den Schluß zieht, der österreichische Kaiserspröß sei eine Art verkappter Nazi.

Es ist sicher nicht einfach, der Sohn des letzten österreichischen Kaisers zu sein – zumal dann nicht, wenn man, wie der 1912 geborene Franz Josef Otto von Habsburg-Lothringen, ein politisch und historisch gebildeter Mann, auch ein Quentchen Ehrgeiz besitzt. Seit Jahren hat sich der Kaisersohn für ein vereintes Europa eingesetzt . . .

Die Hilfe, die er . . .während des Krieges vielen verfolgten Juden angedeihen ließ, zeigt seinen Charakter deutlicher als gelegentliche Vorschnellschüsse, die ihm jetzt angekreidet werden. Als er die Einsetzung eines Diktators bei einem Notstand durch atomare Terroristen-Erpressung vorschlug, schwebte ihm die entsprechende römische Verfassungsinstitution vor und natürlich nicht die Idee, einer Diktatur heutigen Stils die Tür zu öffnen . . .In Wirklichkeit kennt man – und kennen seine politischen Gegner – Otto von Habsburg als einen noblen und kultivierten Mann, dessen Äußerungen bei weitem nicht so gefährlich sind wie die Methoden derjenigen, die sie ihm im Munde verdrehen."

Manchmal nahm die gegen Otto gerichtete Diffamierungskampagne solche Ausmaße an, daß sich sogar Sozialdemokraten dafür schämten. Schließlich und endlich gab es viele Sozialisten, die Otto aus den Jahren des Widerstandes gegen Hitler gut kannten und wußten, daß er in Amerika, als sich niemand fand, um Fürsprecher für die Deutschen zu sein, jederzeit, ohne zu zögern, auch die deutschen Interessen verteidigt hatte. Zu diesen gutinformierten Sozialdemokraten gehörte auch Almar Reitzner, der Landesvorsitzende der Seligergemeinde, der Organisation der sudetendeutschen Sozialdemokraten. Als zu Beginn des Wahlkampfes die SPD erklärte, die Nominierung Ottos sei eine „schwere Belastung für den Gedanken eines freiheitlichen und demokratischen Europas", wies Reitzner diese Anschuldigung zurück. Er erklärte, daß Otto sich ganz im Gegenteil in den schweren Jahren „als aufrechter Demokrat und entschiedener Gegner der Hitler-Diktatur bewährt" habe. Diese sozialdemokratische Organisation hat übrigens 24.000 Mitglieder, davon 14.000 in Bayern.

In den Auseinandersetzungen meldete sich auch Dr. Walter Becher (CSU), der Sprecher aller Sudetendeutschen Landsmannschaften, zu Wort. Er beklagte, daß die SPD gegen den Sozialdemokraten Reitzner

„Meinungsterror" praktiziere, weil er Otto von Habsburgs Recht zu kandidieren anerkannt habe. Auf die Anschuldigungen bezüglich der Kontakte zu Neofaschisten erklärte Becher: „Während linkslastige Abgeordnete der bayerischen SPD seit Jahren mit tschechischen Kommunisten paktieren, trete Otto von Habsburg für die Partnerschaft mit den unterdrückten Völkern Mitteleuropas ein. Es sei daher selbstverständlich, daß sich das Sudetendeutschtum eher mit ihm als mit Zwischenträgern einer europäischen Volksfront solidarisiere." Ein anderer führender Sudetendeutscher, Karl Simon, schrieb einen langen Artikel in der „Sudetendeutschen Zeitung". Er unterstrich und begrüßte es, daß Otto von Habsburg keiner einzigen politischen Partei angehöre und als Europa-Kandidat auf die Stimmen aller Sudetendeutschen rechnen könne. „Beim Sudetendeutschen Heimatrat, der im Oktober 1978 in Fulda tagte, haben sich alle Delegierten, ob sie zu den schwarzen, roten oder blauen Wählern zu zählen sind, bereits einmütig für eine Kandidatur Otto von Habsburgs für das Europa-Parlament ausgesprochen. Mit Otto von Habsburg als gesamteuropäischen Repräsentanten werden sie dort einen echten Fürsprecher haben."

Wie die sozialdemokratische Seligergemeinde, so sprachen sich auch andere anti-nazistische Organisationen für Otto von Habsburg aus. Der Landesvorsitzende des in Schleswig-Holstein ansässigen Verbandes Demokratischer Widerstandskämpfer und Verfolgter, Leonhard Schwarz, führte in einer seiner Erklärungen aus, es sei für ihn bedrükkend, daß Otto von Habsburg, der von der Nazi-Presse übel verleumdet worden war, heute wieder einer ähnlichen Kampagne ausgesetzt sei. Er setzte fort: „Das hat dieser Mann nicht verdient. Er hat durch seinen aufopferungsvollen Einsatz im Kampf gegen Hitler zahllose Menschen vor dem sicheren Tod gerettet. Wir Widerstandskämpfer danken ihm dafür, daß er zu den aufrechten Männern gehört, die Menschlichkeit auch dann praktiziert haben, wenn das nicht opportun war."

Wie gegen die SPD-Angriffe der Sozialdemokrat Reitzner und gegen den „Nazi"-Stempel die Widerstandskämpfer, so nahmen gegen den Gewerkschaftsboß Vetter andere Gewerkschaftsführer Otto in Schutz. Lorenz Allgäuer, der Landesvorsitzende des Christlichen Gewerkschaftsbundes, Landeskartell Bayern, erklärte, Otto von Habsburg habe in den vergangenen Jahren stets eine positive Haltung zu Fragen der Arbeitnehmer aus christlicher Grundüberzeugung eingenommen. Im Gegensatz zu vielen seiner Widersacher habe Habsburg sich seit 40 Jahren für ein vereinigtes Europa eingesetzt. Die Nominierung Otto von Habsburgs für das Europa-Parlament sei ein politischer, geistiger und ethischer Gewinn.

Ein „ethischer Gewinn“ sagte der Vorstand der christlichen Arbeiterschaft und tatsächlich sahen die höchsten Hüter der Moral, die christlichen Kirchen, in Otto von Habsburg eine der hervorragendsten Verkörperungen ihrer Ideenwelt. Die Beobachter des Verhältnisses zwischen Politik und Ethik behaupten seit undenklichen Zeiten, daß die Politik „a priori“ unethisch sei. Es gibt in der Politik dennoch Moral, und zwar so viel, wie sie einzelne Politiker haben. Die Erziehung Otto von Habsburgs, sein Pflichtbewußtsein, seine politische Laufbahn, sein ganzes Lebenswerk basieren auf christlicher Ethik. Mit seinem Privatleben, seinem Familienleben, seinen Büchern, Studien, Vorträgen und auf internationalen Konferenzen vertretenen Standpunkten war er stets ein lebendes Beispiel dieser christlichen Ethik und ihr hochgestellter Verfechter. Daher war nichts natürlicher, als daß jene Körperschaften und Institutionen, die sich nicht damit abfinden konnten, daß die Politik immer wieder die Ethik vergewaltigt, die Übernahme einer aktiven Rolle in der europäischen Politik seitens Otto von Habsburgs begrüßten.

Unter den Persönlichkeiten, die Ottos europäisches Engagement gerne sahen, stand an erster Stelle Papst Johannes Paul II. Noch als Karol Wojtyla hatte der spätere Papst mehrere Abhandlungen über die europäische Einigung geschrieben und ebenso wie Otto in diesen Artikeln dagegen protestiert, daß die hinter den Eisernen Vorhang und unter kommunistische Herrschaft geratenen Länder einfach als „Osteuropa“ deklariert werden. Diese christlichen Staaten seien geographisch und kulturell, in ihrer Religion und in ihren Ideen mitteleuropäische Länder. Man kann ohne Übertreibung sagen, daß die Weltanschauungen und die europäischen Auffassungen des Papstes und Otto von Habsburgs vollkommen übereinstimmen.

Einer früheren Einladung des Vatikans folgend erschien Otto von Habsburg in seiner Eigenschaft als Präsident der Internationalen Paneuropa-Union beim Papst am 5. April 1979 in Privataudienz. Unmittelbar vor der Unterredung mit Otto hatte der Papst den italienischen Minister Emilio Colombo mit einer Delegation des damaligen Europa-Parlamentes empfangen. Was er anläßlich dieser Audienz sagte, deckte sich ebenfalls vollkommen mit Ottos grundlegenden Europa-Ideen. Johannes Paul II. hob hervor, daß Europa nicht Gleichförmigkeit bedeute, sondern den Rahmen schaffe für die freie Entwicklung aller Völker, damit sie sich entsprechend ihrer Tradition entfalten könnten.

Von der langen Aussprache zwischen dem polnischen Papst, dessen Vater einst in der k. u. k. Armee gedient hatte, und dem Nachfahren der österreichischen Kaiser wurde, da es sich um eine Privataudienz handelte, den Gepflogenheiten und Vorschriften entsprechend kein Kommuniqué veröffentlicht.

Nicht lange danach, als Otto von Habsburg schon Mitglied des Europäischen Parlamentes war, zeichnete ihn Johannes Paul II. „für seine Verdienste um ein christliches Europa“ mit dem Großkreuz mit Schulterband und Stern des päpstlichen Gregorius-Ordens aus. Die Überreichung dieser hohen Auszeichnung erfolgte durch den Bischof von Augsburg, Josef Stimpfle. Der Bischof kannte und schätzte den Habsburger seit langem. Es verband die beiden auch, daß sie in vorderster Front für die protestantisch-katholische Zusammenarbeit kämpften und für eine ökumenische Versöhnung eintraten. Daher sprach er die Laudatio aus ganzem Herzen und mit tiefer Überzeugung. Er hob hervor, daß Otto von Habsburg sich „mit fester Glaubensüberzeugung, mit Klarsicht und Mut für die Herrschaft Christi, für eine gerechte, freiheitliche Friedensordnung in Europa und der Welt eingesetzt hat“. Josef Stimpfle weiter: „Sie sind in Wort und Schrift zu einem Vorkämpfer der Erneuerung unserer westlichen Welt geworden, der unerschrocken die Lüge entlarvt, die Symptome und Ursachen des Niedergangs beim Namen nennt und den Menschen und Völkern verläßliche Wegweisung gibt“.

Die sozialistischen Blätter hatten es vermieden, Papst Johannes Paul II. vorzuwerfen, daß er Otto von Habsburg empfangen und sich mit „ausgerechnet“ diesem Mann, der eine „Zumutung“ für Europa war, in ein längeres Gespräch eingelassen hatte. Dafür gab es eine sehr realistische Erklärung: sie wollten nicht, daß das Treffen zwischen Otto von Habsburg und dem Papst in breiten Kreisen publik werde, denn die Tatsache der Zusammenkunft an sich verringerte die Glaubwürdigkeit ihrer Anti-Habsburg-Argumente. Wenn sie auch in dieser Beziehung gewitzt waren, so weit reichte ihre Klugheit nicht, in ihre habsburgfeindlichen Angriffe das bayerische Episkopat nicht einzubeziehen und besonders deren Oberhaupt, den bedeutenden Theologen Kardinal Ratzinger. Der Vorsitzende der SPD in Bayern, Helmut Rothemund, richtete schon am 6. April einen Brief an den Erzbischof. Er beschwerte sich darüber, daß an den Versammlungen der Paneuropa-Union auch katholische Vereine der Diözese teilnahmen und daß bei der für den 12. Mai geplanten Großkundgebung dieser Organisation vorher die heilige Messe gelesen und Kardinal Ratzinger die Predigt halten würde. Dem Brief zufolge betreibe damit die Kirche Parteipolitik. Rothemund bemerkte noch: „Mit Bestürzung stellen wir weiter fest, daß diese Verbände und Institutionen in der Gefahr sind, sich mit Dr. Otto von Habsburg zu identifizieren." Der Schreiber des Briefes war damit nahe an der Grenze einer Ehrenbeleidigung gelangt, da er unterschwellig zu suggerieren versuchte, daß Otto von Habsburg ein Mann sei, mit dem zu verkehren bereits „gefährlich" sei. Jedoch, wer Wind sät, wird Sturm ernten. Rothemund bekam am 23. April eine Antwort des Erzbischofs von München und Freising, die ihn wenig gefreut haben dürfte und deren Hauptmerkmale Offenheit und Aufrichtigkeit waren.

In der Einleitung wies Joseph Ratzinger darauf hin, daß die einzelnen Institutionen der Diözese Autonomie besäßen, nicht von den Bischöfen abhängen und ihre Entscheidungen in demokratischer Abstimmung träfen. Die Paneuropa-Union sei keine politische Partei. Die Behauptung Rothemunds, daß die für Mai geplante Veranstaltung „eindeutig parteipolitischen Charakter" hätte, wurde zurückgewiesen. Vielmehr handle es sich um eine „christliche Initiative im vorpolitischen Raum". Der Brief des Kardinals erwähnte weiters, daß die Großkundgebung der Paneuropa-Union auch einen sozialdemokratischen Redner haben würde. Dann wandte sich Joseph Ratzinger der Person Otto von Habsburgs zu: „Mit allem Nachdruck möchte ich erklären, daß ich Ihre Beurteilung der Persönlichkeit von Herrn Dr. von Habsburg keinesfalls teilen kann. Auch Ihnen ist bekannt, daß die von Ihnen inkriminierten Äußerungen, beispielsweise über die Menschenfresser in der UNO, aus dem Zusammenhang gerissen sind und ehrlicherweise, liest man den Kontext, ganz anders interpretiert werden müssen. Der von Ihnen erhobene Vorwurf, Dr. Otto von Habsburg sei ein Vertreter rassistischer Auffassungen, kann einen Mann nicht treffen, der sich lediglich für ein geeintes christliches Europa einsetzt und dessen persönliche Integrität auch während der dunklen Jahre der nationalsozialistischen Herrschaft in Deutschland und einem Großteil Europas bewiesen ist. Sicher wissen Sie auch, was der Weltrat der Juden inzwischen ausdrücklich bestätigt hat, daß nämlich Dr. Otto von Habsburg mehr als zehntausend jüdische Menschen vor dem Zugriff der Nationalsozialisten und damit vor dem sicheren Tod gerettet hat, indem er ihnen die Flucht nach Spanien und Portugal ermöglichte, unter Einsatz nicht nur seines Besitzes, sondern auch der Sicherheit seiner eigenen Person. Herr Dr. von Habsburg hat damit in meinen Augen mehr als nur seine Integrität bewiesen. Ich hielte es für fatal, wenn die SPD an den Schlagworten ‚Rassist' und ‚Faschist' festhalten und allein schon den Umgang mit Dr. von Habsburg unter eine Art gesellschaftlichen Verbotes stellen wollte. Abschließend darf ich Ihnen bestätigen, daß ich den Gottesdienst anläßlich der Tagung der Paneuropa-Union am 12. Mai um 15.30 Uhr im Münchner Liebfrauendom selbst halten und in diesem Gottesdienst auch predigen werde. Ich sehe darin ein für mich selbstverständliches Eintreten für den Gedanken eines christlichen, geeinten Europas.

Mit freundlichen Grüßen bin ich Ihr † Joseph Kardinal Ratzinger"

Es meldete sich der Landesverband Katholischer Männergemeinschaften an der Seite Ottos zu Wort und erklärte, wenn die SPD im Wahlkampf offen von den Gewerkschaften unterstützt werden dürfe, warum nähme sie es den katholischen Vereinen übel, wenn diese einen Politiker wie Otto von Habsburg unterstützten, der christliche Prinzipien vertrete? Der Präsident des Landeskomitees der Katholiken in Bayern, Ludwig Lillig, betonte, das Ziel der Paneuropa-Union sei es, das christliche Fundament Europas zu stärken. Wenn die SPD wiederholt versuchte, der Kirche und kirchlichen Institutionen politische Parteilichkeit anzulasten, belaste sie ihr eigenes Verhältnis zur katholischen Kirche.

Im Mai, mitten im Wahlkampf, als Bischof Stimpfle zur 900-Jahr-Feier des heiligen Stanislaus nach Polen reisen mußte, sandte er aus Krakau ein langes Telegramm: „Ich danke in dieser Stunde ganz besonders dem Präsidenten der Internationalen Paneuropa-Union, Erzherzog Dr. Otto von Habsburg, und stelle mit Freuden fest, daß die überwältigende Mehrzahl des christlichen Bayerns hinter ihm steht . . . Ein Mann wie er verdient Anerkennung und Dank. Seit Jahren mit ihm im gemeinsamen Kampf für Europa verbunden, werde ich Seite an Seite mit Kardinal Ratzinger und den bayerischen Bischöfen nicht zulassen, daß an ihm, wider besseres Wissen, Rufmord aus parteitaktischen Gründen verübt wird."

Die Großkundgebung der Paneuropa-Union am 12. Mai 1979 war ein Bekenntnis zu Europa, zur Einigung Europas – und gleichzeitig die größte Versammlung auf dem europäischen Kontinent im Verlaufe des Wahlkampfes. Keine einzige Partei irgendeines Landes konnte eine so großangelegte, feierliche und inhaltsvolle Zusammenkunft veranstalten. Es hatte überhaupt noch keine so gewaltige Massenbewegung und Demonstration für die Europa-Idee gegeben. Der ganze Parteiapparat der

Union und freiwillige Helfer, besonders jugendliche Mitarbeiter, hatten seit Monaten mit Sachverstand und Hingabe dieses große Ereignis vorbereitet, das in der weltbekannten Münchner Olympiahalle stattfand. An alles war gedacht – es gab ein interessantes Rahmenprogramm ebenso wie Ansprachen hervorragender Redner. Am Vortag wurde auf der „Münchner Freiheit" ein Pflaster-Malwettbewerb veranstaltet; bekannte Kunsthistoriker prämiierten die Europa-Motive. Am Tag der Kundgebung selbst war in der Fußgängerzone und vor dem gotischen Rathaus in München fast ganz Europa zu Gast: eine bunte, wogende Menschenmenge, Trachtengruppen, Musikkapellen in ihren Trachten, und überall das Paneuropa-Abzeichen: ein rotes Kreuz auf der goldenen Sonnenscheibe auf blauem Grund, umgeben von einem Kranz von zwölf Sternen. Zehn europäische Staaten entsandten Delegationen. Autobusse kamen aus Wien und Bozen, Salzburg und Innsbruck, aus dem Elsaß und aus Norddeutschland, aus Kiel und Braunschweig. Es kamen über tausend ausländische Gäste und insgesamt bereiteten sich fast 14.000 Menschen darauf vor, an der für vier volle Stunden geplanten Großkundgebung in der Olympiahalle teilzunehmen.

Da das persönliche Programm Otto von Habsburgs sowie jenes der Paneuropa-Union auf ein freies, einiges, föderatives und christliches Europa ausgerichtet ist, besuchten an diesem Sonntag sowohl die protestantischen als auch die katholischen Teilnehmer den Gottesdienst. Der evangelische Landesbischof Johannes Hanselmann erklärte in der Matthäus-Kirche, daß diese Festlichkeit nicht irgendeiner Partei gelte, sondern jener Verantwortung, die die Christen für Europa tragen. Der Auftrag der Christen für Europa laute: Aufgabe des Egoismus, der starren und festgefahrenen Ansichten, der Unduldsamkeit im Umgang mit anderen. Der Europagedanke dürfe nicht an der Grenze, die das deutsche Volk teile, haltmachen. Die große Münchner katholische Kathedrale, der Liebfrauendom, war mit 6000 Menschen zum Bersten gefüllt. Da viele keinen Platz mehr fanden, wurde die Predigt Kardinal Ratzingers auch in die benachbarte Michaelskirche übertragen. Er sprach vom Glauben und von der Vernunft, von dem Verhältnis zwischen Staat und Kirche. Der christliche Glaube zerstöre die Vernunft nicht, sondern führe sie vielmehr zu sich selbst. Und umgekehrt, mache die Vernunft den Glauben nicht überflüssig, sondern durch ihn empfange sie den Halt, der sie vor dem Absturz bewahrt. „Politisch bedeute dies, daß der christliche Glaube den Staat von Anfang an in sein Eigenes freigesetzt und sich selbst seinen eigenen Raum gewahrt hat: so wie Vernunft und Glaube nicht ineinander aufgelöst werden, so müssen auch Staat und Kirche in ihrer eigenen Ordnung bleiben. Wir Christen streben nicht eine Theokratie, nicht eine Herrschaft der Kirche über den Staat an und wir wissen, daß Kirche und Partei nicht vermengt werden dürfen – dazu bedarf es keiner lautstarken Erinnerungen von außen her. Aber wir wissen auch, daß Staat und Kirche nur frei bleiben können, wenn die Vernunft des Staates vernünftig bleibt, wenn sie ihre Maßstäbe nicht verliert, die sie sich nun einmal selbst nicht geben kann. Wir tragen Verantwortung dafür, daß die sittlichen Werte, von denen die heutige Lesung spricht, die unantastbaren Leitsterne des Lebens bleiben."

An der Messe des Kardinals nahmen Bayerns Ministerpräsident Franz Josef Strauß und mehrere Mitglieder der Regierung teil, selbstverständlich auch Otto von Habsburg.

Am Nachmittag dauerte der Aufmarsch der Teilnehmer der Großkundgebung stundenlang. Mehrere Tausend bekamen keinen Eintritt mehr in die riesige Olympiahalle. Wer sich nicht Wochen vorher um eine Eintrittskarte bemüht hatte, konnte nicht einmal mehr einen Stehplatz erhalten. 1056 Musiker und 950 Sänger bestritten den musikalischen Teil des Programms. Der weltberühmte Chor der Regensburger Domspatzen trat auf und die besten Tiroler Blasorchester. Rings um die Arena flatterten die Fahnen aller europäischen Nationen als Zeichen, daß Europa nicht nur das Europa der derzeitigen Neun ist. Auf der Ehrentribüne stand ein „leerer Stuhl" als Symbol dafür, daß die Staaten hinter dem Eisernen Vorhang fehlten, jene Völker Europas, die unter fremder Besetzung und totalitärer kommunistischer Diktatur leben müssen. Unter den Rednern waren große Persönlichkeiten der europäischen Politik: Franz Josef Strauß, Pierre Pflimlin, Bürgermeister von Straßburg und früherer französischer Ministerpräsident, Alfons Goppel, Silvius Magnago, der legendäre Vorsitzende der deutschsprachigen Bevölkerung Südtirols. Als sozialdemokratischer Sprecher trat der Braunschweiger Oberstadtdirektor und Präsident der Ludwig-Frank-Weber-Stiftung, Hans-Günther Weber, auf. Ursprünglich wollte auch Margaret Thatcher kommen, als Leader der Britischen Konservativen Partei, sie wurde jedoch durch einen „freudigen Zwischenfall" daran gehindert; kurz vor der Kundgebung hatte sie einen überwältigenden Sieg in Großbritannien errungen, ihre Partei kam an die Regierung, als neue Premierministerin konnte sie ihr Land nicht sofort verlassen. Sie entsandte aber einen persönlichen Vertreter mit einem offiziellen Statement, den Unterhaus-Abgeordneten John Biggs-Davison. Es gab auch zwei Dissidenten unter den eingeladenen Rednern: Ludek Pachman, den tschechischen Schachmeister, und Wladimir Maximow, den großen russischen Schriftsteller, der aus Paris angereist kam. Der Hauptorganisator der Kundgebung und Landesvorsitzender der Paneuropa-Union Bayern, Abgeordneter Dr. Heinrich Aigner, Mitglied des Europa-Parlamentes, sagte mit Recht in seiner Eröffnungsrede, daß diese Veranstaltung das größte Massenbekenntnis des europäischen Kontinents sei. Hans Filbinger, ehemaliger Ministerpräsident von Baden-Württemberg, wertete die Zusammenkunft als einen Ausdruck des Willens Europas zum Aufbau. Gerhard Löwenthal, der populäre Fernsehmoderator, erklärte mit Recht: „In Brüssel ist das Hirn Europas, das Herz Europas ist heute Abend hier in dieser Halle". In seiner kurzen Schlußrede bemerkte Otto von Habsburg: Europa fühle sich der christlichen Tradition verbunden ... wir stünden am Beginn einer großen Epoche und erwarteten eine Zeit der Freiheit, der sozialen Gerechtigkeit und des Christentums. Die Teilnehmer dieses Festaktes – so sagte er unter tosendem Beifall – „haben bewiesen, daß es bei uns noch immer breiten Idealismus gibt, sie haben gezeigt, daß dieses Europa lebt und entschlossen ist, zu leben ..."

Alle Redner betonten, daß Europas Zukunft die Einheit in der Vielfalt sei. Alfons Goppel: kein uniformes, unsicheres, gespaltenes, sondern ein christliches, gerechtes, föderatives Europa, ein Europa, in dem der Grundsatz gilt: leben und leben lassen. John Biggs-Davison sprach davon, daß die Vereinigung Großbritanniens mit dem europäischen Kontinent endgültig sei. Das Vorbild Europas sei der heilige Bonifatius, der Apostel Deutschlands. Silvius Magnago unterstrich die Rechte der Volksgruppen und Nationen und deren europäische Bedeutung. Pierre Pflimlin, ein Europäer der ersten Stunde, wies darauf hin, daß das Europa der Weltkriege und Nationalismen der Vergangenheit angehöre, das Europa der Zukunft jenes der Einigung sei und das vereinte Europa die beste Garantie für den Frieden.

Der Hauptredner des Abends, Franz Josef Strauß, würdigte in einer schwungvollen Rede vorerst die Person Otto von Habsburgs. Er verteidigte ihn gegen die Schmähungen der politischen Gegner, gegen die nun seit Wochen und Monaten andauernden Beschimpfungen und Diffamierungen. Sie seien eine ernste Herausforderung für jeden freiheitlich gesinnten Demokraten und Europäer. Dr. Otto von Habsburg sei ein „aufrechter und bewährter Kämpfer gegen jede Gewaltherrschaft". Weiters erklärte Strauß: „Das freie, menschliche und christliche Erbe zu bewahren, bedeute nicht Nostalgie, sondern stelle die Grundlage unseres europäischen Hauses dar. Das neue Parlament in Straßburg müsse die Stätte sein, wo nicht nur Tarife und Gebühren ausgehandelt werden; dort müsse vielmehr das Gewissen Europas schlagen . . .Die Kathedrale von Chartres habe darin ebenso Platz wie die Schloßkirche von Wittenberg. Europa, das bedeute indessen auch die verbrannten Synagogen in unserem Lande. Weder könne unser Kontinent seine Fragen nur durch Konfliktforschung lösen, noch dürfe er sich wie ein ‚verzagter Zwerg' verhalten und die Amerikaner die besten Europäer sein lassen. Europa besitze mehr Kraft, als es Mut habe . . . Nicht Ideologien zählten, sondern ‚politische Realität und denkerische Idealität', nicht Gleichheit noch kollektivistische Glücksbringerei, sondern Gerechtigkeit durch Leistung".

Den durchschlagenden Erfolg der Großkundgebung konnten nicht einmal die Gegner Otto von Habsburgs leugnen und selbst der gelegentliche Spott der Journalisten war eine ungewollte Anerkennung: „Massensuggestion im Stile Billy Grahams und eine Art Wiedergeburtseuphorie schienen einander den Rang ablaufen zu wollen: ein Pathos, bis auf das i-Tüpfelchen vorgefertigt, das alles erfaßt . . .Wer immer, zuvor natürlich fest eingeplant, ein sogenanntes Selbstzeugnis für ein freies Europa ablegt – vom christlichen Metallarbeiter bis hin zur Vertreterin der ‚Jugend der Welt' –, wird in einen Lichtkegel der ansonsten abgedunkelten Halle gestellt."

Jedenfalls sah sich die Presse der Habsburg-Gegner Anfang der Woche genötigt, von diesem Ereignis zu berichten: „Für den Habsburger war der vergangene Samstag ein Glückstag".

Am darauffolgenden Wochenende veranstalteten die Emigrantengruppen Mitteleuropas eine Europa-Großkundgebung in München. Die Ungarn hatten den Sophiensaal gemietet und die anderen Donauvölker nahmen gleichfalls teil, zum Beispiel auch Vertreter der Polen und Bulgaren. Otto von Habsburg war auch hier der Festredner. Unter anderem wies er auf folgendes hin: „In Jalta wurden die Staaten Mitteleuropas vom Baltikum bis Bulgarien der östlichen imperialistischen Großmacht Sowjetunion ausgeliefert. Sie sind jedoch nicht dem Osten zugehörig: geographisch, geschichtlich und kulturell betrachtet bildeten und bilden diese Länder Mitteleuropa. Diese Völker wissen nur allzugut, wie unmenschlich das Leben im Totalitarismus ist, deshalb treten die im freien Westen lebenden Emigranten aus diesem Raum mit besonderem Nachdruck für eine europäische Einigung im Zeichen der Freiheit und nicht in dem des Totalitarismus und Kollektivismus . . . Die im freien Westen lebenden Angehörigen der mitteleuropäischen Völker, die die Staatsbürgerschaft eines der neun EG-Staaten besitzen, erwarten von den europäischen Wahlen, daß das Selbstbestimmungsrecht der Völker auch in Mitteleuropa mit Nachdruck von diesem gewählten Gremium gefordert wird . . . Sie erwarten eine europäische Politik, die mit sämtlichen zur Verfügung stehenden friedlichen Mitteln für die Anwendung des Prinzips des freien Selbstbestimmungsrechts auf die Völker Mitteleuropas kämpft."

Einige Wochen vor den Wahlen vom 10. Juni 1979 besuchte ein amerikanischer Senator – ein alter Freund und Bewunderer Ottos – Europa. Er kam auch nach Pöcking. Da er gut Deutsch konnte, stürzte er sich gleich auf die ordentlich gesammelten Zeitungsartikel. In der Bibliothek las er alle sozialistischen Angriffe, studierte die Reden und Erklärungen und klopfte dann begeistert an die Tür von Ottos Arbeitszimmer.

„My dear Otto! Das ist wirklich großartig! So viele Anfeindungen! Tag für Tag, Woche für Woche werden Sie beschimpft, wird von Ihnen gesprochen! Wissen Sie, wieviel Geld das wert ist? Bei uns in Amerika müßte man einer Public Relations Organisation mindestens eine Million Dollar zahlen, damit sie für eine solche anhaltende Publizität sorgt. Ihre Gegner haben Ihnen eine große Gefälligkeit erwiesen – eine Gefälligkeit von einer Million Dollar!" . . .

Tatsächlich gehörten Axel Wernitz, Bruno Friedrich, Helmut Rothemund, Heinz Oskar Vetter, Helmut Schmidt und Willy Brandt unbeabsichtigt zu den besten Stimmenwerbern Ottos, und auch die „Frankfurter Allgemeine Zeitung" berichtete bereits, daß nicht zuletzt infolge der sozialistischen Angriffe das Renommée Otto von Habsburgs von Woche zu Woche steige und er immer mehr zur Zentralfigur des um Europa tobenden Wahlkampfes würde.

Der Senator und die „Frankfurter Allgemeine Zeitung" hatten gleichermaßen recht – die sozialistischen Widersacher hatten viel für Otto von Habsburg getan. Dennoch war der beste und erfolgreichste Stimmenwerber ein einzelner Mann: Otto selbst. Da war dieses gewisse habsburgische Pflichtbewußtsein und der Fleiß, mit dem er den Wahlkampf – nun schon seit Jahren – führte. Denn lange bevor der Wahlkampf überhaupt angekündigt worden war, hatte er begonnen, seinen Wahlbezirk zu besuchen. Für den Kampf selbst nahm er sich ein riesiges Pensum vor: von vornherein waren mehr als hundert Versammlungen eingeplant und unterwegs akzeptierte er immer wieder neue Einladungen. An vielen Orten konnte er seinen Vortrag mit einem Hinweis auf frühere Besuche einleiten. Im Laufe der vergangenen Jahre hatte Otto von Habsburg in Bayern Tausenden und Abertausenden die Hand geschüttelt und, was bei Politikern eine Seltenheit ist, er erinnerte sich nicht nur an die Personen, sondern auch an die dazugehörigen Namen.

Wo er noch nicht gesprochen hatte, ging ihm sein Ruf voraus. Als geübter und gewissenhafter Redner studierte er auch vorher die Geschichte und die Probleme des Ortes sehr sorgfältig und so konnte er seinen Vortrag immer mit einer wichtigen und aktuellen lokalen Frage beginnen, um dann abschließend die Zuhörer ins Weiße Haus nach Washington oder zu den Problemen des fernen Japans zu versetzen. Kaum hatte er die Versammlungssäle der kleinen bayerischen Städte und Dörfer betreten und fünf Minuten gesprochen, spürte das Publikum schon die Atmosphäre der großen weiten Welt. In der Wahltaktik Otto von Habsburgs fehlte auch nicht die amerikanische Art der Reklame – er hatte den Wahlkampf ja in den USA miterlebt, er kannte die erprobten Methoden der „Vote-getters". Er verband den mechanisierten Wahlkampf der amerikanischen Congressmen mit dem in England üblichen der persönlichen Kontakte von Mensch zu Mensch. Dieser doppelte Einsatz brachte Erfolg.

Als Vortragender besaß er jene Gaben, um die ihn viele beneideten: er war ein vornehmer Redner, ein aristokratischer Volkstribun. Er konnte sich jedoch auch in der Sprache des Volkes ausdrücken, denn er hatte sich seit Jahrzehnten mit dem Volk identifiziert. Er kannte die volkstümlichen Ausdrücke sowie viele Sprichwörter und hatte ein ausgeprägtes Gefühl für knappe, prägnante Formulierungen. Ein Blatt der Linken bemerkte säuerlich, er könne mit unglaublicher Eleganz einen Kraftausdruck in die Menge werfen und damit riesigen Erfolg haben; andererseits könne er mit fast arroganter Höflichkeit auch mißtrauische Jakobiner für sich gewinnen. Er war immer freundlich, aber nie auf eine „schulter-klopfende Art". Mit wem immer er sprach, jeder fühlte sich durch die Verbindlichkeit des Erzherzogs geehrt und empfand niemals das Gefühl einer Herablassung.

Otto von Habsburg liest seine Reden nicht, er spricht frei. Eines der Geheimnisse seines Erfolgs war seine große Informiertheit. Vom Atomreaktor in Harrisburg konnte er fast wie ein Ingenieur sprechen, die Marxisten drängte er mit marxistischen Argumenten in die Ecke. In seinen Reden bemerkte er öfters, er habe mit jungen Sozialisten unter Berufung auf Karl Marx diskutiert, aber sie hätten diesen nicht genau genug gekannt . . . Seine Zuhörer wußten immer, auf welche Weise er von den Sozialisten angegriffen wurde, und wenn er darauf Bezug nahm, konnte er ihrer Sympathien sicher sein. Mit der Zeit begann auch er seine Feinde nicht zu schonen. Im Zusammenhang mit Willy Brandt stellte er die Frage, wie weit ein Mann Europäer sei, der in seiner Zeit als Außenminister und als Bundeskanzler nichts Wesentliches getan habe, um die europäische Integration zu fördern. Wie könnte jemand, der fünf oder sechs Spitzenpositionen übernommen hat, wie Vorsitzender der SPD, Vorsitzender des Nord-Süd-Dialogs, Präsident der Sozialistischen Internationale, Deutscher Bundestagsabgeordneter, Zeit finden, sich als Europa-Delegierter mit Europa zu befassen? Er nannte Brandt öfters einen „politischen Stellenhäufer und Nebenerwerbseuropäer". In bezug auf Heinz Oskar Vetter ergriff er nicht die billige Methode, dessen nationalsozialistische Vergangenheit zu erörtern. Otto hielt nie viel davon, wenn Leute in der Vergangenheit ihrer politischen Gegner herumstöberten, um sie mundtot zu machen. Er war immer der Ansicht, man solle nicht so sehr darauf achten, woher jemand komme, sondern wohin er die Absicht habe zu gehen! Bei Vetter bezog sich sein Einwand daher auf die Gegenwart und die Zukunft. Er kritisierte, daß der sowjetische Gewerkschaftsführer Scheljepin von ihm nach Deutschland eingeladen worden war – einer der übelst beleumundeten Männer der Sowjetunion – und wie ein verdienstvoller, aufrechter und ehrlicher Arbeiterführer empfangen wurde, „ihm damit eine demokratische Legitimierung gegeben wurde, die diesem, weiß Gott, nicht zukommt." Gleichzeitig betonte Otto von Habsburg, daß im allgemeinen „die Anwesenheit von Gewerkschaftern im Europa-Parlament nicht nur zu begrüßen, sondern absolut notwendig sei". Kanzler Schmidt griff er nicht als Person an, sondern kritisierte dessen Wirtschaftspolitik. Er analysierte den Ausspruch Schmidts, daß 5 Prozent Inflation besser wären als 5 Prozent Arbeitslosigkeit und bewies die ökonomische Absurdität dieser These durch die Tatsache, daß bisher Inflation immer mit Arbeitslosigkeit Hand in Hand gegangen sei.

Otto von Habsburg legte Wert darauf, die großen Sozialdemokraten wie Schumacher, Erler, den Österreicher Seitz und den Sudetendeutschen Wenzel Jaksch zu würdigen, aber er verurteilte stets die Marxisten, die von den Idealen der Großen abgewichen waren und in die Richtung der Sowjetunion blickten. Er sagte oft: „Der Kampf gilt nicht der Sozialdemokratie, gilt nicht den anständigen Menschen die unsere Landsleute sind; er gilt jenen Marxisten, deren Politik die Freiheit aller gefährdet".

Otto sprach über seine Gegner, jedoch auch immer über seine Freunde. Seine Wahlreden beendete er meistens damit, daß er seinen Zuhörern die mit ihm auf der gleichen Liste antretenden CSU-Politiker bekannt machte und die Bedeutung und die Verdienste jedes einzelnen hervorhob. Reinhold Bocklet, der ihn am Anfang des Jahres oft angegriffen hatte, weil er auf den Listenplatz Otto von Habsburgs Anspruch erhob, nannte er „meinen Freund Bocklet". Er würdigte Frau Ursula Schleicher, die auf der Liste vor ihm gereiht war, und sprach immer mit großer Anerkennung vom Listenführer Alfons Goppel. „Goppel ist ein Mann, der stets den Föderalismus hochgehalten hat und der mutig dem Zeitgeist entgegengetreten ist, indem er im Namen Bayerns die Verpflichtung der Westeuropäer gegenüber unseren Brüdern jenseits der Stacheldrähte und Minenfelder verkündet hat." Er erwähnte stets ausführlich und lobend die Arbeit und die Fähigkeiten derjenigen, die auf der Liste nach ihm kamen: Ingo Friedrich, Heinrich Aigner, Hans August Lücker, Karl Fuchs. In seine Reden flocht er auch immer ein Lob über Franz Josef Strauß ein, der seiner Meinung nach eines der größten politischen Naturtalente unserer Zeit sei: „Er ist nicht nur ein Staatsmann im echten Sinne des Wortes, sondern auch ein sauberer Charakter. Ich kenne ihn seit 25 Jahren. Noch nie habe ich einen einzigen Fall erlebt, in dem er im privaten Gespräch etwas anderes gesagt hätte als in der Öffentlichkeit. Bei Strauß wissen wir: ob opportun oder inopportun, dieser Mann wird uns die Wahrheit sagen."

In seinen Vorträgen, selbst im kleinsten Dorf, entwarf er jedesmal ein Bild der weltpolitischen Lage, doch in so einfachen Worten und so klar, daß das Publikum alles verstehen konnte und dafür dankbar war. Seine außenpolitischen Kenntnisse imponierten immer. Er sprach jedoch auch regelmäßig von den ethischen Werten, die man auch dann verteidigen müsse, wenn dies nicht populär sei. Riesiger Beifall war ihm sicher für die Bemerkung, daß er die Arbeit für Europa nicht um seiner selbst willen leiste, sondern im Interesse der Zukunftschancen der nachfolgenden Generationen. Darin – gab er zu und erntete damit immer großen Applaus – liege auch eine Portion Egoismus, denn er sei siebenfacher Vater, ja sogar schon Großvater.

Großen Eindruck machte es auch auf sein Publikum, wenn er aus dem Gedächtnis komplizierte Zahlen zitierte, nicht nur in seinen Reden selbst, sondern auch auf Fragen, die ihm gestellt wurden und er an Ort und Stelle improvisieren mußte. Auf eine Frage bezüglich des europäischen Energieproblems antwortete er zum Beispiel: wenn wir nur 15 Prozent jener Summen, die wir seit 1973 für die Sowjetunion und die kommunistischen Staaten ausgegeben haben, der Energie-Forschung zugeführt hätten, wäre die Lösung unseres Energieversorgungsprogramms bereits weit fortgeschritten.

Seine Versammlungen hatten immer Erfolg und sein politisches Credo legte er, den Umständen entsprechend kürzer oder länger, jedoch immer prägnant dar: ein einiges, freies, soziales und christliches Groß-Europa.

„Die Grundsätze" – betonte er in jeder Rede – „sind eindeutig: wir sind europäische Patrioten. Wir glauben an die Verteidigung eines freien westlichen Europas. Wir sind uns aber auch der Verantwortung gegenüber jenen Europäern bewußt, die heute noch ihr Selbstbestimmungsrecht nicht ausüben können. Für uns sind Völker wie die Tschechen und die Magyaren, die Slowaken und die Polen und nicht zu vergessen die Millionen Deutschen hinter Stacheldraht und Minenfeldern genauso Europäer wie wir. Wenn wir heute Europa im Rahmen des Möglichen in Westeuropa einen, so fordern wir doch gleichzeitig mit allen friedlichen Mitteln das Selbstbestimmungsrecht für alle Europäer, das unverzichtbare Recht auf Heimat und den Grundsatz, daß die Dekolonisierung nicht in Afrika und Asien stehenbleiben darf, sondern auch für Europa gilt."

Er sprach auch jedes Mal ausführlich von der wirklichen Freiheit, die die Freiheit des einzelnen ist. „Wir wollen ein Europa in Freiheit, der Rechte des Menschen, eine Rechtsordnung, die für alle gleichermaßen bindend ist, den Grundsatz in der europäischen Verfassung, daß die größere Einheit niemals Aufgaben übernehmen darf, die die kleinere zufriedenstellend erfüllen kann. Unsere Pflicht ist es, mit aller Kraft für die Freiheit der natürlichen Gemeinschaften, der Familien, Gemeinden, Regionen und Volkstumsgruppen einzutreten. Wir glauben daran, daß sich die Freiheit wirkungsvoll nur in kleinen und überschaubaren Dimensionen verteidigen läßt. Gerade in der Stunde, da kontinentale Zusammenschlüsse geboten sind, muß man nach innen hin dezentralisieren. Freiheit, das bedeutet aber auch Freiheit in der Wirtschaft, das Recht, Besitz und Eigentum zu erwerben. In je weniger Händen nämlich Besitz und Eigentum und damit Macht und Einfluß liegen, desto weniger wird es möglich sein, die Freiheit in der Gemeinschaft zu bewahren. Wenn gar einmal der sozialistische Traum verwirklicht werden sollte und aller Besitz und Eigentum in einer einzigen Hand, der des Staates, sich befände, dann gibt es keine Freiheit in der Gemeinschaft mehr. Der lebende Beweis dafür ist das reaktionärste Sozialsystem der Gegenwart, die Sowjetunion, dieses Monopol des Arbeitgebers, dem der Arbeitnehmer nicht entgehen kann, diese Form der Sklaverei des zwanzigsten Jahrhunderts."

Die Freiheit, so führte er in seinen Versammlungen aus, könne natürlich nicht vom Wohlstand und der sozialen Gerechtigkeit getrennt werden. „Wir wollen ein soziales Europa, nicht Sozialpolitik im Sinne, wie sie heute zu oft betrieben wird, indem man das Volk mit seinem eigenen Geld kauft. Was wir wollen, ist eine Sozialpolitik aus der inneren Verpflichtung des Christen, für diejenigen einzutreten, die in der Gemeinschaft die schwächsten sind. Sozialpolitik läßt sich nicht von Gerechtigkeit trennen, aber Gerechtigkeit ist nicht mechanische Gleichheit, denn es gibt keine wahre Gerechtigkeit ohne Freiheit. Gerechtigkeit heißt, jedem das Seine zu geben. Das bedeutet nicht zuletzt, sich auch auf die Zukunft zu orientieren, die allzu oft bei uns der Gegenwart geopfert wird. Dabei stehen uns große Sozialprobleme ins Haus. Diese sind Folge nicht nur der wachsenden Überalterung unserer Gesellschaft, sondern auch einer vorherrschenden Gefälligkeits-Politik, die jeweils dem Stärksten alles auf Kosten der Schwachen zuschanzt und daher Gegenwartsbefriedigung zu Lasten unserer Kinder betreibt. Denn was ist denn die Politik, Schulden zu machen, um zu konsumieren, anderes als heute ein Ausgeben des Arbeitsertrages von morgen. Wir verdanken doch unseren Fortschritt der Tatsache, daß unsere Eltern und Großeltern nicht alles verbraucht haben, was sie verdienten. Ihr Konsumverzicht ist die Grundlage unseres Wohlstandes. Heute aber gibt es den Konsumverzicht zugunsten der Kinder kaum mehr, wohl aber ein Leben auf Kosten der Kinder, und das ist moralisch unvertretbar."

In bezug auf sein Programm für ein „christliches" Europa zeigte er immer wieder auf, daß heute viele glaubten und erklärten, das Christentum sei nicht mehr aktuell. Gewisse Persönlichkeiten des öffentlichen Lebens – dies wiederholte er in fast jeder Rede – raten uns immer wieder, das „christliche" Element aus unserem Programm zu streichen. „Wir wollen aber auch darum vom Christentum reden, weil es ein nichtchristliches Europa nicht geben kann. Man müßte blind sein, um nicht zu erkennen, Europa ist ein christlicher Kontinent, ob es will oder nicht. Es ist mit Recht gesagt worden, daß wohl das Kreuz nicht Europa, Europa aber das Kreuz brauche. Unsere Kultur, unsere Zivilisation, ja sogar das Bild unserer Städte wäre ohne das Christentum undenkbar. Unsere Städte müssen weiterhin im Schatten der Gotteshäuser stehen und nicht im Schatten von Großbanken, Verwaltungssilos und Gefängnissen. Bei uns reden auch die Steine vom Geist. Wir wollen nicht Städte im Zeichen der Macht, sondern Städte, die durch Freiheit, Schönheit und Nächstenliebe geprägt sind. Das Christentum ist nicht Vergangenheit, sondern Zukunft. Wir haben zwar eine große christliche Tradition, vor allem aber stehen wir am Beginn einer neuen christlichen Ära. Dichter sind oft Propheten. Einer der größten Dichter unserer Tage war der Franzose André Malraux, der aus dem kommunistischen Lager kam und der bestimmt kein Christ war. Trotzdem hat er kurz vor seinem Tod bemerkt: ‚Das einundzwanzigste Jahrhundert wird ein Jahrhundert des Glaubens sein oder es wird nicht sein'. Das ist verständlich, wenn wir uns vor Augen halten, daß das Zeitalter des Materialismus gerade infolge unserer Entdeckungen in der Naturwissenschaft unerbittlich zu Ende geht. Die neuen Erkenntnisse durchbrechen die künstliche Mauer, die seinerzeit zwischen Diesseits und Jenseits aufgerichtet wurde. Während es im 19. Jahrhundert kaum einen Spitzenwissenschaftler gab, der sich nicht als gottlos bezeichnete, ist heute das Umgekehrte der Fall. Die größten Geister unserer Zeit glauben an einen persönlichen Gott, weil ihre wissenschaftlichen Erkenntnisse sie zu Gott geführt haben."

Der Erfolg seiner Versammlungen, Auftritte und Reden beruhte im wesentlichen auf drei Fakten: seinem Wissen, seinem Fleiß und seinem persönlichen Charme. Dies drückte der bayerische Abgeordnete Thomas Goppel als Gastgeber in einer Einleitungsrede anläßlich eines politischen Vortrags treffend aus: das Geheimnis Otto von Habsburgs sei sein österreichischer Charme, seine preußische Klarheit, seine bayerische Unmißverständlichkeit und sein ungarisches Temperament.

Diese Fähigkeiten wurden im Wahlkampf durch eine effiziente Maschinerie unterstützt: durch die Paneuropa-Union und die freiwillige Mitarbeit talentierter junger Leute. Diese hingebungsvollen Mitarbeiter setzten sich Tag und Nacht ein, weil sie sich für die Idee eines geeinten Europas begeisterten und für die Person Otto von Habsburgs. Auch seine weitverzweigte Familie stand ihm zur Seite: Seine Gemahlin, die Kinder sowie zahlreiche Neffen und Nichten begleiteten ihn bei seiner Wahlkampagne. Es halfen Freunde und Verehrer. Der bayerisch-österreichische self-made-man Friedrich Jahn, der Begründer des „Wienerwald"-Konzerns, stellte ihm zum Beispiel einige zentral gelegene Räume in München zur Verfügung, die die Paneuropa-Jugend eigenhändig in ein Wahlbüro umwandelte.

Bezüglich des Mandates konnte Otto unbesorgt sein, denn der dritte Platz war ein absolut sicherer. Dennoch fiel er ihm nicht umsonst zu, er hatte dafür schwer gearbeitet. Sowohl, wie bereits erwähnt, durch seinen langjährigen Einsatz für die Christdemokraten und Konservativen zu einer Zeit, da von einer eigenen Kandidatur noch nicht die Rede war, als auch durch das Engagement bis zur äußersten physischen Belastbarkeit im eigentlichen Wahlkampf. Habsburg war einer der fleißigsten Wahlkämpfer. Allein in dem halben Jahr der intensiven Kampagne hielt er 199 Versammlungen ab und kam in persönlichen Kontakt mit 78.630 Wahlberechtigten. Er war eine Wahllokomotive erster Ordnung, ein „vote-getter", wie er im Buche steht.

Die Wahl endete mit einem beachtlichen Sieg der von Otto von Habsburg vertretenen Linie: es war ein christlich-demokratisch-konservativer und liberaler Erfolg. Aus dieser Richtung kam die Mehrheit, die die Wähler ins Europäische Parlament entsandten. Von den 410 Mandataren bekannten sich über die Hälfte zu jenen Idealen, für die auch Otto von Habsburg in den Kampf gezogen war. In seiner engeren Heimat, in Bayern, war der Sieg überwältigend. Während das gegnerische sozialistische Lager, das Otto von Habsburg in unqualifizierbarer Weise angegriffen hatte, nur 29,9 Prozent der Stimmen erringen konnte, erhielten die Christlich-Sozialen 62,5 Prozent. Bayern war zwar schon immer eine Hochburg der CSU, aber dieses Ergebnis übertraf sogar frühere Wahlerfolge. Die hiesige SPD fiel nämlich im Vergleich zur vorhergegangenen Bundestagswahl um 3,6 Prozent zurück, die CSU hingegen gewann, ebenfalls verglichen mit der Bundestagswahl, 2,5 Prozent hinzu; im Verhältnis zur letzten Landtagswahl sogar 3,4 Prozent. In Anbetracht seines großangelegten Wahleinsatzes und des Umstandes, daß die sozialistische Propaganda seine Person so angegriffen hatte, gab es Leute, die dieses Plus Otto von Habsburg allein zuschrieben, sie nannten es den Habsburg-Prozentsatz.

Er selbst wies dieses Lob von sich. Über den Wahlsieg freute er sich wie ein junger Student, vielleicht wie damals an der Universität Löwen über die Auszeichnung „la plus grande distinction". Am Abend der Wahl, auf die Nachricht vom Sieg, rief er aus: „Wie schön – wie wenn man eine Prüfung bestanden hat". Den überwältigenden Erfolg und die zusätzlichen Prozente begründete er wie folgt: „Die CSU hat die Dinge beim Namen genannt und nicht versucht, sich einer linkskosmetischen Operation zu unterziehen. Das hat ihr die Wähler gebracht. Nicht zuletzt das offene Bekenntnis zum christlichen Europa".

Otto von Habsburg hatte also auch diesmal „die Prüfung bestanden". Mit Recht schrieb die „New York Times" einige Tage nach dem 10. Juni, daß es im neugewählten Europäischen Parlament, unter den 81 Bundesdeutschen Abgeordneten einen gibt, der – gewollt oder ungewollt – herausragen wird: Otto von Habsburg. Seit dem Jahre 1792 sei er wahrscheinlich der erste Habsburger, der „gewählt“ wurde. Damals hatte nämlich sein Vorfahre, Franz II., bei der Wahl zum Kaiser des Heiligen Römischen Reiches gesiegt. Jetzt habe sein Nachkomme, Otto von Habsburg, „fair and square“ – ehrlich und anständig – gewonnen.

VI. Arbeit im Europa-Parlament und Interviews mit Abgeordneten-Kollegen über Otto von Habsburg

Als Otto von Habsburg am 17. Juli 1979 das Europa-Parlament in Straßburg betrat, war dies der Beginn eines neuen Lebensabschnittes für ihn. Er hatte ein offizielles Amt in der Tagespolitik übernommen, eine auch für das große Publikum sichtbare Funktion: er war Abgeordneter geworden. Eigentlich war dieser neue Abschnitt gar nicht so neu, sondern eher eine Fortsetzung, eine weitere Station in der durch fünf Jahrzehnte anhaltenden politischen Entwicklung; es war Dienst an den alten Zielen in einer neuen Funktion. Otto von Habsburg war mit der Politik ebenso vertraut wie mit den Aufgaben eines Parlamentes, er betrat also keinen unbekannten Boden. Obwohl er zum ersten Mal im Leben ein gewählter Abgeordneter war, zählte er nicht zu den Anfängern, sondern zu den Politikern mit Erfahrung.

Trotz seiner Routiniertheit erfüllte ihn die Freude eines neuen Beginns. Jeder der 410 Europa-Parlamentarier bekam einen eigenen kleinen Raum, alle ziemlich ähnlich und gleich groß. Ottos Zimmer hat die Nummer 328. Der allgemeine Eindruck: weiß. Der Schreibtisch, mit wenigen Schubladen, ist weiß und der Schirm der Lampe darauf aus schneeweißem Milchglas. Eine größere Schreibmaschine steht auf einem weißen Tischchen mit Metallfüßen. Doch das Auge des aufmerksamen Beobachters bleibt an einer Portable-Maschine hängen, die beweist, daß der Abgeordnete Dr. Otto von Habsburg seine alte Gewohnheit beibehalten hat, auf jede Reise seine eigene kleine Schreibmaschine mitzunehmen. Während er auf einem Flugplatz oder Bahnhof warten muß, tippt er darauf einige Antwortschreiben oder das Konzept für eine Parlamentsresolution. In einer Ecke ein großes Attaché-case, die moderne amerikanische Aktenmappe. Der Aschenbecher ist leer, er wird nur von Gästen benutzt. Ein weißer Aktenschrank, davor ein Sofa, daneben zwei rote drehbare Fauteuils – das ist die Einrichtung, das Einheitsmobilar der Räume des modernen Parlamentsgebäudes. Aus dem kleinen Vorzimmer kommt man in einen kleinen Duschraum, der für den Fall von nächtlichen Sitzungen und bis ins Morgengrauen dauernden Diskussionen und Beratungen vorgesehen ist. Auch das Sofa im Zimmer ist ausziehbar und kann in ein Bett verwandelt werden. Was diesen Raum von den anderen zum Verwechseln ähnlichen Abgeordnetenzimmern unterscheidet, ist das Kruzifix, das von ihm eigenhändig an die Wand gehängt wurde. Auf dem Schreibtisch eine Photographie mit Widmung: das Bild zeigt Franz Josef Strauß. Daneben steht der gute Freund und gleichzeitig Feind jedes Abgeordneten, das schneeweiße Telephon, das den arbeitenden Parlamentarier stört, aber auch sicherstellt, daß er verständigt wird, wenn im Sitzungssaal oder auf den Gängen ein wichtiges Ereignis eintritt. Es ermöglicht auch, nach einem ermüdenden Tag die Familie zu erreichen oder, falls notwendig, den Mitarbeitern an den entferntesten Orten des Kontinents direkt Instruktionen zu erteilen. Zwei größere Fenster geben den Blick frei auf einen idyllischen Teil der romantischen Stadt Straßburg. Wenn Otto von Habsburg von seinen Akten aufblickt oder kurz ans Fenster tritt, sieht er kleine Familienhäuser am Flußufer, alte Dächer, viel Grün und viel Himmel. Von diesem Zimmer aus werden also die neuen Aufgaben in Angriff genommen.

Vor und nach dem Wahlkampf, und auch während des Kampfes, hat Otto von Habsburg unzählige Male betont, er wisse genau, daß das Europäische Parlament vorderhand die schwächste unter den verschiedenen europäischen Institutionen sei. Der Ministerrat der EG, die Kommission in Brüssel, einzelne Ausschüsse dieser Kommission verfügten alle über mehr Macht als dieses Parlament, das fast keine Kompetenzen habe. Im Bewußtsein dieser Tatsache erklärte er, das Parlament würde sich seine Rechte erkämpfen und sich genügend Kompetenzen schaffen, um ein ausschlaggebender Faktor im europäischen Einigungsprozeß zu werden. Die Geschichte jedes Parlamentes zeige, daß es eine solche Entwicklung durchmachen mußte, bevor es zu einem unentbehrlichen Machtfaktor wurde. Auch das heute so mächtige Parlament der Vereinigten Staaten von Amerika hatte ursprünglich als Continental Congress mit nur wenigen Kompetenzen begonnen. Auf das Europa-Parlament warte die gleiche erfolgreiche Zukunft, wenn die Abgeordneten nicht kleinmütig werden, sondern fleißig, ausdauernd und mutig mit den nationalen Regierungen verhandeln und den Kampf mit dem einer Bürokratie naturgemäß innewohnenden Egoismus aufnehmen.

Otto von Habsburg fühlte sich zehn Jahre verjüngt, als er die Arbeit in dieser Straßburger Werkstatt begann, eine Arbeit, die an Sisyphus zu erinnern schien. Er war nicht kleinmütig, er war fleißig, ausdauernd und mutig und wie jede Aufgabe seines bisherigen Lebens, übernahm er auch diese Arbeit mit dem vollen Einsatz seiner Persönlichkeit.

Unmittelbar nach der Wahl gab er seine langjährige und wohldotierte Stellung bei der Hanns-Seidel-Stiftung auf. Seiner Überzeugung nach war es die Pflicht eines Europa-Abgeordneten, die ganze Energie dem Parlament und dessen legislativer Tätigkeit zu widmen.

Zuerst sah er sich genau um und lernte daraus. Er studierte die Vorschriften und die Geschäftsordnung des Parlaments, das heißt den alltäglichen Mechanismus, er beobachtete die Kollegen, die Parteien, die Kräfteverhältnisse, die Charaktere. Gleich in der ersten Sitzungsperiode, nach der Debatte über die vietnamesischen Flüchtlinge und die Verfolgungen in der Tschechoslowakei, konnte er feststellen, daß die Rolle der Britischen Konservativen eine sehr konstruktive sein würde: sie verfolgten eine klare antikommunistische Linie und waren untereinander einig. Er bemerkte auch die Schwächen der Geschäftsordnung, da zum Beispiel die Italienischen Anarchisten, Marco Pannella und sein Kreis, mit einer gut organisierten Obstruktion den Verlauf spielend hemmen konnten, wie unter anderem das Erzwingen einer 18 Stunden dauernden Debatte über Belanglosigkeiten am 19./20. Juli 1979 bewies. Die Präsidentin hätte energischer und mit dem Parlamentsmechanismus besser vertraut sein müssen, notierte er. In kurzer Zeit hatte Otto von Habsburg die Stärke der wichtigsten parlamentarischen Fraktionen und auch ihre internen Beziehungen erfaßt. Er stellte fest, daß sich bald eine Einheitsfront der freiheitlichen Kräfte und eine Sozio-Kommunistische Volksfront gegenüberstehen würden – wenigstens schienen dies die ersten Abstimmungen anzuzeigen. Später, anhand einer Reihe von konkreten Fällen wie Griechenland, Sacharow, Menschenrechte, El Salvador, Afghanistan, Türkei, Polen, Sowjetunion machte er die Erfahrung, daß das Zusammenspiel der linken Seite immer stärker und geschlossener wurde. Er studierte jedoch nicht nur die äußeren, oberflächlichen Erscheinungen, sondern er sammelte auch, im Interesse der Strategie seiner eigenen Seite, Informationen über die innere Kohäsion der Machtgruppen. Seine Eindrücke faßte er dann wie folgt zusammen: nur zwei Gruppen können als vollkommen einheitlich bezeichnet werden, die Kommunisten und die Britischen Konservativen; unter den Sozialisten verlieren die Sozialdemokraten an Bedeutung, von den 112 Abgeordneten sind bestenfalls 15 Sozialdemokraten im klassischen Sinne des Wortes, die übrigen sind absolute Marxisten oder nähern sich dieser politischen Einstellung; die Einheit der Liberalen Fraktion läßt zu wünschen übrig; die Zusammenarbeit des eigenen Lagers, der Europäischen

Volkspartei, mit den ihr verbündeten Kräften ist besser und ermutigender, als man ursprünglich erwarten durfte.

Nach dieser Einstufung der Gruppen begann er die einzelnen Persönlichkeiten zu beurteilen, Freunde zu suchen und sich mit den Gegnern auszusöhnen. Er war nie nachtragend gewesen und empfand keine Ressentiments, sonst hätte er sich ja längst aus dem öffentlichen Leben zurückziehen müssen! Er war konstruktiv veranlagt und daher jederzeit bereit, ihm angetanes Unrecht zu vergessen und versöhnlich die Hand zu reichen. Nicht jeder ergriff jedoch die ausgestreckte Hand, auch hier im Europa-Parlament nicht. Die sich zurückzogen, waren allerdings eine unbedeutende Minderheit. Dagegen war es ihm möglich, viele neue wertvolle Freunde und Mitarbeiter zu gewinnen. Von Monat zu Monat lernte man Otto von Habsburg besser kennen und auch jene schätzten ihn, die auf der anderen Seite standen oder heute noch stehen. Innerhalb kurzer eineinhalb Jahre war es soweit, daß er als Person von fast allen positiv beurteilt wurde. Doch davon später. Er selbst hatte inzwischen ein eindeutiges Bild von allen bekommen. In Anbetracht seiner verläßlichen Informationen und seines guten Gedächtnisses hätte Otto von Habsburg aus dem Stegreif ein „Who is who" des Straßburger Parlaments diktieren können.

Von allem Anfang an hatte er festgestellt, daß fünf Sechstel der Abgeordneten über keine namhafte Parlamentserfahrung verfügten. An und für sich hielt er diesen Umstand nicht für einen Nachteil, sondern eher für einen Vorteil, denn die „Neuen" hatten mehr Unternehmungsgeist und mehr Dynamik als die alten Routiniers, die Veteranen früherer Zeiten, die zwar „durch Erfahrung weiser geworden" waren, die aber eben deshalb auch leichter resignierten.

Große Aufmerksamkeit widmete er den Fragen der Institutionen und erkannte, daß das Parlament und die Regierungen der Mitgliedsländer unvermeidlich aufeinanderprallen würden. Die nationalen Regierungen und die unter ihrem Einfluß stehende Brüsseler Exekutive schienen, in seinen Augen, bestrebt zu sein, das Parlament herunterzuspielen und es daran zu hindern, seinen Wirkungsbereich über den bereits bestehenden hinaus auszubauen. So beantworteten sie die Anfragen des Parlamentes oder einzelner Abgeordneter nur mit unerträglich langer Verzögerung, waren mit Informationen sehr zurückhaltend und versuchten, das Europa-Parlament mit Kleinstproblemen zu überfluten.

Er befaßte sich der Reihe nach mit allen wichtigen Fragen und bemühte sich, die entscheidenden Fakten ganz genau kennenzulernen. Als leidigstes Problem erschien ihm der Streit um die Agrarfrage und die Tendenz des Ministerrates der Gemeinschaft, heikle Beschlüsse nur „einstimmig“ zu fassen. Letzteres bedeutete ein Veto-Recht, das einer rascheren Entwicklung in Richtung Integration stark hinderlich sein mußte. Wie viele andere Abgeordnete, sah auch Otto von Habsburg vom ersten Augenblick an, daß die sicherste Waffe des Parlaments gegen die bremsenden Kräfte für die Festigung der eigenen Kompetenzen das Budget war. Dieses konnte vom Parlament durch Stimmenmehrheit angenommen oder abgelehnt werden und war somit eine Handhabe, um die eigenen Ziele zu erkämpfen und die Minister zu einer besseren Einsicht zu bringen.

Otto von Habsburgs Aufmerksamkeit erstreckte sich auch auf kleinere Belange. Als die Parlamentsangestellten einen Streik planten, der dann nicht von langer Dauer war, ging er der Sache nach und untersuchte die Ursache der Unzufriedenheit.

Auf Grund eines Briefes, den ein Lastwagenfahrer bezüglich einer in Vorbereitung befindlichen, für Transporteure ungünstigen Gesetzesvorlage an ihn richtete, suchte er sofort den Entwurf heraus und besprach mit den betreffenden Abgeordneten eine zweckmäßigere Lösung.

Infolge all der verschiedenen Arbeiten und Studien wußte Otto von Habsburg innerhalb eines Jahres genau, was in diesem Parlament durchführbar und was wünschenswert wäre, aber er hat das Wünschenswerte nie aufgegeben, bloß weil es im Augenblick nicht durchführbar schien, sei es eine polenfreundliche, gegen die UdSSR gerichtete Resolution oder ein neues europäisches Wahlrecht.

Bereits in der ersten Zeit seiner Beobachtungen hatte Otto von Habsburg in das Geschehen eingegriffen und konnte daher gegen Mitte der Legislaturperiode, also nach den ersten zwei bis zweieinhalb Jahren, auf recht beachtliche Erfolge zurückblicken. Verholfen hatte ihm dazu auch der Umstand, daß er unter den Parlamentskollegen ausgezeichnete Freunde und Mitarbeiter hatte, auf die er hörte und die auf ihn hörten. Einerseits konnte die Paneuropa-Union als internationale und älteste europäische Organisation aus allen Mitgliedsländern eine große Anzahl Abgeordnete ins Parlament bringen, andererseits förderte Otto von Habsburg systematisch eine Arbeitsgemeinschaft mit den Delegierten außerhalb dieses Kreises. Oft ergriff er nicht selbst das Wort, sondern stellte sein Fachwissen und seine Unterlagen einem anderen Kollegen, gegebenenfalls einem jüngeren, zur Verfügung, um diesem im Plenum oder in irgendeiner Kommission einen Erfolg zu ermöglichen. Die ihm gestellten Aufgaben übernahm er ausnahmslos selbst, vor allem wenn sie ein intensives kompliziertes Studium und das Aneignen neuer Kenntnisse erforderlich machten.

Otto von Habsburg hatte nicht die Absicht, eine große Jungfernrede zu halten oder sein Programm detailliert vorzutragen. Lieber meldete er sich möglichst oft zu den einzelnen Problemen zu Wort, die zur Diskussion standen. Er legte jedoch stets besonders großen Wert auf europäische Fragen. In seinen Augen ist es eine der Hauptaufgaben dieses Parlamentes, die europäische Gesellschaft und die gesamte öffentliche Meinung in Europa im Interesse der Integration zu mobilisieren. Das beste Mittel zur Motivation wiederum ist es, wenn die europäischen Bürger das Parlament ebenso wie die Integration als ihnen nahestehend empfinden und wenn sie sichtbare Zeichen und handfeste Beweise ihres „Europäertums“ erhalten. Eben deshalb war es eine der ersten Initiativen Ottos im Straßburger Forum, eine alle Bürger Europas berührende Idee wiederaufzugreifen, die den Europa-Gedanken in weiten Kreisen populär machen würde: die Einführung eines einheitlichen Europa-Passes. Jeder Bürger der EG sollte so bald wie möglich einen solchen Paß erhalten und damit symbolisch und konkret das Gefühl bekommen, er sei nicht nur Deutscher oder Franzose oder Brite, sondern eben auch „Europäer“: civis europeus sum.

Schulter an Schulter mit zwei bedeutenden, der Sache sehr ergebenen „klassischen Europäern“ wurde die Angelegenheit des Europa-Passes auf die Tagesordnung des Parlamentes gesetzt und permanent dort gehalten. Der eine war der mehrfache belgische Ministerpräsident und Minister Leo Tindemans, der Vater des Tindemans-Planes, der andere der norditalienische Abgeordnete Mario Pedini. Das Durchkämpfen des Europa-Passes war auch die Einlösung eines Wahlversprechens, denn schon als Kandidat hatte Otto von Habsburg betont, daß dies eine seiner ersten Aktivitäten sein würde. Seitens der Paneuropa-Union hatten Alfons Goppel, Heinrich Aigner und Ingo Friedrich gemeinsam mit Otto von Habsburg schon am 1. Juni 1979 erklärt, daß sie diesen einheitlichen Europa-Paß fordern würden. Damals gab Otto diese Absicht auch auf einer speziellen Pressekonferenz bekannt und sie wurde von den Journalisten mit Ungläubigkeit quittiert. Sie waren der Ansicht, daraus würde nichts werden, denn die Regierungen versprächen den Paß schon seit sechs Jahren, hätten aber nie etwas in dieser Richtung unternommen. Doch Otto war überzeugt. Das Parlament dürfe die Regierungen nicht zur Ruhe kommen lassen und er selbst würde in vorderster Reihe für den Paß kämpfen.

So geschah es auch.

Der Entschließungsantrag für den Europa-Paß wurde Ende Januar 1980 mit der Unterstützung der Konservativen, Christdemokraten, Liberalen und Gaullisten eingebracht. Bereits am 13. Februar kam er vor das Plenum. Im Namen der Europäischen Volkspartei hielt Otto von Habsburg eine dynamische, mitreißende Rede, um diese Forderung zu begründen. Er sprach den Verstand an, aber auch das Gemüt. Nüchtern zählte er die objektiven Gründe auf, fand jedoch auch eindrucksvolle, fast wie eine gute Reklame wirkende Argumente zugunsten des Passes. Ebenso effektvoll der Schluß seiner Ausführungen: „Wer heute den Gedanken eines europäischen Passes ablehnt, der zeigt damit eindeutig, daß er kein Europäer ist". In ähnlichem Sinne sprachen auch die übrigen Redner. Der Antrag wurde am 12. März 1980 mit großer Mehrheit angenommen.

Bis der Paß Wirklichkeit wird, brauchte und braucht es jedoch noch viel Geduld. Der vom Parlament beschlossene Antrag lag vor, aber die Maßnahmen der Regierungen ließen auf sich warten. Im Kampf gegen die Bequemlichkeit und das Zögern der Regierungen beziehungsweise deren zuständigen Behörden intervenierte Otto von Habsburg Monat für Monat von neuem in dieser Angelegenheit und verhinderte dadurch das Einschlafen dieser Idee. Konsequent und unbeirrt „klopfte" er an die Türe des Ministerrates und in der Sitzung vom Dezember 1980 nahm dieser die Frage ernstlich in Angriff. Otto von Habsburg verhandelte mit dem holländischen Außenminister, dem turnusmäßigen Präsidenten des Rates, und teilte ihm mit, daß in der Sache des Passes eine Interpellation am 10. Februar 1981 in das Parlament eingebracht werden würde. Der Minister versicherte ihm, daß der Paß-Antrag dem Ministerrat in Brüssel Ende März zur endgültigen Entscheidung vorgelegt wird. Bereits im Januar 1981 brachten die internationalen Presseagenturen und Zeitungen die Nachricht „der CSU-Europa-Abgeordnete Otto von Habsburg rechnet mit der Einführung des einheitlichen Europa-Passes". Am 11. Februar erfolgte die geplante Interpellation; „Anfrage No. 61 von Otto von Habsburg" lautete die Ansage im Sitzungssaal. An den Repräsentanten des Ministerrrates wandte sich Otto von Habsburg mit der Frage: „Kann der Rat die Gründe erklären, weshalb er der Forderung des Europäischen Parlaments, einen europäischen Paß einzuführen, bis jetzt noch nicht nachgekommen ist?" Der Italiener Pedini und der Niederländer Berkhouwer stellten ähnlich formulierte Fragen. Der Minister antwortete, es gäbe innerhalb der Bürokratien noch immer Differenzen, doch hoffe er, daß der Europagipfel im März eine endgültige Entscheidung bringen werde. Er jedenfalls sei optimistisch. Und tatsächlich konnten bereits am 18. März 1981 die Zeitungen über den großen Durchbruch berichten. Im heimatlichen Bayern meldete der „Münchner Merkur" auf der Titelseite: „Die 270 Millionen Bürger in der Europäischen Gemeinschaft sollen spätestens zum 1. Januar 1985 einen einheitlichen europäischen Reisepaß erhalten. Die EG-Außenminister einigten sich nach siebenjährigem Streit um die Gestaltung der Titelseite auf Initiative der christdemokratischen Abgeordneten Otto von Habsburg, Leo Tindemans und Mario Pedini darauf, daß das weinrote Dokument auf der ersten Seite in Goldschrift die Bezeichnung *Europäische Gemeinschaft* trägt, darunter den Namen des ausstellenden Landes und in der Mitte das Nationalemblem".

Wie bereits erwähnt, hatte vor der Habsburg-Tindemans-Pedini Aktion der Ministerrat in Brüssel den Paß sieben Jahre lang „liegengelassen" – also praktisch so lange verhindert. Auch jetzt hatte er nur unter Druck gehandelt und es stand eindeutig fest, daß der Hauptmotor dieses Druckes der Europa-Abgeordnete Otto von Habsburg war. Ein Vertreter des Ministerrates gab auch zu: „Ohne den parlamentarischen Druck wäre der Paß nie beschlossen worden".

Otto von Habsburg sah in diesem Erfolg einen ersten Schritt vorwärts. Einen kleinen Schritt zwar, aber ein chinesisches Sprichwort sagt, daß auch ein tausend Meilen langer Weg mit einem ersten Schritt beginne. Er betrachtete den Europa-Paß nur als Ausgangspunkt für weitere Ziele, die jedoch ohne diesen ersten kleinen Schritt unerreichbar bleiben würden. Das nächste Ziel: die einheitliche europäische Staatsbürgerschaft, und auf dem Weg dorthin schrittweise Lösungen einzelner Fragen, wie Grenzkontrollen und Aufenthaltsbewilligung. Ein Schritt soll dem anderen folgen, langsam, aber stetig in die Richtung der Integration.

Selbstverständlich hielt Otto von Habsburg die vom Rat angegebene Zeitspanne bis 1. Januar 1985 für zu lange. Deshalb interpellierte er am 8. April und 6. Mai 1981 neuerlich in dieser Angelegenheit. Seine Ausführungen lösten eine heftige Diskussion aus, und der Vertreter des Rates erklärte schließlich, daß der 1. Januar 1985 das späteste Datum sei und daß die Regierungen der Mitgliedsstaaten das Recht hätten, den einheitlichen Paß schon vorher auszustellen.

Im Laufe dieser Diskussion gelang Otto von Habsburg dann auch die

Anbahnung des „zweiten Schrittes“, die Abschaffung der Grenzkontrollen.

Während der Sitzungsperioden des Parlamentes übernahm es Otto von Habsburg, Besuchergruppen zu informieren, eine Aufgabe, die viele Abgeordnete ganz gerne abschütteln. Für ihn jedoch war es die sicherste Methode, daß der Abgeordnete in intensiver Verbindung mit seinen Wählern bleibt. Ohne diesen Kontakt ist die Demokratie für den Bürger nur eine abstrakte Sache und mit der Zeit könnte die Politik für ihn gleichgültig werden. Er unterzog sich deshalb dieser oft zeitraubenden Verpflichtung.
Wie spielt sich der Empfang einer Besuchergruppe ab? Ein gutes Beispiel dafür sind die Schüler einer Bamberger Knaben- und Mädchenschule. Das Treffen fand in einem mittelgroßen Saal des Parlamentes statt und dauerte ungefähr eineinhalb Stunden. Otto sprach durchwegs stehend. Nach einer kurzen Einleitung erklärte er den Mechanismus und die Tätigkeit sowie die Arbeitsweise des Parlaments. Er legte dar, daß die Kommissionen die Belange jeweils sorgfältig und gründlich ausarbeiten und sie dann vor das Plenum bringen. Er zählte auf, in welchen Kommissionen er mitarbeite und aus welchen Gründen es gerade diese seien. Dazu bemerkte er, daß er auch in diesem Augenblick in einer Kommission anwesend sein sollte, er jedoch einerseits wisse, daß die zur Debatte stehende Frage in guten Händen sei, und er es andererseits für wichtig erachte, sich diesen seinen Besuchern zu widmen. Ein Abgeordneter allein habe oft nicht die Möglichkeit, sich das nötige Wissen für jede einzelne Frage anzueignen, besonders wenn es sich um Fachgebiete handle. Er selbst, zum Beispiel, nähme die Ratschläge seines Parlamentskollegen Ingo Friedrich in Anspruch, wenn es um Probleme der Stahlerzeugung gehe, bei der Budget-Kontrolle dagegen die Hinweise des Abgeordneten Heinrich Aigner. Beide seien auch wirklich ausgezeichnete Experten auf ihrem Gebiet. Otto von Habsburg erzählte den jungen Leuten, wie vielschichtig und fast pausenlos die Arbeit sei, die auf den einen oder anderen Delegierten entfalle. Er sei im allgemeinen von 8 Uhr früh bis 8 Uhr abends im Gebäude, wenn nötig werde jedoch auch bis tief in die Nacht hinein diskutiert. Er erwähnte auch, wie lästig und unnötig es sei, daß die Parlamentarier zwischen Straßburg und Luxemburg pendeln müßten, und zwar mit allen Dokumenten, einfach weil man sich noch immer nicht für einen einzigen Tagungsort entscheiden konnte, von den dadurch verursachten Kosten gar nicht zu sprechen.

Dies seien nur einige Gedanken, die er ihnen hatte mitteilen wollen, er fände es aber besser, wenn die jungen Leute für den Rest des Beisammenseins an ihn Fragen richteten. Zuerst herrschte verlegenes Schweigen, wie meistens, da keiner sich gerne als erster melden möchte. Auf Ottos Ermunterung hin, jemand solle doch das Eis brechen, kam dann die erste Anfrage, gefolgt von einer nicht endenwollenden Flut von Fragen. Es stellte sich heraus, daß die Jugend sich vor allem für die Angelegenheiten Europa-Paß, europäische Hauptstadt und Grenzkontrollen interessiert! Wie lange man noch im Sommer stundenlang an einem Grenzübergang in der Kolonne stehen müsse? Otto sah seine Überzeugung bestätigt, daß es diese „kleinen" Fragen seien, die die Bürger interessieren und durch welche sie Europa und das Europäische Parlament verstehen lernen. Die Integration bedeute ihnen etwas, wenn sie in ihren Alltag hineinreiche. Dann wurden auch kritische Fragen laut: wieviel ein Abgeordneter verdiene, warum manchmal mehr Besucher auf der Galerie zu sehen wären als Abgeordnete auf ihren Plätzen, ob die Herren die Arbeit scheuten, warum viele von ihnen während einer Diskussion nicht aufpaßten, sondern sich in ihre Zeitungen vertieften, etc. Es hagelte Fragen und Otto beantwortet sie ruhig und gewissenhaft. Zu seiner Überraschung bekam er zwischendurch öfters Applaus, auch von jenen, die ursprünglich schüchtern und zurückhaltend waren.

Wieviel verdient ein Abgeordneter? Otto wußte sofort, warum diese Frage gestellt wurde, denn die Zeitungen waren kurz vorher voll mit Nachrichten über die unfaßbar hohen Gehälter der Straßburger Europa-Parlamentarier. Er war damals der Sache nachgegangen und hatte festgestellt, daß jener Delegierte, der diese falsche Nachricht in die Welt hinausposaunte, der italienische Anarchist Pannella, einfach alle Summen, die für die Arbeit der Parlamentarier ausgegeben wurden, darunter auch die Gehälter der Beamten, durch die Anzahl der Abgeordneten dividierte. Er hatte dabei nicht berücksichtigt, daß ein sehr großer Teil der Kosten von der Verwaltung aufgebraucht wird, also die Abgeordneten diesen nicht einmal zu sehen bekommen und ihr Gehalt damit nichts zu tun hat. Durch diese Berechnung gelangte er zu astronomischen Ziffern für die Gehaltszahlungen. Es sei traurig, fügte Otto hinzu, daß die Presse solche irreführenden Nachrichten ohne genaue Überprüfung für bare Münze nimmt und überall verbreite. Warum manchmal zu wenige Abgeordnete im Sitzungssaal anwesend sind? Nun, das sei nicht ihre ausschließliche Arbeit, denn wie das Beispiel zeige, stehe er gerade hier bei ihnen in einer in seinen Augen jedenfalls wichtigen Diskussion, und von der Galerie aus gesehen könnte man leicht sagen, Habsburg ist nicht auf seinem Platz, Habsburg arbeitet nicht. Außerdem seien die Besucher gerade an einem Freitag gekommen, also zu einem Zeitpunkt, an dem sich die Abgeordneten beeilen, zum Wochenende nach Hause zu fahren, denn gerade zum Wochenende können sie am besten mit ihren Wählern Kontakt aufnehmen, Versammlungen veranstalten, Vorträge halten. Und das sei ja auch eine wichtige Arbeit der Delegierten. Deshalb benützten sie die Züge, die Freitag mittag abfahren. Er selbst sei ja noch in einer günstigen Lage, er habe am Nachmittag einen direkten Zug nach München, doch was solle zum Beispiel sein hervorragender Kollege Karl Fuchs tun, der nach Passau reisen müsse und keine gute Verbindung habe. Was das Zeitunglesen während der Sitzungen betreffe, sehe er natürlich ein, daß dies optisch ungünstig wirke, andererseits kämen die Parlamentarier aus Zeitmangel vielleicht kaum zum Lesen. Es sei aber für sie notwendig, darüber informiert zu sein, was in der Welt vorgehe. Die meisten haben übrigens bereits Routine darin, gleichzeitig auch zuzuhören. Scherzhaft fügte er hinzu, manchmal interessiere vielleicht auch der Artikel im Blatt mehr als die Reden . . . Bezüglich einer Hauptstadt Europas sei die Frage sehr berechtigt und Otto von Habsburg erklärte seinen eigenen Standpunkt, wie er ihn auch vor den Parlamentsausschüssen und dem zuständigen Forum sowie in Artikeln und Studien ständig vertrete.

Die logische Hauptstadt Europas wäre Straßburg. Glücklicherweise bewerben sich weder Paris noch Rom noch Bonn. Dies vereinfache das Problem. Es stünden drei Städte zur Debatte: Brüssel, Luxemburg und Straßburg. Seiner Ansicht nach wäre es ein besonders wichtiger Gesichtspunkt, daß als Sitz für das Vereinte Europa ein Ort gewählt werde, der nicht die offizielle Hauptstadt irgendeines Mitgliedstaates sei. Straßburg wäre als einzige der in Frage kommenden Städte keine solche Hauptstadt. Es handle sich um eine Stadt mit alter europäischer Kultur, einer gemischten Tradition und schon von Anfang an ein Symbol europäischer Einigung. Straßburg stehe nicht zuletzt auch für die französisch-deutsche Aussöhnung, die die Grundlage geschaffen habe, auf der weiter aufgebaut werden konnte. Er fügte noch hinzu, daß Straßburg einen ausgezeichneten Bürgermeister besitze. Pierre Pflimlin, der zum Beispiel, um das Reisen der Abgeordneten zu erleichtern, dafür gesorgt habe, daß kleine Sechs-Personen-Flugzeuge zwischen Straßburg und Frankfurt verkehren. Seine Information an die Jugend schloß Otto mit einer Ermunterung: „Er freue sich über ihren Besuch, sie sollten wiederkommen, vielleicht der eine oder andere von ihnen später als gewählter Europa-Parlamentarier. Denn die Sitze, die derzeit seine Kollegen und er innehaben, sollten ja schließlich eines nicht sehr fernen Tages „von Ihnen eingenommen werden, meine jungen Freunde."

Welche Positionen hat Otto von Habsburg in diesem Parlament bekleidet?

Er wählte sehr genau jenes Gebiet, das er für seine Arbeit als das wichtigste erachtete, nämlich den Politischen Ausschuß, die Hauptschlagader des Parlamentes. Er wurde sofort in diesen gewählt und gehört ihm als Vollmitglied an. Dieser Ausschuß ist für alle Fragen der Außen-, Sicherheits- und Menschenrechtspolitik zuständig sowie für die Weiterentwicklung der EG zu einem geeinten, politischen Europa. Bald zeigte sich, daß er eines der aktivsten Mitglieder dieser für Europa außerordentlich wichtigen Kommission wurde. 1982 wählte man ihn im Politischen Ausschuß zum Obmann der Europäischen Volkspartei. Der Obmann ist Sprecher seiner Fraktion im Ausschuß, koordiniert die Aktivitäten aller Christdemokraten in diesem Organ und führt die Verhandlungen mit den Obleuten der anderen Fraktionen.

Auch in anderen Ausschüssen übernahm Otto von Habsburg Mitgliedschaften, zum Beispiel im Entwicklungsausschuß. Diesem gehörte er im ersten Jahr seiner Parlamentstätigkeit als stellvertretendes Mitglied an sowie der gemischten AKP-Versammlung, die sich aus Europaparlamentariern und Delegierten aus 60 Ländern Afrikas, der Karibik und des Pazifiks zusammensetzt. Diese Funktion legte er jedoch zurück, um in den Haushaltsausschuß zu gehen.

Er betätigte sich auch im Unterausschuß für Menschenrechte und war Mitglied des Unterausschusses zur Vorbereitung der KSZE-Nachfolgekonferenz in Madrid. Dabei gelang es ihm, die Brandt-Initiative abzuwehren, mit der versucht wurde, das Treffen im Sinne der Sowjetunion zu beeinflussen. Es sollte nämlich schon im voraus die Entscheidung fallen, daß in Madrid die Sowjetunion nicht wegen Mißachtung der Menschenrechte zur Rechenschaft gezogen werde. Den Absichten des Kremls entsprechend, sollte die KSZE-Nachfolge-Konferenz ausschließlich in eine Abrüstungs- und Entspannungskonferenz umfunktioniert werden.

Als spezielle Aufgabe übernahm Otto von Habsburg den Vorsitz über eine Gruppe des Parlamentes, das sich mit den Sprachenproblemen der

Gemeinschaft befaßte. In dieser Funktion koordinierte er die Arbeit von vielen Parlamentariern aller Parteien, die das europäische Sprachenproblem ohne kulturelle Aushöhlung oder technokratische Vereinheitlichung lösen wollen. Ungeachtet jeder ideologischen Konfrontation werden in dieser Gruppe, der auch Sozialisten angehören, Fragen behandelt, die auf das Leben jedes einzelnen Bürgers Einfluß haben. Die Frage, welche Sprache das Vereinte Europa eines Tages sprechen solle, hatte Otto schon vor Jahrzehnten eingehend studiert und war zu dem Schluß gekommen, daß es falsch wäre, eine einzige Sprache auszuwählen. Richtig wäre es dagegen, bereits in der Volksschule überall einen Mehr-Sprachen-Unterricht einzuführen, denn in diesem Alter lernen die Kinder spielend leicht fremde Sprachen, viel leichter als später. Dadurch könnten die künftigen Generationen bereits im Alter von zehn Jahren zwei bis drei europäische Hauptsprachen sprechen. Es bliebe dann jedem überlassen, noch weitere je nach Lust und Laune zu erlernen. Weder eine einzige ausgesuchte Sprache noch irgendeine Kunst-Sprache könnte das Problem lösen.

Mit seinen Reden, seiner Initiative, mit seiner ganzen Tätigkeit bemühte sich Otto von Habsburg Tag für Tag im Parlament, jenen Geist zu verbreiten, den er auch vor seinen Wählern immer vertreten hatte. Bezüglich der Weltpolitik betonte er stets, daß die Sowjetunion und der kommunistische Totalitarismus auch heute die größte Gefahr für Europa, für die Welt, für Freiheit und Frieden darstellen. In engerer europäischer Beziehung unterstrich er, daß ein Vereintes Europa alle Länder umfassen sollte, nicht nur die neun, zehn oder zwölf, und daß man auch die einst freien, unabhängigen und in ihrer Kultur europäischen Völker Mittel- und Osteuropas nicht vergessen dürfe, daß man alle friedlichen Mittel und Wege ausschöpfen müsse, um auch diese Völker zu entkolonisieren. Denn „die Entkolonisierung dürfe nicht in Afrika und Asien stehenbleiben, sondern müsse auch alle Europäer hinter dem Eisernen Vorhang erfassen, denn alle diese, Polen und Magyaren, Slowaken und Kroaten und nicht zuletzt die Millionen Deutschen, die hinter Stacheldrähten und Minenfeldern leben, sind genauso Europäer wie wir“. In diesen parlamentarischen Sitzungen, die sehr oft Probleme wie Weinbau oder Käsetransporte behandelten oder von Berichten über Chile und El Salvador überschwemmt wurden, war es mehr als notwendig und nützlich, daß Otto von Habsburg hartnäckig bei jeder sich bietenden Gelegenheit die östlich der Jalta-Linie lebenden Völker ins Gespräch brachte. Es ist wichtig für das Europa-Parlament, daß es jemanden gibt, der im

Interesse dieser Länder das Wort ergreift und ständig auf sie aufmerksam macht. Das hat Otto von Habsburg getan, ob es im Augenblick opportun war oder nicht, und damit hat er in den Augen dieser Völker historische Verdienste erworben. Dies bezeugen auch viele Nachrichten und Dankesbriefe von jenseits des Eisernen Vorhangs.

Als eine seiner Hauptaufgaben betrachtet es Otto von Habsburg, sowohl im Plenum als auch im Politischen Ausschuß, unermüdlich auf die doppelbödige Politik der Sowjetunion hinzuweisen. Während sie den Frieden verkündet, bringt sie eine ganze Reihe von Staaten unter ihren Einfluß. Sie rüstet auf, während der Westen seine Verteidigungsbereitschaft vernachlässigt. Seine teils nüchternen Ausführungen, teils auch emotionellen Aufrufe konnte er stets auf Grund seiner aus besten Quellen stammenden, umfassenden Informationen mit Tatsachen untermauern. Vor vielen Jahren beispielsweise, als noch kein einziges Weltblatt sich auch nur mit einer diesbezüglichen Vermutung befaßte, schrieb er bereits in einem Artikel in einer Wochenzeitung, daß Südjemen vollständig unter sowjetischen Einfluß geraten würde, und zwar unter Leitung von ostdeutschen Generalstabsoffizieren. Ähnlich genau und zeitlich im voraus waren auch seine Informationen im Europa-Parlament im Falle von Afghanistan und Polen.

Gleich bei der Konstituierung des Parlamentes im Juli 1979 brachte er einen Entschließungsantrag zur Lage in Afghanistan ein und erreichte, daß dieser dann am 26. und 28. September diskutiert wurde. Manche schüttelten damals darüber den Kopf und fragten sich, was Otto von Habsburg wolle, warum er Gespenster sehe oder andere dazu bringen wolle, Gespenster zu sehen, als er von einer Bedrohung Afghanistans sprach. Woher er die Nachrichten hätte, daß die Sowjetunion hegemoniale Absichten auf Kabul habe, daß Flugzeuge einzelne afghanische Dörfer angriffen und die Bewohner zu Tausenden in die Flucht trieben. Seine Mahnung verhallte leider bei den westlichen Regierungen ungehört, doch wurde schon damals die Bereitstellung von Nahrungsmitteln, ärztlicher und humanitärer Hilfe für die 150.000 Flüchtlinge durch die EG beschlossen. Ottos Informationen wurden sehr bald durch die bedauerliche Entwicklung bestätigt: Kaum zwei Monate später, zu Weihnachten 1979, setzte die UdSSR ihre Panzerfahrzeuge in Bewegung. Mit 110.000 Soldaten marschierten die Sowjets in Afghanistan ein. US-Präsident Carter und der deutsche Bundeskanzler Schmidt bezeichneten damals die Situation als einen völlig überraschenden Schock.

Am 18. Januar 1980 verurteilte das Europa-Parlament in einer von Otto von Habsburg mitverfaßten Entschließung diesen Gewaltakt und forderte einen wirtschaftlichen Boykott der Sowjetunion und ihrer Statthalter in Kabul sowie den Boykott der Olympischen Spiele in Moskau durch die freien Nationen der Erde. In den darauffolgenden Monaten meldete sich Otto von Habsburg immer wieder zu Wort, da er merkte, was für einen „Eiertanz" die europäischen Regierungen bezüglich der wirtschaftlichen Sanktionen und der Olympischen Spiele aufführten; es schien die Absicht zu bestehen, mit Glacéhandschuhen auf diese neuerliche sowjetische Aggression zu reagieren. Er setzte sich unermüdlich für die bereits im September beschlossene Hilfeleistung an die afghanischen Flüchtlinge ein und kritisierte deren schleppende und mangelhafte Durchführung. Am 21. Mai 1980 sagte Otto von Habsburg im Parlament, daß der sowjetische Hegemonialismus nicht mit Worten einzudämmen sei. Noch ärger aber sei es, wenn die Taten ausgerechnet das Gegenteil der Worte darstellten – wenn zum Beispiel europäische Staaten ihre Spitzensportler zu den Olympischen Spielen in ein kriegführendes Land entsenden und schon wenige Monate nach dem Überfall bereit sind, die Hand des Aggressors zu schütteln.

Otto von Habsburg wiederholte seine alte These, daß man einen Aggressor nicht bremsen könne, indem man ihm schmeichle oder vor ihm kapituliere. Er trat auch konsequent dafür ein, daß der Westen sich im voraus überlegen müsse, welche Schritte er im Falle einer Niederwerfung Polens unternehmen wolle. In den Monaten des Tauziehens zwischen der „Solidarität" und dem kommunistischen Regime, auch zu den Zeiten, da die Situation hoffnungsvoller zu sein schien, wiederholte er seine Befürchtung, daß Moskau eine unabhängige Gewerkschaft nicht tolerieren werde. Er wisse nicht, wann und in welcher Form das Eingreifen erfolgen würde, sei jedoch davon überzeugt, daß in der Polenfrage der Konflikt vorprogrammiert sei. Für ihn stand fest: wenn Moskau vorprogrammiert, müsse der Westen auch Vorkehrungen treffen. Deshalb brachte er Anfang 1981 eine diesbezügliche Resolution, im Dringlichkeitsverfahren, vors Parlament. Er wurde von fünf Seiten unterstützt, von den Christdemokraten, den Liberalen, Konservativen und Gaullisten, und interessanterweise schloß sich auch die Gruppe der Italienischen Radikalen an, deren Vorstand Pannella allen ideellen Differenzen zum Trotz ein gutes Verhältnis zu Otto von Habsburg hat. Die Sozialisten waren gegen die Resolution und wollten, daß man Polen in erster Linie als humanitäres Problem diskutiere. Demgegenüber verlangte der von Otto eingebrachte Text politische Maßnahmen und zeigte die Verantwortung Rußlands auf. Der Sowjetunion wurde darin deutlich gesagt, daß die Europäische Gemeinschaft für den Fall eines sowjetischen Einmarsches in Polen einen Kredit-Boykott und ein Technologie-Embargo durchführen werde. Es wurde ferner im Dokument gefordert, daß die Madrider KSZE-Konferenz nicht vertagt, jedoch bis zur positiven Klärung der Situation in Polen kein Endkommuniqué angenommen werden dürfe. Die Resolution wurde von Otto von Habsburg verfaßt und erreichte am 10. April 1981 eine große Stimmenmehrheit im Plenum. Die Sozialisten und Kommunisten waren einmütig dagegen. Die Kommunisten verließen vor der Abstimmung den Saal, so daß die Nein-Stimmen ausschließlich aus dem sozialistischen Lager kamen, mit Ausnahme der italienischen Sozialdemokraten. Otto und seine Freunde hatten auch mit Erfolg die Bemühungen einiger linksgerichteter holländischer Christdemokraten, den Wortlaut zu verwässern, vereitelt.

Otto von Habsburg hielt es überhaupt für falsch, wenn parlamentarische Reden oder Resolutionen am Thema vorbeigingen. Ein Abgeordneter ist kein Diplomat und ein Fraktionsvorsitzender kein Außenminister, sondern ein vom Volk gewählter souveräner Vertreter, der auch souverän die Wahrheit aufzeigen muß. Eine im Parlament gehaltene Rede und das Parlament selbst sind nicht dazu da, Tatsachen zu vertuschen oder kosmetisch zu verändern. Er für seine Person hielt sich auch in seinen Ansprachen an diese These und war nicht bereit, die Aktionen der Sowjetunion zu beschönigen oder jene zu schonen, die die hegemoniale Politik der Sowjetunion aus irgendwelchen Gründen – Opportunismus, Naivität oder Verpflichtungen gegenüber dem Osten – zu kaschieren suchten. Diese seine Einstellung kam nicht aus einem Radikalismus oder dem Geist des „Kalten Krieges“, sondern aus der Erfahrung, die er im Kampf gegen Hitler oder später als Sachverständiger der mittel- und osteuropäischen Angelegenheiten – also der Sowjetpolitik hinter dem Eisernen Vorhang – erworben hatte. Seine Kenntnis der Geschichte und seine ausgezeichneten Informationen erlaubten es ihm, klar und eindeutig zu formulieren. So gebrauchte er zum Beispiel einen scharfen Ton, als er am 23. Mai 1980 im Interesse der russischen Bürgerrechtskämpfer das Wort ergriff, im besonderen für den eingekerkerten jüdischen Naturwissenschaftler Tscharansky. Er führte aus, daß die Bürgerrechtler Europa einen Dienst erweisen; er zeigte den sowjetischen Antisemitismus auf und verglich die Vorgangsweise der Sowjetführer mit der Hitlers. Dann fügte er hinzu: „Für uns Europäer aber ist unser Landsmann Tscharansky ein Vorwurf . . . an diejenigen, die wohl gegenüber dem toten Hitler die Helden spielen, aber vor seinen lebenden Epigonien das Knie beugen."

Otto nahm an allen parlamentarischen Initiativen teil, die im Interesse der unter sowjetische Herrschaft gekommenen Völker oder Personen eingeleitet wurden. Im Bestreben, die Lebensbedingungen des in Ostdeutschland zu fünf Jahren Gefängnis verurteilten Rainer Bäurich und des von Moskau nach Gorky verbannten Professors Andrej Sacharow zu erleichtern, organisierte man die Anhörung von Zeugenaussagen vor dem Politischen Ausschuß des Europa-Parlamentes über die Einhaltung der KSZE-Schlußakte (Helsinki-Konferenz) im Moskauer Machtbereich. Auch Sacharow und Bäurich wurden dazu unter Mitwirkung Ottos eingeladen, erhielten jedoch keine Ausreisegenehmigung.

Gemeinsam mit dem Rußlandexperten und britischen Europa-Abgeordneten Lord Bethell, von dem die Initiative ausging, versuchte Otto von Habsburg, eine Debatte über die fortdauernde Besetzung der Baltischen Staaten durch die Sowjetunion auf die Tagesordnung zu setzen. Als Simone Veil als Parlamentspräsidentin das verhinderte, zögerte Otto nicht, dieses Vorgehen als „juristisch unhaltbar" zu bezeichnen. Eine große Rede hielt er am 15. April 1980 in der Debatte über die Verfolgungen der tschechoslowakischen Bürgerrechtskämpfer und ergänzte das Thema mit dem Hinweis auf die Unterdrückung der Religionsausübung in der CSSR, zu der er auch die nötigen Informationen lieferte.

Da für die Staaten hinter dem Eisernen Vorhang auf Grund der sowjetischen Unterdrückung keine Möglichkeit besteht, dem Europa-Parlament anzugehören, tritt Otto von Habsburg gemeinsam mit dem schottischen Abgeordneten Fergusson für die Aufstellung eines leeren Stuhles ein, der symbolisch daran erinnern soll, daß auch diese Völker hier nicht vergessen sind.

Im Oktober und November 1981 erinnerte Otto von Habsburg das Parlament an den 25. Jahrestag des Ungarischen Freiheitskampfes von 1956. In Zusammenarbeit mit dem britischen Abgeordneten Alan Tyrell und dem deutschen Abgeordneten Heinrich Aigner wurde ein Entschließungsantrag eingebracht, der die Erinnerung an den heldenhaften Aufstand der Ungarn vor einem Vierteljahrhundert wieder wachrief, an ihre Europa-Treue, die sie im Laufe einer tausendjährigen Geschichte bewiesen, an ihre europäische Kultur, und der darauf hinwies, daß ungarische Gelehrte, Künstler und Ärzte auch in diesem Jahrhundert nicht nur in Europa, sondern weltweit die Kultur bereichert haben. Diese Entschließung ersuchte den Ministerrat und die Brüsseler Kommission, mit der Regierung in Budapest Kontakt aufzunehmen, damit diese es ihren Bürgern ermögliche, ungehindert mit den Völkern Westeuropas in Verbindung zu treten. Der Antrag wurde vom Plenum ohne jede Debatte rechtsgültig verabschiedet. In Kreisen der Paneuropa-Abgeordneten wurde dieser Umstand als sensationeller Erfolg gewertet.

Wenn Mittel- und Osteuropa auch sein vorrangiges Fachgebiet und eine Herzenssache für Otto von Habsburg sind, beschränkt sich seine Tätigkeit selbstverständlich nicht ausschließlich darauf. Es gibt kaum eine Frage oder ein Gebiet, ein Problem oder eine außenpolitische Entwicklung, zu deren Behandlung durch das Parlament oder den einen oder anderen Ausschuß Otto von Habsburg nicht seinen Teil beigetragen hätte. Türkei, Malta, Libyen, Oman, Kambodscha, Osttimor, auf alle erstreckte sich seine parlamentarische Arbeit.

Zu moralischen Fragen, wie die Abtreibung, ergriff er bei der Diskussion am 11. Februar 1981 das Wort: „Abtreibung . . . ist Mord . . . Daher ist die Freigabe der Abtreibung in vielen Ländern Europas ein Sturz zurück in die Barbarei . . . Die Frage ist berechtigt: Wollen wir ein christlich-humanes oder ein heidnisch-barbarisches Europa, also das Ende einer einmaligen Zivilisation . . .“

Der Rechtsausschuß des Europa-Parlamentes befaßt sich federführend mit der Schaffung eines europäischen Rechtsraumes und einer europäischen Terrorismusbekämpfung. Otto von Habsburg ist im mitberatenden Politischen Ausschuß der zuständige EVP-Berichterstatter für dieses Thema. Nach der Entführung des spanischen Abgeordneten Javier Ruperez durch baskische ETA-Terroristen sagte er in Straßburg: „ETA ist ein wesentlicher Teil jener terroristischen Internationale, die sich heute von Bewegungen in Japan über sogenannte Befreiungsfronten der Palästinenser bis hin nach Europa ausdehnt und versucht, die freiheitlich-demokratische Ordnung weltweit zu stören . . .“

Otto von Habsburg lieferte im Parlament genaue Informationen bezüglich des irakisch-iranischen Krieges, zur Beurteilung des Khomeini-Regimes und zu Problemen der Golfstaaten.

Genaue Kenntnisse und großes Fachwissen bewies Otto in den Fragen Nordafrika und Mittelmeer. Er hatte nicht nur vor geraumer Zeit ein Buch über diese Gebiete geschrieben, sondern unterhielt auch seither ohne Unterbrechung Kontakte zu verschiedenen führenden Persönlichkeiten dieser Länder, zu dem König von Marokko, zu Präsidenten schwarzafrikanischer Republiken, zu schwarzen Wissenschaftlern. In

Anbetracht dieser Kenntnisse betonte er auch konsequent seinen Standpunkt über die Entwicklungshilfepolitik, daß man den Völkern keine Almosen geben sollte oder ihnen mindestens nicht erlauben dürfe, das Geld sinnlos zu vergeuden. Man müsse die Entwicklungsländer dazu führen, aus eigener Kraft und unter Wahrung ihrer Selbstachtung ihren Lebensstandard zu verbessern. Er widerlegte die Auffassung, daß die sozialistische Planwirtschaft für diese Gebiete günstiger sei als die freie Marktwirtschaft. Als eklatantes Beispiel führte er Angola an, das früher ein reiches, blühendes Land und zu Beginn der siebziger Jahre noch einer der bedeutendsten Kaffee-Exporteure der Welt war, und das seit der marxistischen Machtübernahme Lebensmittel einführen muß – sogar Kaffee. Mit wissenschaftlichen Daten bewies er, daß die Ursache der wachsenden Hungersnot in der Welt nicht der Kapitalismus sei, sondern der marxistische Sozialismus. Rußland war vor dem Bolschewismus das führende Agrarland der Welt und ist heute auf Importe angewiesen. Die Lebensmittelknappheit verbreite sich mit dem kommunistischen System. Vor dem zweiten Weltkrieg lebten nur 6 Prozent der Weltbevölkerung unter dem Marxismus, heute sind es bereits 36 Prozent und dementsprechend verschlechtere sich die Lebensmittelversorgung.

Unter seinen zahlreichen Aktionen und Reden müssen drei Angelegenheiten besonders hervorgehoben werden: je eine für Österreich, Gibraltar und Nordirland.

Wenn Otto auch deutscher Staatsbürger beziehungsweise Europa-Abgeordneter geworden war, so blieb doch seine Verbindung zu Österreich in unveränderter Weise aufrecht. er hielt weiterhin Vorträge in Österreich und nahm an Versammlungen teil. Es war ein lächerlicher Versuch gewesen, seine Nominierung zum Europa-Kandidaten mit dem Argument verhindern zu wollen, er hätte die Absicht, im Parlament auch Österreich zu vertreten, obwohl dieser Staat nicht Mitglied der EG sei. Eine kurzsichtige und unsinnige Argumentation, denn Österreich kann ohne EG-Verbindungen nicht gedeihen und ein kleines Land muß alle zur Verfügung stehenden Möglichkeiten nutzen. Österreich liegt im Herzen Europas und ist zum Beispiel ein Durchzugsland zwischen den Mittelmeerhäfen und den EG-Staaten. Speziell in diesem Zusammenhang meldete sich Otto von Habsburg am 15. April 1980 zu Wort. Der Bürgermeister von Triest hatte einen Vorschlag zur Verbesserung der Verbindung zwischen dem Hafen dieser Stadt und dem bayerischen Wirtschaftsraum eingereicht. Dazu war die Finanzierung größerer Projekte, vor allem der Ausbau der Autobahn und die Verstärkung des

Bahnnetzes notwendig. Otto setzte sich voller Energie dafür ein, daß die EG zu den Kosten der österreichischen Pyhrn-Autobahn einen bedeutenden Beitrag leiste. Als Begründung führte er an, daß auch der bevorstehende Beitritt Griechenlands den Ausbau der österreichischen Autobahnen notwendig mache, daß dies also ein vorrangiges Interesse der Europäischen Gemeinschaften sei. Außerdem sei die Finanzierung der Pyhrn-Autobahn auch vom Standpunkt der Energiewirtschaft eine gute Investition seitens der EG. „Wenn man sich vor Augen hält, daß diese direkte Linie Triest–München die Distanz Suez–Hamburg um 2000 Kilometer verkürzen könnte, sieht man die Größe der Einsparungen an Treibstoffen." Aus diesen Überlegungen heraus unterstützte Otto auch den sich mit dieser Frage befassenden Helms-Bericht, den Plan des CDU-Abgeordneten von Niedersachsen, der die Verkehrsstruktur Europas wesentlich verbessern würde.

Im Interesse Gibraltars, oder genauer gesagt der NATO und der westlichen Sicherheit im allgemeinen, erzielte Otto von Habsburg am 21. März 1981 eine gegen die Polisario gerichtete europäische Entscheidung. Die Sowjetunion ist vorrangig bestrebt, die Meerenge von Gibraltar für den Westen unbenutzbar zu machen, indem sie dessen Kontrolle über diese wichtige Verbindung zwischen dem Atlantischen Ozean und dem Mittelmeer ausschalten möchte. Zu diesem Zweck unterstützt sie im Hintergrund jede Aktivität, die zur Destabilisierung Marokkos beitragen kann. Deshalb rief Moskau auch, mit Hilfe Libyens, die „Freiheitsbewegung" eines nicht existenten sahrauischen Volkes ins Leben, die Frente Polisario. Dies mit dem Ziel, die Westsahara von Marokko abzutrennen, dort ein kommunistisches Satellitenregime zu errichten und somit der Meerenge von Gibraltar näherzurücken. Otto von Habsburg befaßte sich vor dem Parlament mehrere Male mit der Frage Libyen und Polisario (14. November 1980, 16. Januar 1981 und 15. Februar 1981). Der vom Abgeordneten Lalor ausgearbeitete Bericht informierte das Parlament über die Situation in der Westsahara. Um diesen Bericht gab es ein fünf Monate dauerndes Tauziehen, denn die linke Seite wollte eine prokommunistische Entscheidung erreichen. Dies konnte Otto verhindern. Während der ganzen Zeit der Auseinandersetzungen im Parlament versuchte das Ghaddafi-Regime durch Gewaltandrohung und Geldangebote einzelne Parlamentarier zu beeinflussen. Libyen drohte auch Italien mit Repressalien. Trotzdem verabschiedete das Parlament – nicht zuletzt als Folge des persönlichen Engagements von Otto von Habsburg – mit einer Stimmenmehrheit von 140 zu

90 eine Entscheidung, die der Polisario eine komplette Absage erteilte. Otto nannte den Lalor-Bericht brillant. In seiner Ansprache vom 12. März 1981 sagte er unter anderem: „Die Polisario ist eine Fremdenlegion im Solde des libyschen Gewaltherrschers Ghaddafi . . . Das Ziel der totalitären und imperialistischen Einheitsfront zwischen der Sowjetunion und Ghaddafi . . . ist die Meerenge von Gibraltar, von der wir auch im nördlichen Europa abhängen.“

Zu einer weiteren wichtigen Intervention Ottos kam es zur Zeit der traurigen nordirischen Ereignisse, als der im Hungerstreik stehende Bobby Sands in einem englischen Gefängnis starb. Der Sitzungssaal und die Gänge des Straßburger Europa-Parlamentes erlebten spannungsgeladene Stunden. Der Linksblock hatte einen leidenschaftlichen Antrag ausgearbeitet, der dazu angetan war, die Stimmung noch anzuheizen. Drei Fraktionen jedoch, die Konservativen, Liberalen und Christdemokraten – letztere unter der Federführung Otto von Habsburgs –, reichten einen gemäßigten Text ein. Damit wollten sie verhindern, daß innerhalb der Gemeinschaft zwei Mitgliedsstaaten in scharfen Gegensatz zueinander geraten, nämlich Großbritannien und die Republik Irland, und daß in Nordirland selbst die Situation in nichtwiedergutzumachender Weise vergiftet wird und dadurch die Terroristen in der IRA moralischen Auftrieb erhalten. Die Mäßigung war keine leichte Sache, weil in dieser speziellen Frage einige linksgerichtete italienische und holländische Christdemokraten dazu neigten, den sozio-kommunistischen Antrag zu unterstützen. Otto von Habsburg, wie in solchen Fällen immer, war in seinem Element. Er sprach der Reihe nach mit den einzelnen Abgeordneten, verhandelte intensiv mit den Briten und den Iren und bereitete inzwischen seine Rede für den Abend vor, in der er einerseits die Tatsachen objektiv darlegen und andererseits mit seinem gemäßigten Ton die Gemüter beruhigen wollte. Am 7. Mai 1981 fand die fast bis Mitternacht dauernde Debatte statt. Otto von Habsburg legte seine schon seit langem gebildete Meinung dar. Der Terror der IRA dürfte nicht toleriert werden, da Terror keine Gesundung und keine Lösungen bringe, andererseits aber müsse sich die englisch-protestantische Gesellschaft Nordirlands zu durchgreifenden Maßnahmen entschließen, um für die Probleme der irisch-katholischen Bevölkerung Abhilfe zu schaffen. Mit dieser Ansicht drückte er auch die Meinung der ganzen Christdemokratischen Fraktion aus. Diese Rede ist so typisch für Otto von Habsburg, für seine politische Persönlichkeit, seine Argumentation, und beleuchtet auch das unglückselige nordirische Problem so deutlich, daß es dafürsteht, den vollen Text kennenzulernen. Hier der genaue Wortlaut aus dem Parlamentsprotokoll:

„... Die wesentlichste Aufgabe unseres Parlaments ist die Erhaltung des Friedens, nach innen wie nach außen. Bei ersterem ist die Vorbedingung der Abbau der bestehenden Spannungen und nicht eine Politik, die diese nur noch verschärfen muß. Zugegeben: Nordirland ist eine überaus schwierige Frage. Und zwar nicht nur, weil es das Erbe einer langen, vielfach tragischen Geschichte trägt. Hinzu kommt, daß die Lösung solcher Probleme, wie bei schweren Krankheiten, nur mit Geduld und Ruhe gefunden werden kann. Man muß Zeit haben. Gerade dies aber wird den Regierungen in den Tagen der Medienexplosion und des ständigen Drängens von Rundfunk und Fernsehen nicht zugestanden. So gesehen wird derjenige, der die Lage sachlich beurteilen will, zugeben, daß die britische wie die irische Regierung ihr Bestes getan haben, um als Vorbedingung einer vernünftigen Lösung die Spannungen abzubauen. Es muß auch betont werden – weil es wahr ist –, daß weitverbreitete Behauptungen über angeblich elende Zustände in den nordirischen Gefängnissen nicht zutreffen. Gefängnisse sind für ihre Insassen immer unerfreulich, aber die Bedingungen in den nordirischen Haftanstalten entsprechen dem europäischen Durchschnitt.

Was die Terroristen forderten, waren Privilegien, die kein Staat zugestehen kann. Wenn also London und Dublin bisher der letzte Erfolg versagt war, ist das nicht nur das Ergebnis der bereits erwähnten Gegebenheiten, denn es gibt auch Kräfte, die den Frieden nicht wollen, und darum handelt es sich bei den Ereignissen, die zu der Tragödie von Long Kesh geführt haben.

Gegen Terrorismus, das zeigt die Geschichte, gibt es nur eine Waffe: Unter gar keinen Umständen nachgeben und nach Beendigung des Terrors Lösung der politischen und sozialen Probleme, die die Terroristen ausbeuten. Es sei mir als überzeugtem Katholiken eine Bemerkung erlaubt: Es ist Aufgabe der Kirchen, aller Kirchen, alles zu vermeiden, was die Spannungen verschärft oder den Eindruck eines Religionskrieges erwecken kann.

Die Kirchen auf beiden Seiten haben hier eine Verpflichtung, die sie wahrnehmen sollten. Bei der Bekämpfung der Plage des Terrorismus kommt auch Europa eine wichtige Rolle zu. Wir brauchen mehr denn je den europäischen Rechtsraum, um endlich dem grenzüberschreitenden Terrorismus mit den gleichen Waffen zu begegnen. Der Terrorismus bedroht alle, auch diejenigen, die hoffen, daß er ihren Zielen dienen kann.

Das sollten jene berücksichtigen, die bisher diese überfällige Maßnahme verhindert haben. Und wir im Europäischen Parlament sollten alles tun, um die Konflikte zu beenden und die Diskussion zu versachlichen, indem wir uns an den Tatsachen und nicht an propagandistischen Verzerrungen orientieren und alles vermeiden, was die Gegensätze verschärfen kann.

Daher ersuche ich dieses Haus dringend, vielleicht nicht zuletzt unter dem Eindruck der bewegenden Worte des Freundes Lalor, den Antrag Haagerup zu den vorliegenden Entschließungen anzunehmen, denn damit wäre ein Beitrag zum Frieden geleistet, wie ihn die Europäer mit Recht von uns erwarten, nicht zuletzt die heimgesuchte Bevölkerung Irlands."

Nach Ansicht Otto von Habsburgs wurde die Angelegenheit so ausgezeichnet behandelt und war die gesamte Irland-Diskussion von so hohem Niveau, daß sie als eine Sternstunde des Europäischen Parlamentes gelten konnte. Er sah darin einen klaren Beweis, daß dieses Parlament dazu berufen sei, wichtige politische Aufgaben zu erfüllen.

Außenpolitik! Zweifelsohne ist dies Ottos Hauptgebiet. Schon als Sechsjähriger stand er im Mittelpunkt weltpolitischer Ereignisse und seither ist er kreuz und quer durch die ganze Welt gereist und hat mit großer Intensität Kenntnisse erworben, wie sie wohl nur wenige auf der politischen Szene besitzen. Sein Wissen stellte er ohne Einschränkung seiner Fraktion, der Europäischen Volkspartei, zur Verfügung, und als Folge wurde es eine seiner wichtigsten Funktionen, als Koordinator in bedeutenden außenpolitischen Fragen zu fungieren. wie wir es auch beim Problem Nordirland gesehen haben.

Es erwies sich auch als besonders nützlich, daß Otto von Habsburg immer zur Stelle war. Er war bei 125 von insgesamt 126 Plenarsitzungen der ersten zwei Jahre anwesend. Eine seltene Leistung. Mit der gleichen Gewissenhaftigkeit bemühte er sich auch, an allen Sitzungen der Kommissionen in Luxemburg und der Christlich-Demokratischen Fraktion in Brüssel teilzunehmen. Das hieß praktisch, daß er drei Wochen pro Monat zwischen drei europäischen Städten pendeln mußte mit Blitzbesuchen zwischendurch in München und zu Hause in Pöcking. Auch seine Reisen nach Bayern hingen größtenteils mit seiner Funktion als Abgeordneter zusammen.

An einem Wochenende, am Samstag den 25. Juli 1981, organisierte er eine Straßenaktion mit dem Zweck, den Europa-Gedanken populär zu machen. Er hatte schon vor langer Zeit und immer wieder die Notwendigkeit betont, die Grenzkontrollen abzuschaffen. Gemeinsam mit dem örtlichen CSU-Bundestagsabgeordneten Matthias Engelsberger, mehreren Leuten der Paneuropa-Union und einigen seiner Familienmitglieder veranstaltete er eine gelungene Initiative an der deutsch-österreichischen Grenze, direkt an der Autobahn. Die sich nach Süden schiebende Blechlawine wurde durch die Grenzkontrollen so stark aufgehalten, daß es zu vier bis fünstündigen Wartezeiten kam. Auf der Höhe des Walserberges gingen die Teilnehmer die wartenden Autoschlangen entlang und Otto von Habsburg verteilte persönlich Paneuropa-Union Flugzettel mit der Überschrift „Weg mit den Grenzkontrollen – Freizügigkeit in Europa." Das Blatt sagte unter anderem, daß diejenigen, die die Grenzkontrollen beibehalten wollen, damit argumentieren, daß man nur so mit Erfolg den Terrorismus bekämpfen könne; die Wahrheit aber sei, daß man den europäischen Rechtsraum schaffen müsse, denn ein solcher würde die Terroristen viel besser zügeln können als der Umstand, daß Millionen an den Grenzen warten müssen. Die Reisenden nahmen die Aktion mit großem Beifall auf. Es gab unter ihnen auch ungarische Autofahrer, mit denen Otto sich auf Ungarisch unterhielt. Sie waren natürlich an viel strengere Kontrollen gewöhnt, an Stacheldraht und Minenfelder, und sie seufzten: „Wenn doch auch wir einmal zum freien Europa gehören könnten" . . . Otto sprach mit ihnen vom Ideal eines Groß-Europa. Dann mußte er das Gespräch unterbrechen, denn die Reporterin des Bayerischen Rundfunks, Petra Schürmann, hatte die Verbindung herstellen können und es mußte schnell ein live-Interview für zweieinhalb Millionen Hörer improvisiert werden. Im Äther hörte man Fragen und Antworten:

Petra Schürmann: „Sie stehen vor einer Grenze. In einem Stau. Die Luft wird verpestet. Sie verlieren Zeit – kostbare Zeit – Urlaubszeit. Und das mitten im freien Europa, in dem schon vor Jahrzehnten Grenzpfähle verbrannt wurden. Auf der einen Seite des Schlagbaumes liegt Deutschland. Es gehört zur Europäischen Gemeinschaft, die jetzt einen gemeinsamen Europapaß beschlossen hat. Auf der anderen Seite liegt Österreich. Es gehört zum Europarat, bekennt sich damit zur europäischen Idee. Wozu dann noch Schlagbäume und Grenzkontrollen? Die Paneuropa-Union fordert: ‚Weg mit den Grenzkontrollen!'

Das ist das Zitat aus einem Flugblatt, das Dr. Otto von Habsburg, Mitglied des Europa-Parlamentes, mit den Autofahrern bei der Abfahrt zur Tankstelle Piding, auf der Autobahn Salzburg, diskutiert. Ich bin jetzt

Gott sei Dank mit ihm telephonisch verbunden, endlich haben wir es geschafft!

Dr. Otto von Habsburg, wie reagieren die Autofahrer auf dieses Flugblatt?"

Otto von Habsburg: „Es ist sehr erfreulich, sie reagieren ungemein positiv. Ich habe bisher keine einzige negative Reaktion gehabt, ebenso meine Kollegen – Herr Engelsberger, der hiesige Abgeordnete zum Bundestag, und andere Freunde der Paneuropa-Union, die hier mithelfen. Die Reaktion ist durchaus positiv, und zwar ganz gleich, ob es sich um EG-Europäer oder um andere Europäer handelt."

P. S.: „Sie sind alle für Europa?"

O. v. H.: „Sie sind absolut alle dafür. Und natürlich dieser Stau, der hier sehr arg ist, zeigt ihnen noch klarer, wie absurd die Grenzen heute im 20. Jahrhundert sind, in einem Europa, das so stark bevölkert ist . . . Ich habe heute noch viel mehr Verständnis für die Grenzbeamten, als ich es je gehabt habe. Denn es ist unvorstellbar, wie die Luft hier verpestet ist. Allein schon aus umweltschützerischen Gründen gehörten diese Grenzen weg."

P. S.: „Gut. Unter diesem Gesichtspunkt bin ich auch dafür. Unter anderen vielleicht auch. Ich bedanke mich ganz herzlich bei Ihnen. Ich hoffe, daß Sie noch viel Erfolg haben und daß der Europa-Gedanken sich dann auch durchsetzt."

O. v. H.: „Ja! Der wird sich durchsetzen! Danke! Grüß Gott!"

Am nächsten Tag schrieben die bayerischen Zeitungen anerkennend: „Ein guter Gedanke Otto von Habsburgs, in der EG die Grenzkontrollen fallenzulassen". „Das sommerliche Chaos auf der Autobahn zwischen Frankfurt, Nürnberg und Salzburg wiederholt sich in trauriger Regelmäßigkeit . . . Nur einer zog Nutzen aus dem Chaos, Europaparlamentarier, Kaiserenkel und CSU-Ehrenmitglied Otto von Habsburg stellte sich mit dem Mikrophon bewaffnet an die Tankstelle Piding, kurz vor der österreichischen Grenze, und machte Reklame für ein schlagbaumfreies Europa."

Ungefähr um die gleiche Zeit reiste Otto von Habsburg nach Wien, mit der Absicht, das Flüchtlingslager in Traiskirchen zu besuchen. Die polnische Flüchtlingswelle warf nämlich schon ihre Schatten voraus und Otto – sowohl als gebürtiger Österreicher als auch als Europa-Mandatar – wollte die wachsenden Sorgen Österreichs auf diesem Gebiete lindern. Das Lager war bereits überfüllt und in Wien beklagte man sich bitter, daß die Staaten der freien Welt nicht in ausreichendem Maße zu helfen bereit waren. Otto hatte es übernommen, im Auftrag der Europäischen Volkspartei die Lage in Wien und Berlin (dem zweiten Zentrum der Polenflüchtlinge) zu untersuchen und Bericht zu erstatten. Im europäischen Forum agierte er in zwei Richtungen, da es seiner Ansicht nach um zwei Aufgaben ging:

1. bei den einzelnen westeuropäischen Regierungen zu intervenieren, damit genügend Flüchtlinge aufgenommen werden,
2. aus dem Katastrophenfonds der Europäischen Gemeinschaft finanzielle Hilfe für die Polen bereitzustellen.

Schon vorher, Anfang Juli, hatte er im Straßburger Parlament eine Interpellation eingebracht, in der er darauf aufmerksam machte, daß die polnische Krise sich verschärfen und die Anzahl der Flüchtlinge steigen würde. Seine Anfrage begründete er damit, daß Österreich schon jetzt mit zweihundert neuen Flüchtlingen täglich belastet sei und der Republik nicht zugemutet werden könne, Tag für Tag mehr als eine Million Schilling für die Betreuung der Opfer der Polenkrise allein aufzubringen. Ottos Besuch und seine Initiative wurden in Österreich mit Freude aufgenommen. Der Landeshauptmannstellvertreter von Niederösterreich, Erwin Pröll, informierte ihn, wie vielen Flüchtlingen dieses Bundesland im Falle einer krisenhaften Entwicklung übergangsweise Unterkunft sichern könne. Auch mit dem Obmann der Österreichischen Volkspartei, dem ehemaligen Kultusminister Alois Mock, sowie mit dem UN-Hochkommissar für das Flüchtlingswesen führte er Gespräche, die positiv verliefen. Hingegen kam es wieder zu einem kleinen Nachwehen der Anti-Habsburg-Einstellung, denn der sozialistische Innenminister verhinderte Ottos Besuch im Flüchtlingslager Traiskirchen mit der Begründung, es sei „zu wenig Personal da, um den Besuch zu erlauben“. Die Reflexion Ottos auf diese Verordnung: „Ausdruck kleinkarierter provinzieller Parteipolitik.“ Nach diesem Vorfall gab Otto von Habsburg in Wien eine Pressekonferenz im Presseclub Concordia und hier kam es zu einem interessanten Zwischenfall bezüglich der Sowjets. Die Grazer „Kleine Zeitung“ berichtet darüber: „Der blendend aussehende Habsburger formulierte elegant, aber seine Konzilianz hatte dort Grenzen, wo es um Grundsatzfragen ging. Zunächst zur Situation in Polen: ‚Wo immer der Marxismus in die Wirtschaft eindringt, hört die Produktivität auf und fängt das Elend an.‘ Nachdem bei der Pressekonferenz, auch auf Grund eines Einwurfes von Simon Wiesenthal, ausführlich die triste Wirtschaftslage in Polen sowie die bürokratische Behinderung von Lebensmittellieferungen aus dem Westen zur Sprache kamen, war es mit der Geduld des Wiener Vertreters der sowjetischen „Prawda“ zu Ende. Er wollte wissen, warum dieser ‚immer nur Themen des Kalten Krieges‘ behandle und warum er sich nicht gegen US-Präsident Reagan in der Abrüstungsfrage wende.

Der Europaparlamentarier antwortete: Erstens müße das Problem der Polenflüchtlinge ‚uns alle angehen‘. Und dann zum Thema Reagan: „Ich bin sehr positiv angetan von Präsident Reagan und es ist ein großes Glück, daß gegenüber dem sowjetischen Hegemonialismus die Amerikaner endlich wieder ihre Rolle in der Welt spielen.“ Einige Habsburg-Anhänger im Saal applaudierten demonstrativ.“

Was die außerhalb des Parlamentes geleistete Arbeit, hauptsächlich gegenüber seinen bayerischen Wählern betrifft, sagen wohl folgende Daten am meisten aus: in den zwei Jahren zwischen seiner Wahl am 10. Juni 1979 und dem 10. Juni 1981 hat Otto von Habsburg in Bayern, im übrigen Deutschland und in einigen anderen europäischen Staaten insgesamt bei 353 Versammlungen und Kundgebungen gesprochen beziehungsweise Vorträge gehalten. Von diesen entfielen 197 auf den Wahlkampf 1980 zum Deutschen Bundestag, das heißt Otto besuchte wieder Städte und Dörfer, diesmal jedoch nicht im Interesse einer eigenen Kandidatur, sondern um anderen zum Erfolg zu verhelfen.

Am Ende des zweiten Jahres der Legislaturperiode begann Otto bereits an die Europawahl von 1984 zu denken und beobachtete, daß auch andere Parlamentskollegen anfingen, sich mit diesem Datum zu beschäftigen – manche mit Zuversicht, andere mit Besorgnis. Otto verbuchte dies als eine erfreuliche Tatsache, zeigte sie doch, wie gut und wichtig die Direktwahl war. Solange die Abgeordneten des Europäischen Parlamentes nicht von den Wählern beauftragt, sondern einfach von ihrer Partei aus dem nationalen Parlament nach Straßburg delegiert wurden, brauchte sich niemand wegen seiner Rückkehr in der nächsten Legislaturperiode Gedanken zu machen. Jetzt gab es aber den „König“, nämlich den wahlberechtigten Bürger, der den Delegierten dafür zur Rechenschaft ziehen konnte, ob er etwas für Europa geleistet habe oder nicht. Otto sah mit Freude, daß sich in einzelnen Staaten, zum Beispiel in Belgien, sogenannte Bürgerinitiativen bildeten, die dem Zweck dienten, die Europa-Parlamentarier zu überwachen und zu größerer Aktivität anzuspornen.

Mit der Wahl des Europa-Parlamentes begann auch in der Geschichte der Paneuropa-Union ein neues Kapitel. Schon deshalb, weil ungefähr fünfzig bewährte Paneuropa-Politiker aus fast allen EG-Mitgliedsländern in das Straßburger Parlament einzogen. Jeder war Mitglied seiner eigenen Fraktion, aber parallel auch Mitglied der privaten Gruppe der Paneuropa-Union, die sich sehr intensiv im Interesse der Abgeordneten auch in den einzelnen Wahlkreisen einsetzt. Neuerdings steigt erfreulicherweise die Anzahl der jungen Mitglieder und der aktiven jungen Leiter. Beim Jahreskongreß der Paneuropa-Union gehörte in den letzten Jahren bereits die Hälfte der Delegierten der jungen Generation an. Otto von Habsburg: „Auf allen Podien waren Vertreter der Jugend, die im Gegensatz zu den ‚Berufsjugendlichen' wirklich ernst mitgearbeitet haben. Hier war eine Jugend, die nicht fordert, sondern sich fragt, was sie selbst für die eigene Zukunft leisten kann." In der Hauptversammlung der Paneuropa-Union im Jahre 1981 in Brüssel wurden die neuen Statuten ausgearbeitet, die den geänderten Dimensionen der Bewegung besser Rechnung tragen. Dies wurde einerseits durch die stark angewachsene Mitgliederzahl, andererseits durch die Arbeit im Parlament notwendig. Es wurde der Entschluß gefaßt, alle Präsidiumssitzungen fortan am Ort des Europa-Parlaments in der Periode der Plenarsitzungen abzuhalten. Im neugewählten Präsidium bekamen führende Parlaments-Abgeordnete einen Sitz: Präsident: Otto von Habsburg, Vizepräsidenten: Olivier d'Ormesson, Adam Fergusson, Paolo Barbi, Luc Beyer de Ryke, Ingo Friedrich, Erhard Jakobsen. Der Generalsekretär Vittorio Pons und sein Stellvertreter Jacques Jonet sollten regelmäßig bei den Plenarsitzungen des Parlaments ebenfalls anwesend sein.

Diese internationale Organisation erleichtert natürlich auch Ottos Arbeit in Straßburg, denn seine Paneuropa-Mitarbeiter liefern ihm sozusagen die Informationen aus der Innenpolitik jedes Landes „ins Haus". Einst hatte ein westeuropäischer Minister Otto von Habsburg als einen der bestinformierten Menschen der Welt bezeichnet, Roosevelt nannte ihn während des Weltkrieges den bestinformierten Europäer neben dem Papst, und es steht außer Zweifel, daß er auch im Europäischen Parlament zu jenen gehört, die in allen Belangen stets auf dem laufenden sind. Diese Kenntnisse werden von seinem ausgezeichneten Gedächtnis registriert und bewahrt. Seine exakten Beobachtungen machen es ihm möglich, Personen und Ereignisse kurz und treffend zu charakterisieren, und jene Fragen zu beantworten, die ihm seine Mitarbeiter, Parlamentskollegen oder das Publikum in seinem Wahlkreis stellen.

Otto von Habsburg beobachtet und charakterisiert seine Umgebung und registriert mit erstaunlicher Klarheit Positives und Negatives:

Von Bruno Friedrich, seinem Gegner im Wahlkampf, stellte er nun fest, daß er zu den gemäßigteren Sozialisten gehöre. Eine der fanatischsten Persönlichkeiten im sozialistischen Lager war nach Ottos Meinung die Holländerin Frau van den Heuvel und er fügte hinzu: „eine sehr intelligente und strategisch denkende Dame". Er empfand es als sehr positiv, daß Gaston Thorn der neue Präsident der Kommission wurde, weil Thorn die Kommission energisch zu leiten wisse und die Zusammenarbeit mit dem Parlament wünsche. Ein andermal erklärte er im privaten Kreis: „Es ist eine Freude, im Haushaltsausschuß zu arbeiten, weil der Vorsitzende, der Sozialist Lange, viel Autorität zeigt, kein überflüssiges Gerede erlaubt und tatsächlich eine sachliche Arbeit leistet." Er nahm zur Kenntnis, wenn ein Abgeordneter erzählt, der Vorstand der Sozialistischen Fraktion, der Belgier Ernst Glinne, hätte sich selbst als einen „halben Trotzkysten" bezeichnet. Er hörte wortlos zu, wenn man sich in der Sozialistischen Fraktion über den ehemaligen deutschen Bundeskanzler Willy Brandt empört, weil er, obgleich er ein Mandat im Parlament innehat, nur selten anwesend ist und wenn er erscheint, den anderen sozialistischen Abgeordneten die Redezeit im Plenum einfach wegnimmt. In der Debatte um den „Hunger in der Welt" hatte ihm die Fraktion 30 Minuten ihrer Redezeit zugestanden, aber er hatte 58 Minuten gesprochen! Otto lächelte amüsiert, als er erfährt, daß unbekannte Täter eines Tages an der Türe des Zimmers des fast ständig abwesenden Willy Brandt einen Zettel mit dem Hinweis „Zimmer zu vermieten" angebracht hatten. Als es der Europäischen Volkspartei gelang, einen erfolgreichen Konsens bei dem schwierigen agrarpolitischen Programm zu erzielen und auch die Diskussion im Plenum ein gutes Resultat verzeichnete, bemerkte er: „Das Hauptverdienst lag bei dem fraktionsvorsitzenden der Europäischen Volkspartei, Egon Klepsch, der die Diskussion mit Geschicklichkeit und Umsicht lenkte."

Nach Ansicht Otto von Habsburgs mache das erste direkt gewählte Europäische Parlament trotz aller Schwierigkeiten jeden Monat einen Schritt vorwärts und fasse in zunehmenden Maße Selbstvertrauen. Er stellte fest, daß auf gewissen Gebieten eine sinnlose Verschwendung getrieben werde, daß der eine oder andere Abgeordnete manchmal einen teuren und viel zu zahlreichen Stab als Begleitung auf eine offizielle Reise mitnehme – auf Kosten des Parlaments. Er hält es für ein positives Zeichen, daß so manche Delegierte den strengen und geschickten Vorstand des Kontroll-Ausschusses, Heinrich Aigner, immer mehr respektieren. Otto merkte sich vor, daß es gut wäre, öfter namentliche Abstimmungen im Plenum abzuhalten, denn dadurch würden auch lässige Abgeordnete aktiver.

Alles in allem ist Otto von Habsburg Optimist. Er sieht zwar mit kritischen Augen die Schwierigkeiten, verliert jedoch nicht die Hoffnung. Vielleicht weil er selbst so viel arbeitet. In seinem Bericht, den er nach zwei Jahren parlamentarischer Tätigkeit für jene abfaßte, die seinen Wahlkampf unterstützt haben, betont er, daß die Arbeit erst jetzt richtig beginne. Das – stellt er fest – „gilt für die Wähler wie für die Abgeordneten. Die Zusammenarbeit aus den Tagen des gemeinsamen Wahlkampfes muß weiter gepflegt werden. Die Mandatare müssen ohne Abstrich im Einsatz stehen. Das kann ich für mich versprechen, solange die Kräfte reichen."

Der Autor wollte gerne wissen, wie Otto von Habsburg von seinen Abgeordnetenkollegen beurteilt wird. Deshalb machte er als Reporter einen Blitzbesuch im Straßburger Parlament. Insgesamt nur zwei Tage, die gut genutzt werden mußten.

Die Eingangshalle des Parlaments erinnert an summende Bienenstökke. Eine schwungvolle breite Treppe führt in den Stock hinauf. Das Auskunftspersonal, besonders die Damen, ist freundlich, aufmerksam und hilfsbereit. Dr. Otto von Habsburg? O ja, Zimmer 328 – gibt eine italienische Angestellte, mit der man auch deutsch und englisch sprechen kann, Auskunft. Oben im Stockwerk weitere Wegweiser: zu den Zimmern der Delegierten kommt man durch den „Tunnel". Jedoch Otto von Habsburg befindet sich nicht in seinem Zimmer, er ist im Sitzungssaal. Der Abgeordnete A. ist in diesem Sitzungsabschnitt nicht anwesend; Abgeordneter B. ist bei einer Fraktionssitzung. Der Abgeordnete C. verspricht dem Reporter, ihm am nächsten Tag ein Interview zu geben, er würde seine Ansicht gerne auf ein Tonband sprechen. Die Abgeordnete D. meint, es wäre besser, wenn sie ihre Meinung sofort sage, denn wer weiß, ob sie nachher noch eine einzige freie Minute habe ...

Zwei Tage dauert die Jagd nach Interviews. Inzwischen stellt der Besucher fest, daß das Renommée Otto von Habsburgs in diesem Gebäude im allgemeinen sehr gut ist. Jeder kennt ihn, jeder weiß etwas über ihn, die Kollegen, die Sekretäre, die Saaldiener, die Beamten. Nahezu jeder erzählt die „sensationelle" Episode, den lateinischen Dialog. Der Europa-Abgeordnete Mario Capanna von der italienischen Partei der Proletarischen Einheit wollte bei einer Gelegenheit extravaganterweise seine Rede im Sitzungssaal auf Lateinisch halten. Alle blickten erstaunt und nur wenigen war es klar, daß der Onorevole Delegierte sich der Sprache des klassischen Roms bediente, fast niemand verstand, was er sagte. Besonders konsterniert waren die Simultandolmetscher, diese Meisterübersetzer. Cicero hatte zwar viele schwungvolle Parlamentsreden in dieser Sprache gehalten, aber das war lange her! Daß so etwas auch heute noch vorkommen kann, darauf wurde in den Dolmetscherschulen nicht Bedacht genommen. Der Präsident versuchte, Abhilfe zu schaffen, indem er den Signore Capanna aufforderte, seinen Vortrag in einer der eingeführten Sprachen der Gemeinschaft fortzusetzen. Zum Beispiel auf Italienisch. Mario Capanna hielt jedoch am Idiom Vergils fest und begründete sein Vorgehen damit, daß es keine Vorschrift im Parlament gebe, die es einem Abgeordneten untersage, seine Rede auf Latein zu halten. Es blieb nichts anderes übrig, man mußte ihn weiter anhören. Zur allgemeinen Überraschung erhob sich Otto von Habsburg nach der Rede, dankte dem Abgeordneten Mario Capanna für seine ausgezeichneten lateinischen Ausführungen und gratulierte ihm dann – ebenfalls in Latein! Einige Minuten lang schien das Europäische Parlament in den Senat des Römischen Imperiums verwandelt zu sein.

Dann wird dem Reporter die andere Habsburg-Story erzählt, die zwar nur erfunden ist, aber auf die der Ausspruch zutrifft „se non è vero è ben trovato“; sie bezeugt nämlich die Popularität des Abgeordneten Otto von Habsburg auch in diesem Kreis – denn der Humor hat sich seiner bemächtigt. Mehrere Zeitungen brachten die Geschichte als den „besten Witz der Woche“ und seither wird er jedem Besucher in Straßburg von neuem erzählt: „Otto von Habsburg arbeitet im Sitzungssaal des Straßburger Europa-Parlamentes noch Akten auf. Da kommt der Saaldiener: „Ihre Kollegen sitzen alle nebenan und schauen sich im Fernsehen das Fußballspiel Österreich–Ungarn an“. Worauf Otto, noch immer in seine Papiere vertieft: „So, so, gegen wen spiel'n wir denn?‘.“

Ein belgischer Abgeordneter berichtet dem Autor eine kleine Episode neueren Datums: In einer kurzen Sitzungspause läßt sich Otto von Habsburg auf ein Kanapé nieder und macht sich in einem auf seine Knie gelegten Block Notizen. Ein neben ihm sitzender Linksradikaler, ebenfalls deutscher Abgeordneter, versucht verstohlen zu lesen, was er schreibt. Otto, der dies bemerkt, hört nicht auf zu schreiben, sondern setzt einfach in ungarischer Sprache fort – und das ist für den pfiffigen Interessenten dann endgültig „Spanisch“.

Der Reporter beobachtete Otto von Habsburg bei der Arbeit. Am Vormittag verbringt Otto so viel Zeit wie möglich im Sitzungssaal und verfolgt die Debatte ... Um 11 Uhr eilt er durch den Park in die Orangerie, jenes Palais, in das Napoleon einst Josephine verbannt hatte, und wo Otto von Habsburg jetzt mit seinem Parlamentskollegen Philipp von Bismarck eine Konferenz über Wirtschaftsfragen abhält und die Anwesenden über die Ziele des Parlamentes informiert. Habsburg und Bismarck – natürlich herrscht großes Interesse ... Das Mittagessen entfällt, das ist nicht wichtig; aus Österreich war ein Journalist gekommen, der seit dem Vortag auf ein Interview wartet, deshalb eilig zurück auf den breiten Gang vor dem Sitzungssaal, zum Mikrophon, die Fragen beginnen ... Am Nachmittag wieder im Sitzungssaal. Manchmal wird Otto hinausgebeten, ein Kollege ersucht um Informationen zu der Rede, die er gerade vorbereitet ... Zurück ins Plenum, denn es spricht einer von der äußersten Linken und es wird gut sein, genau zu wissen, was er sagt ... Später sieht man Otto im Korridor, wie er seinen Pressesprecher Bernd Posselt im Gedränge sucht. Sobald er ihn gefunden hat, fragt er nach den Terminen und Programmen, die für ihn für die nächsten 48 Stunden geplant sind ... Britische Abgeordnete laden Otto ein, auf eine Viertelstunde mit ihnen in die Kantine zu gehen, doch da kommt gerade Pierre Pflimlin auf ihn zu mit wichtigen Nachrichten ... Am Abend geht er nicht sofort ins Hotel, denn einige Mitglieder der Christdemokratischen Fraktion treffen sich mit Journalisten in einem Restaurant in der Nähe von Straßburg. Otto geht daher in die riesige Garage hinunter und setzt sich in seinen organgefarbenen Golf, den er vor kurzem, um Energie zu sparen, gegen seinen großen grünen Mercedes eingetauscht hat. Es ist fast Mitternacht, als er in dem nahe beim Bahnhof gelegenen, gar nicht luxuriösen, sondern gutbürgerlichen Hotel Monopole-Métropole anlangt, und mit etwas Glück auch einen Parkplatz findet. In der Bar neben der Hotelhalle spricht er noch kurz mit dem Parlamentssekretär des Abgeordneten Aigner, Michael Moehnle, und mit einigen Journalisten sowie anderen sich unterhaltenden „Europäern“ und dann – ohne seinen Mitarbeitern direkt nahezulegen, sich zur Ruhe zu begeben – entfernt er sich mit dem leisen Hinweis, daß man am nächsten Morgen um halb acht Uhr ins Parlament aufbrechen müsse ... Tags darauf: Er macht einen kurzen Abstecher in die Presse-Abteilung, um sich noch schnell umzuhören – übrigens ist er ja ein „Kollege“, denn auch heute noch erscheint seine wöchentliche Kolumne in fünfundzwanzig Zeitungen ... Im Zimmer angekommen, ruft er seinen jungen Mitarbeiter Hans-Friedrich Solemacher in München an, um zu erfahren, was sich in seinem Wahlbezirk tut und ob der Terminplan für die Herbstversammlungen schon fertig ist ... Sein erster Besucher ist heute der Sohn des in Spandau inhaftierten Rudolf Hess. Otto von Habsburg ist Mitglied jenes Komitees, das die Freilassung des alten und kranken Hess fordert, jenes Mannes, auf dessen eigenhändigen Befehl hin die Gestapo in den vierziger Jahren nach ihm fahndete. Otto hält die weitere Kerkerhaft für unmenschlich und erzählt dem Sohn, daß er die Angelegenheit kürzlich auch mit dem holländischen Außenminister besprochen, außerdem eine Interpellation angemeldet und eine öffentliche Frage an den tournusmäßigen Minister des Rates gestellt habe. Ottos Standpunkt: „Der Fall Rudolf Hess ist zweifelsohne längst kein politischer, sondern ausschließlich ein Fall menschlichen Mitleids und der Barmherzigkeit . . .“ So beginnt der Tag und setzt sich fort, wie der gestrige, von 8 Uhr früh bis 8 Uhr abends. Anschließend wieder ein Pflichtprogramm, ein erfreuliches, denn der Bürgermeister von Straßburg bewirtet das Parlament in einem echt Elsässer Gartenrestaurant mit erstklassigem Braten und persönlich ausgesuchten Weinen. Der Abend endet auch fröhlich, denn der eine Tischnachbar Ottos ist Martin Bangemann, Vorstand der Liberalen Fraktion, der andere Heinrich Aigner aus Bayern; Bangemann erzählt laufend herrliche Witze und Aigner kontert dazu. Die beiden Politiker – gute Freunde – ziehen sich gegenseitig auf, jedoch so geistreich, daß es ein reines Vergnügen ist.

Der Reporter, der zwei Tage Gast in der wunderschönen Stadt des „Münsters“ war, kann sich glücklich schätzen, daß er in so kurzer Zeit verhältnismäßig viel Material sammeln konnte. Es gelang ihm, verschiedene Abgeordnetenkollegen Otto von Habsburgs aus allen Fraktionen zu sprechen, die bereit waren, sich darüber zu äußern, wie sie Otto von Habsburg kennengelernt hatten und wie sie ihn als Kollegen beurteilen. Wer keine Zeit hatte, sofort ein Interview zu geben, oder wer seine Aussage noch etwas überdenken wollte, der versprach dem Reporter, schriftlich zu antworten, wenigstens in einigen Sätzen.

Und hier sind nun die Ergebnisse dieser Blitzinterviews:

Vor allem teilen uns zwei Persönlichkeiten ihre Meinung mit, die selbst keine Abgeordneten sind, jedoch „Europäer“ reinsten Wassers und große Sachverständige des Europäischen Parlamentes. Beide „beobachten“ die Delegierten und somit auch Otto von Habsburg. Der eine ist der Generalsekretär der Internationalen Paneuropa-Union, Vittorio Pons, der von seinem Wohnsitz in der Schweiz zu jeder Plenarsitzung ins Straßburger Parlament kommt. Der andere ist Dr. Adolf Kohler, ein Beamter. Im Parlament ist er verantwortlich für die deutschsprachige

Presse und kennt daher das Leben im Palais de l'Europe in jeder Beziehung in- und auswendig und ebenso auch die Charaktereigenschaften der dort tätigen Abgeordneten.

Vittorio Pons hat folgendes über Otto von Habsburg zu sagen:

„Ich hatte die Ehre, Otto von Habsburg Anfang der sechziger Jahre kennenzulernen. Seit 1965 arbeiten wir eng zusammen. Damals hatte mich nämlich Graf Coudenhove-Kalergi zum Generalsekretär der Paneuropa-Union ernannt, der ältesten Bewegung, die für die politische Einigung Europas eintritt. Otto von Habsburg war zu dieser Zeit deren Vizepräsident.

Die Jahre des gemeinsamen Kampfes zeigten ihn mir als einen sehr fähigen, zielstrebigen und seinen Prinzipien treuen Mann. Ich habe ihn nie seine eigene Person in den Vordergrund stellen sehen, er wußte aber immer die anderen zu inspirieren. Mit besonderer Aufmerksamkeit verfolgt er die Probleme der internationalen Politik und ist bestrebt, einen europäischen Patriotismus ins Leben zu rufen, der die nationalen Patriotismen ergänzt und sie gewissermaßen krönt. Wo immer er sich befindet – also auch im Europäischen Parlament –, fühlt er seine Verpflichtung als Träger einer europäischen Mission, die über jede Kirchturmspolitik hinausgeht und entschieden jeden Klassen- und Rassenkampf ausschließt.

Einer Familie angehörend, die im Laufe der Jahrhunderte eine anhaltende Nachwirkung bei mehreren Völkern Europas hinterlassen hat, hat Otto von Habsburg durch seine Anwesenheit im Europa-Parlament dieses mit einer historischen Tradition bereichert, die die Hoffnung so vieler Menschen guten Willens auf Einigkeit noch vertieft.

Ein Bewunderer Cavours – jenes Staatsmannes, der Italien zur Einheit führte –, ein Freund Churchills, de Gaulles, Adenauers und Schumans, Souverän des Ordens vom Goldenen Vlies, der 1429 in Brügge von Philipp dem Guten, Herzog von Burgund, zur Verteidigung der christlichen Werte und der europäischen Zivilisation gegründet worden war, Mitglied des „Institut de France", Schüler von Coudenhove-Kalergi, ist Otto von Habsburg, durch den Namen, den er trägt, und das Blut, das in seinen Adern fließt, eine lebende Synthese des vereinten Europa.

Otto von Habsburg ist demokratisch, liberal und hinsichtlich der christlichen Werte konservativ. Seine antitotalitäre Haltung führte zu einer Verurteilung in Abwesenheit durch das Leipziger Reichsgericht, gleich nachdem die Truppen Hitlers 1938 Österreich besetzt hatten. Sein politisches Engagement faßt Otto von Habsburg als eine Mission auf, zu deren Erfüllung er alle seine Begabungen fruchtbringend einzusetzen sucht.

Er versteht das historische Erbe seiner Vorfahren mit seinen persönlichen Fähigkeiten in Übereinstimmung zu bringen.

Ich kann Otto von Habsburg nicht als Parteimann sehen. Er trachtet nicht nach einer ‚Karriere'. Er will Europa dienen, gemeinsam mit allen positiven Kräften, die sich für die Einigkeit einsetzen. Otto von Habsburg will entschieden gegen jeden Nationalismus ankämpfen, gegen jede Art von Chauvinismus und gegen jede Anschauung, die die Menschenwürde einengt oder verletzt.

Einer Familie angehörend, die aus dem Aargau in der Schweiz stammt, fühlt meiner Meinung nach Otto von Habsburg unbewußt den ganzen aktuellen Wert des Geistes der Helvetischen Konföderation in sich und er möchte auch diesen Geist auf ganz Europa ausgeweitet sehen. Man muß daran erinnern, daß die Schweizer sich auf deutsch nicht eine ‚Konföderation' nennen, sondern eine ‚Eidgenossenschaft', ein Wort, das man mit ‚Treueeid derer, die vereint leben wollen' umschreiben könnte. Diesen Geist in Westeuropa zum Leben zu erwecken und jene Völker Mitteleuropas nicht zu vergessen, die heute der Herrschaft der UdSSR unterworfen sind, das ist die Mission und die Berufung Otto von Habsburgs. Seine ständige Aufgabe, sei es im Europa-Parlament oder sonstwo, ist es, die gemeinsamen Interessen der europäischen Völker zu betonen und seinen Mitbürgern in Europa immer stärker ins Bewußtsein zu rufen, daß sie derselben Gemeinschaft der Hoffnung und Schicksalsgemeinschaft angehören."

Die Meinung Adolf Kohlers über den Europa-Abgeordneten Otto von Habsburg:

„Einer alten Familie aus dem Breisgau entstammend, sind mir Sympathien für das Haus Habsburg von früher Jugend an vermittelt worden, so daß ich mit Interesse alles las, was mir über Otto von Habsburg zu Gesicht kam. 1972 anläßlich eines Vortrages in Luxemburg konnte ich ihn persönlich kennenlernen.

Dr. von Habsburg ist ein glaubwürdiger Zeuge und Kämpfer für ein in sich geschlossenes, wertkonservatives christliches Weltbild und eine daraus abgeleitete kohärente politische Europakonzeption.

Für seinen politischen Einsatz hat Dr. von Habsburg im Europäischen Parlament eine europäische, institutionalisierte Tribüne gefunden. Kandidatur und Wahl dürften bedeuten, daß er jede Restaurationsabsicht derzeit für utopisch hält und die traditionellen politisch-moralischen Verpflichtungen des Hauses Habsburg in zeitgemäßer Form zu verkörpern versucht. Dem Chef des Hauses Habsburg steht jeder politische Gesprächspartner im Parlament, sei er positiv oder negativ eingestellt, voll zur Verfügung, allerdings die meisten emotional nicht unbefangen.

Otto von Habsburg sollte als wertkonservativ, auf keinen Fall jedoch als materialistisch-besitzstandskonservativ charakterisiert werden. Die Respektierung demokratischer Spielregeln und liberaler Toleranz, soweit sie sich nicht als gesellschaftszerstörend erweisen, ist für Dr. von Habsburg moralische Verpflichtung. Er ist in bezug auf die nüchterne Analyse der politischen Gegebenheiten und durch eine große Ausstrahlungskraft auf einfache Menschen ein politisches Naturtalent, dem jeder Zug zum egozentrischen, alles riskierenden Machiavellismus abgeht.

Otto von Habsburg ist eine Symbolfigur für das ganze nichtrussische Europa, vor allem jedoch für die derzeit von den Sowjets beherrschten mittel- und osteuropäischen Völker. Er verdankt seiner Abstammung ein ungebrochenes, durch harte Bewährungsproben geläutertes Selbstbewußtsein sowie eine einmalige historisch-politische Sensibilität in europäischer Dimension, beides ergänzt durch intellektuelle Disziplin, Zähigkeit und Fleiß.

Er ist absolut kollegial und hilfsbereit. Im Europäischen Parlament hat er für einige Anliegen großes Durchsetzungsvermögen bewiesen."

Nach den beiden „Beobachtern", also Nicht-Parlamentariern, nun einige Abgeordnetenkollegen selbst, in der demokratischsten Reihenfolge angeführt – nämlich alphabetisch. Wie sehen sie Otto von Habsburg, wie beurteilen sie seine Persönlichkeit? Diese Fragen werden von Mitgliedern seiner eigenen Fraktion sowie anderer Fraktionen wie der Sozialistischen, der Liberalen, der Konservativen und der Gaullistischen beantwortet.

Heinrich Aigner, Abgeordneter für die Oberpfalz, Präsident des Haushalts-Kontrollausschusses:

„Wer Otto von Habsburg kennt, der weiß, daß er aus tiefem christlichen Glauben denkt und handelt. Darüber hinaus ist er, meiner Meinung nach, einer der großen Kenner der Weltpolitik. Es gibt fast keine einzige Region dieser Erde, die er nicht aus eigener Anschauung beschreiben und mit persönlichen Erlebnissen verbinden kann. Daraus ist es zu erklären, daß seine politischen Analysen hieb- und stichfest sind und er ein absolut treffsicherer Realpolitiker ist. Andererseits macht es ihn so liebenswert, daß er auch ein mit dieser Welt fest verbundener realpolitischer Feuilletonist ist. Allein aus diesen Gründen ist seine Arbeit im Europa-Parlament von unschätzbarem Wert. Er ist ein führender Akteur in unserer Fraktion, hat sehr starke Bindungen zu anderen parlamentarischen Gruppen, sowohl zu konservativen als auch zu liberalen. Er selber ist der Vorsitzende einer großen parlamentarischen Gruppe, die Mitglieder aus vier politischen Fraktionen umfaßt: der Parlamentarische Beirat der Paneuropa-Union.

Ich halte es für gut und nützlich, daß er für das Parlament kandidierte und mit großer Mehrheit zum Volksvertreter gewählt wurde. Ich glaube, daß er einen absoluten Gewinn für das Parlament bedeutet. Daß er als Habsburger, als Sohn des letzten österreichischen Kaisers und ungarischen Königs, kandidierte, ist eine besondere Delikatesse. Er gibt damit eigentlich ein Zeugnis für die parlamentarische Demokratie ab. Das ist nicht selbstverständlich, wenn ich an andere Fürsten- und Königshäuser denke, er ist Realist, er ist kein Träumer, der an der Vergangenheit festhält.

Die Donau-Monarchie war einmal ein Vielvölkerstaat, Europa ist es ebenfalls. Heute kann uns helfen, wenn wir in den Geschichtsbüchern nachlesen und wir aus den geschichtlichen Tatsachen lernen. Das Wissen und die Erfahrung dieser Dinge sind in der Mitarbeit Otto von Habsburgs beim Aufbau Europas berücksichtigt. Wer aus der Geschichte nichts lernt, ist dazu verurteilt, die Fehler zu wiederholen. Das ist, soviel ich weiß, ein englisches Sprichwort.

Otto von Habsburg ist demokratisch, liberal, konservativ. Das ist sehr schwer einzuordnen. Man kann ihn nicht in eine Schablone pressen. Er ist liberal und toleriert die Meinungen anderer fast in einer beängstigenden Weise. Auf der anderen Seite ist er jedoch sehr hart in der Verteidigung seiner eigenen Grundsätze und ist vor allem von einer unwahrscheinlichen Opferbereitschaft, wenn es gilt, die Ideen, die uns hinsichtlich Europa alle beseelen, auch zu realiseren. Ich weiß, daß manche, vor allem jene, die seine Arbeit, seinen Einfluß nicht schätzen, ihn gerne in die rechte Ecke drängen wollen, manche sprechen von ihm sogar als Faschisten. Eine der treibenden Mächte dieser Kampagne ist Willy Brandt. Doch wenn Otto von Habsburg ein Faschist ist, dann ist Willy Brandt ein orthodoxer, bigotter Christ. Ich glaube, damit ist genau gesagt, was ich von solchen Vorwürfen halte. Und man darf nicht vergessen, daß sein ganzes Leben ein Opfergang gegen den Faschismus war. Er hat damals

Tausenden von Juden das Leben gerettet, er hat sich mit unwahrscheinlichem Engagement gegen Hitler gewandt, gegen alle totalitären faschistischen und kommunistischen Regime. Sein ganzes Leben ist ein Zeugnis für die Freiheit, für die freie Gesellschaftsordnung. Und das macht ihn bei der Gegenseite nicht sehr beliebt.

Otto von Habsburg hat in den zwei Jahren, seit er hier arbeitet, eine Fülle von Impulsen gebracht und Anregungen gegeben, die immer in Richtung politische Union zielen. Sein Wille und seine ganze Energie sind darauf gerichtet, dieses entstehende wirtschaftliche Europa im Bewußtsein der Völker allmählich zu einer Schicksalsgemeinschaft zu machen und damit zur politischen Union hinzuführen. Seine Anträge sind zum Teil durchgegangen, zum Teil werden sie in den Ausschüssen bearbeitet. Ich glaube, er ist einer der führenden Leute im Politischen Ausschuß.

Otto von Habsburg ist äußerst kollegial und unwahrscheinlich bescheiden. Ich habe ihn in meiner fast 25jährigen parlamentarischen Tätigkeit als einen der bescheidensten Kollegen kennengelernt, und das ist immerhin eine Aussage von einem Parlamentarier, die auch nicht selbstverständlich ist."

Martin Bangemann, Fraktionsvorsitzender der Liberalen Fraktion im Europa-Parlament:

„In der Europa-Politik teile ich die Ansichten Otto von Habsburg vollständig, im übrigen gibt es einige signifikante Unterschiede, die aber beiden Ehre machen, ihm als Konservativen, mir als Liberalen.

Ich schätze vor allem sein europäisches Engagement und arbeite deshalb gerne mit ihm im Europäischen Parlament zusammen."

Paolo Barbi, Fraktionsvorsitzender der Europäischen Volkspartei (christliche Demokraten) im Europa-Parlament:

„Ich kenne Erzherzog Otto seit ungefähr zehn Jahren, also noch aus der Zeit vor den Europa-Wahlen von 1979. Meine Ansicht über ihn ist sehr positiv. Er ist ein außergewöhnlich intelligenter und fleißiger Parlamentarier. Ich halte es für sehr gut und nützlich, daß er sich für das Europa-Parlament aufstellen ließ und er auch gewählt wurde. Diese Wahl war ein überaus wichtiges Ereignis, das die neueste historische Epoche, in der wir jetzt leben, charakterisiert. Die Rolle, die Otto von Habsburg dabei spielt, zeigt, wie sich die bedeutende Dynastie den demokratischen Anforderungen und der neuen geschichtlichen Realität anpaßt. Den politischen Charakter Otto von Habsburgs kann man ruhig demokratisch nennen. Er ist, das ist meine feste Überzeugung, ein großes politisches Talent. Sowohl durch seine Herkunft als auch durch seine persönlichen Fähigkeiten ist er dazu prädestiniert, in der Politik und im Parlament eine Rolle zu spielen. Im persönlichen Umgang ist er sehr kollegial und, wie soll ich es nur ausdrücken, äußerst zuvorkommend, also höflich und hilfsbereit. Er ist freundschaftlich, liebenswürdig, wohlwollend, fleißig und hat Initiative.

Für mich ist es sehr schwer, zu entscheiden, ob Otto von Habsburg Österreicher, Deutscher oder Staatsbürger des Donauraumes ist, ich sehe ihn vor allem als Europäer.

Schon im ersten Augenblick unserer Begegnung hat seine Persönlichkeit großen Eindruck auf mich gemacht. Seine Bescheidenheit und Liebenswürdigkeit und vor allem seine eindeutig demokratische Haltung waren sehr gewinnend.

Obgleich Otto von Habsburg in keinem Land Staatspräsident oder Ministerpräsident war, also kein politisches Amt bekleidete und keine Machtstellung hatte, ist er hier im Europa-Parlament doch eine der Persönlichkeiten mit den besten Qualifikationen. Nicht sosehr auf Grund seiner dynastischen Herkunft und familiären Verbindung, sondern infolge seiner Bildung und Kultur sowie seiner Intelligenz und Erfahrung; und auch der Art und Weise, in der er im Europäischen Parlament agiert.“

Luc Beyer de Ryke, liberaler Abgeordneter, Mitglied des Politischen Ausschusses, bedeutendster Kommentator des belgischen Fernsehens:

„Seit vielen Jahren habe ich von Otto von Habsburg sprechen gehört und wurde ihm auch anläßlich eines Vortrags vorgestellt, doch wirklich kennengelernt habe ich ihn erst seit meiner Tätigkeit im Europäischen Parlament.

Er ist ein Mann von ausnehmender Höflichkeit und großer Rücksichtnahme gegenüber anderen.

Seine Aufgaben im Parlament nimmt er mit bemerkenswerter Gewissenhaftigkeit wahr. Es stimmt einen manchmal nachdenklich, daß der Erbe der Habsburger sich mit solcher Genauigkeit dem täglichen Dienst widmet, den die parlamentarische Funktion abverlangt. Wenn er sich auch diesem Dienst unterwirft, gibt er deshalb noch lange nicht, und besonders nicht privat, eine große Unabhängigkeit des Urteils auf, ja eine lächelnde und doch vernichtende Entschlossenheit jenem gegenüber, das nicht seine Zustimmung findet.

Ich meinerseits sehe nur Vorteile darin, daß Monseigneur Otto von Habsburg im Europäischen Parlament einen Sitz hat. Der Umstand, daß er der europäischsten Dynastie angehört, die es gibt, sollte ihn dafür prädestinieren. Die Zeiten ändern sich. Gestern Könige und Kaiser, heute durch eine allgemeine Wahl bestellt, nehmen die Habsburger auch weiterhin an der Geschichte Europas teil. Warum darauf verzichten wollen, was Jahrhunderte an Tradition, Erfahrung und Macht beisteuern können?

In meinen Augen bleibt Otto von Habsburg auf der Linie des katholischen Traditionalismus. Manche loben ihn dafür, andere würden sich mehr ‚Öffnung' und einen ‚konziliantеren' Geist wünschen. Ohne Zweifel hat Erzherzog Otto im allgemeinen eine konservative Weltanschauung. Der Begriff an sich hat nichts Herabsetzendes. Was man noch anführen könnte, ist, daß die Natur der Macht, deren Nachkomme er ist, ihn zwangsläufig für diese Art des Denkens und Handelns empfänglich machen mußte.

Monseigneur Otto von Habsburg ist kollegial, sowohl im Kreise des Europäischen Parlamentes als auch der Paneuropa-Union, deren internationaler Präsident er ist. Es kommt vor, daß er überstimmt wird und das akzeptiert er bereitwillig. Der Kontakt mit anderen ist ungezwungen, weil er ihn dazu macht, wer auch immer sein Gesprächspartner ist.

Er ist entschlossen, nützlich zu sein, und in der Erfüllung seiner Aufgaben zeigt er sich sehr aktiv, ja sogar eifrig, bis zur minutiösen Genauigkeit. Otto von Habsburg ist sofort bereit, die Initiative zu ergreifen, besonders wenn sie in seinen Augen eine Art Symbol darstellt, das jene Werte betont, denen er sich verbunden fühlt.

Ich sehe ihn als Repräsentanten einer Dynastie, deren Geschick sich so oft mit dem Europas vermengte. Er selber deutschsprachiger Abstammung und davon gekennzeichnet, überwindet dies infolge seiner Kenntnis vieler Sprachen und Kulturen, insbesondere Frankreichs und Englands und vor allem des Lateins, das ihn für unser gemeinsames, auf dem Klassizismus aufbauendes Erbe so empfänglich macht.

Es ist immer schwer, die eine oder andere Erinnerung hervorzuheben. Wir haben gemeinsam in Ulster das Maze-Gefängnis besucht und die Hungerstreikenden befragt. Dabei ist mir das außerordentliche Zartgefühl aufgefallen, mit dem sich der Erzherzog an jene Männer wandte, von denen ihn alles trennte und deren politischen Kampf und Methoden er verurteilte. Wir haben uns oft unterhalten. Er hat mir sehr viele Anekdoten erzählt, die sich um Persönlichkeiten drehten, die er kannte. So über Churchill, der vor seinem Sohn schlecht von König Leopold sprach. Als sich der junge Mann überrascht zeigte und sich über diesen Mangel an Loyalität entrüstete, unterbrach ihn Churchill: ‚Einst gab es zwei Heerführer, beide tapfer und berühmt. Einer konnte weder lesen noch schreiben, der andere war Schriftsteller. Deshalb kennt die Nachwelt über ihre Feldzüge die Wahrheit Caesars und nicht jene des Vercingetorix . . .' Otto von Habsburg wendet seinen Humor, seine Ironie und seinen Sinn für Relativität an, wenn er von jenen spricht, die das Schicksal der Menschen gestalten oder vernichten.

Die Patina von Jahrhunderten hat, im Laufe der Geschichte einer Dynastie, jenes intuitive ‚Wissen' in ihm gespeichert, das die Ernte sehr alter Erbschaften ist."

Joachim Dalsass, Landwirt, Vertreter der Südtiroler Volkspartei im Europa-Parlament, Obmann der Europäischen Volkspartei im Landwirtschaftsausschuß:

„Meine Meinung über Otto von Habsburg: er ist ein prächtiger Mann, sehr wendig und aufgeschlossen, ein Mann mit Welterfahrung, das sieht man, wenn er zu bestimmten politischen Problemen, auch zu Problemen, die nicht Europa betreffen, Stellung nimmt. Wenn er merkt, daß in der Welt die Demokratie in Gefahr ist oder Gefahr läuft, sich etwa in eine bestimmte Richtung zu entwickeln, ich meine dabei die Entwicklung nach links, zum Kommunismus, so ist er sofort da und mit Sachkenntnis stellt er die Dinge richtig. Es war wirklich eine gute Sache, daß Otto von Habsburg in das Europäische Parlament gewählt worden ist. Ich möchte sagen, daß es seitens der Deutschen, in diesem Falle insbesonders seitens der Bayern, ein glücklicher Zug war, ihn als Kandidaten aufzustellen. Hinzufügen möchte ich noch, daß es auch für uns Südtiroler eine gute Sache ist, daß gerade Otto von Habsburg Abgeordneter im Europäischen Parlament wurde. Die Südtiroler sind immer treue Anhänger des Kaiserhauses gewesen, sie schätzen die Habsburger auch heute noch sehr hoch und sie wissen die Verdienste dieser Dynastie zu würdigen. Als einer der Nachkommen dieser Dynastie, die einem Mehrvölkerstaat vorstand, hat Otto von Habsburg auch größeres Verständnis für die Probleme einer Minderheit, einer Volksgruppe, die außerhalb der Grenzen jenes Staates, zu dem sie gehören würde, leben muß.

Wenn ich die Persönlichkeit Otto von Habsburgs charakterisieren soll, so bin ich der Meinung, daß er sehr demokratisch ist. Er ist eine sehr offene Persönlichkeit. Er hat eine gediegene Vorbildung und viele Sachkenntnisse mitbekommen und hat ein Talent zum Politiker. Ja, man kann in aller Offenheit sagen, daß die Mitarbeit Otto von Habsburgs ein großer Gewinn für das Parlament ist und daß er als großer Europäer dort wirklich wertvolle Arbeit leistet. Wenn man Otto von Habsburg als Mensch betrachtet, so findet man ihn immer sehr kollegial, sehr aufgeschlossen, sehr entgegenkommend und freundlich, und ich muß sagen, er ist einer der fleißigsten innerhalb des Parlaments und auch innerhalb unserer Fraktion, der Europäischen Volkspartei. Er versteht es, den richtigen Augenblick zu wählen und auch Initiativen zu ergreifen und voranzutreiben. Ich möchte sagen, es gelingt ihm immer relativ gut voranzutragen, weil er keine großen Schwierigkeiten hat mit Leuten zu reden, die eine andere Sprache sprechen. Die Kommunikation fällt ihm sehr leicht, da er ja mehrere Sprachen spricht. Seine Parteilosigkeit stellt meiner Meinung nach keinen Nachteil dar.

Ich habe Otto von Habsburg in Südtirol, wo er oft und gerne Versammlungen abhält, einige Male erlebt. Er scheut sich auch nicht, in die kleinen Orte hinaufzugehen, um mit der Bevölkerung direkte Kontakte anzuknüpfen. Bei solchen Versammlungen fällt einem auch auf, wie ruhig das Publikum ist, mit welcher Aufmerksamkeit man seinen Ausführungen folgt und daß nach der Versammlung sofort zahlreiche Leute kommen, um sich von ihm Autogramme geben zu lassen. Und wenn man so die Älteren betrachtet, so sieht man, mit welcher Ehrfurcht sie zu ihm aufschauen. Also bei Südtirolern hat Otto von Habsburg einen sehr guten Namen und die Bevölkerung freut sich jedes Mal, wenn er wieder nach Südtirol kommt.“

The Baroness Diana Elles, Britische Konservative und Vizepräsidentin des Europa-Parlamentes:

„Vielen Dank, Dr. Csonka, daß Sie mir Gelegenheit geben, an dieser Diskussion über Otto von Habsburg, der ein sehr guter Freund von uns ist, und zwar sowohl persönlich als auch in der Zusammenarbeit innerhalb der Europäischen Demokratischen Gruppe des Europa-Parlaments, teilzunehmen. Er hat großes Format in seiner eigenständigen Meinungsbildung und arbeitet voller Hingabe nicht nur in der europäischen Sache, sondern auch für Standpunkte, für die keine politische Propaganda betrieben wird. Er ist ein Mann, der individuell denkt, und ich glaube, das ist es, was wir so besonders an ihm bewundern. Obwohl er natürlich einer sehr großen parlamentarischen Gruppe, der Europäischen Volkspartei, angehört, besitzt er die Würde, Autorität und geistige Unabhängigkeit, nicht immer den Richtlinien seiner Gruppe zu folgen, wenn er der Auffassung ist, daß diese falsch sind oder den Interessen Europas zuwiderlaufen.

Es war sicherlich überaus nützlich, daß sich Otto von Habsburg als Kandidat in einer demokratischen Wahl aufstellen ließ. Es kommt nicht oft vor, nein, offensichtlich sogar höchst selten, daß eine Persönlichkeit mit dem geschichtlichen Hintergrund und einer solchen langen Reihe von hervorragenden Ahnen, sich einem vollkommen demokratischen Forum in einer völlig demokratischen Weise stellt und sich einer Akzeptierung oder Ablehnung durch eine große Zahl von Europäern aussetzt. Nicht nur, daß dies, wie ich bereits erwähnte, eine Seltenheit darstellt, es ist auch bewunderungswürdig.

Nach der politischen Persönlichkeit Otto von Habsburgs befragt, kann ich nur antworten, daß er meiner Meinung nach nicht mit den üblichen Maßstäben gemessen werden kann. Ich weiß, daß die Bezeichnung ‚konservativ', wenn ich sie aus dem Englischen in irgendeine der anderen europäischen Sprachen übersetze, bedeuten könnte, daß jemand altmodische Vorurteile hat oder keine Absicht, Änderungen durchzuführen. Jedenfalls ist es von uns aus gesehen eine Ehrung, die Bezeichnung ‚konservativ' auf Otto von Habsburg anzuwenden, denn in Großbritannien nennt man Konservative jene Leute, die nur das Beste von unserer historischen Tradition, unserer Verfassung und unseren Einrichtungen erhalten wollen, die jedoch im Hinblick auf wirtschaftliche, soziale und politische Aspekte progressiv sind. Wenn ich daher gefragt werde, ob man Otto von Habsburg als ‚konservativ' bezeichnen kann, würde ich mit ja antworten, doch nur in der britischen Auslegung und nicht in der auf dem Kontinent üblichen, also weder in der deutschen noch französischen oder italienischen Deutung dieses Begriffes. Was nun das Wort ‚demokratisch' betrifft, muß festgestellt werden, daß es sowohl in Osteuropa als auch in Westeuropa so verschiedene Auslegungen hat, daß es müßig ist, darüber zu diskutieren.

Als Politiker ist er ein echtes Talent. Speziell in der europäischen Politik muß man Prinzipien, Meinungen und Ziele verfolgen, doch man muß auch dazu bereit sein, mit den Vertretern der diversen Parteien und aller Schattierungen gut auszukommen, um respektiert zu werden. Besonders in einem Parlament kann man nicht mit den Repräsentanten der sehr verschiedenen Ansichten von 270 Millionen Staatsbürgern gemeinsam wirken und dabei eine monolithische Linie verfolgen. Man kann für seine eigenen Prinzipien und Anschauungen bekannt sein, doch gleichzeitig muß man in der Lage sein, mit anderen, die diese vielleicht nicht teilen, zusammenzuarbeiten. Ich denke, daß er durch seine Fähigkeiten, seinen Charakter und wenn ich erwähnen darf, auch durch seinen Charme und seine Höflichkeit gegenüber allen, einschließlich seiner Gegner, sehr gute Arbeit als Demokrat und Vertreter der Völker von Europa leistet.

Ich möchte noch sagen, daß er vielleicht mehr als fast jeder andere in diesem Parlament eher ein europäischer Repräsentant ist als der Repräsentant eines Landes oder einer bestimmte Personengruppe irgendeines Teiles Europas. Er ist ein ausgezeichneter Linguist, spricht sehr gut englisch und französisch und viele andere Sprachen. Die Tatsache, daß er sich so mühelos und geschickt mit Leuten aller politischen Parteien und in allen Sprachen unterhalten kann, ist selbstverständlich überaus nützlich für die Tätigkeit im Parlament und besonders auch im Politischen Ausschuß, in dem wir beide gemeinsam arbeiten. Wenn ich vom Standpunkt der Mitglieder der konservativen Fraktion aus sprechen darf, so finden wir in ihm stets einen außerordentlichen netten Kollegen. Wenn er sagt, daß er uns in einer speziellen Angelegenheit unterstützen wird, so wird er es auch tun. Wenn er jedoch sagt, er könne uns nicht unterstützen, dann wird er genau die Gründe darlegen, warum er es nicht kann, und wir akzeptieren seinen Standpunkt. Er ist bei den Sitzungen immer anwesend, was man von manchen, von denen man eigentlich annehmen sollte, sie wären in bezug auf ihre Teilnahme eifriger, nicht behaupten kann. Er nimmt seine Aufgaben sehr ernst und arbeitet zielbewußt und entschlossen.

Wie ich schon früher erwähnte, ist er ein großer Europäer. Würde die Frage nach seiner Nationalität gestellt werden, fiele es schwer, ihn einer zuzuordnen. Ich glaube, daß man über Otto von Habsburg nicht in Nationalitätenbegriffen sprechen kann, sondern als von einem überzeugten Europäer, der es gerne sehen möchte, daß ganz Europa in einem System der Freiheit und Demokratie zusammenarbeitet, für das Wohlergehen und die Sicherheit aller europäischen Staatsbürger innerhalb der internationalen Verflechtungen und der internationalen Sphäre."

Adam Fergusson, Journalist, Obmann der Konservativen im Politischen Ausschuß:

„Wann ich Otto Habsburg zum ersten Mal traf? Ich war viele Jahre als

Journalist tätig und ich glaube, ich lernte ihn 1958 oder 1959 kennen, als er in London war, um die englische Ausgabe eines seiner Bücher zu lancieren.

Er war ein Herr von ausnehmender Höflichkeit und widmete den Gefühlen und Wünschen seiner Umgebung stets vollste Aufmerksamkeit. Ich habe das bereits damals bemerkt, und jetzt, da ich ihn nach mehr als zwei Jahrzehnten wieder getroffen habe und ihn nun oft sehe, stelle ich erneut die gleichen, ihn als Gentleman auszeichnenden Attribute fest.

Allgemein gesprochen sind wir, obwohl unser privates Schicksal verschieden war, der gleichen politischen Gesinnung. Um noch einen persönlichen Aspekt hinzuzufügen: ganz offensichtlich ist Otto Habsburg einer der besten Freunde Großbritanniens in Europa – und gewiß in diesem Parlament. Indem er sich als ein so guter Freund erweist, wird er automatisch zu einem ausgezeichneten Anwalt seines eigenen Landes. Denn wenn sich jemand mit uns einig zeigt, reagieren wir selbstverständlich ebenfalls immer in wohlwollender Weise. Das ist eben ein menschlicher Zug! In diesem Sinne ist er ein sehr großer, wie drücke ich es nur am besten aus, Diplomat, Anwalt und Botschafter für Deutschland. Ich weiß, daß sein Verhalten für ihn ganz natürlich ist, doch er muß sich bewußt sein, wie vorteilhaft sich dies auswirkt.

Welche Vorteile bringt es nun für Otto Habsburgs Tätigkeit im Parlament, daß er ein Nachfahre der Habsburg-Dynastie und der Sohn des letzten Kaisers ist? Nun, Vorteil oder Nachteil – wer kann das schon mit Bestimmtheit sagen? Aber von einem symbolischen Standpunkt aus gesehen stelle ich fest, daß wir in diesem ersten, gewählten Parlament – und diese Leute wurden ja tatsächlich gewählt – einige Träger bedeutender europäischer Namen haben. Es gibt Habsburg, Bismarck und den Namen Wellington, insoferne, als der Sohn des Herzogs von Wellington unter uns ist. Diese drei Namen sind einige der bedeutendsten in der europäischen Geschichte der letzten 200, 300, 500 Jahre. Als Historiker empfinde ich es als einen wunderbaren, einen sehr berührenden Faktor, daß Träger der Namen von Familien, die heftig für ihre eigenen Länder gekämpft und über riesige Gebiete geherrscht hatten, sich nun in einem Parlament zusammenfinden, das Europa vertritt, und sich hier in Freundschaft treffen. Es ist leicht, rührselig zu sein, es ist leicht, darüber sogar ein bißchen abstrakt zu werden, aber für mich ist es eine wunderbare Sache, daß diese großen europäischen Namen hier vertreten sind. Wenn man einen Blick zurück in die Geschichte wirft, dann kann man es wohl als eine bemerkenswerte und erstaunliche Tatsache betrachten, daß sie sich durchsetzten und nun hier im Europa-Parlament arbeiten. Ich für meinen Teil kann mich darüber nur freuen.

Wie kann nun die politische Persönlichkeit Otto Habsburgs charakterisiert werden? Konservativ, liberal, demokratisch? Ich glaube, wenn man über Otto Habsburg diskutiert und versucht, ihn irgendwo einzureihen, so ist das ein Fehler. Denn es ist leicht zu sagen, daß er dem rechten Flügel anzugehören scheint oder daß er für etwas einstehen müßte, das Vergangenheit ist. In der Tat ist er wahrscheinlich einer der bemerkenswertesten Philantropen, jemand, der mit Überzeugung an die menschliche Natur glaubt, wie man es nur ganz selten findet. Politik oder politische Parteien – darum geht es nicht. Er sieht das Schlechte und das muß nicht unbedingt auf der linken Seite sein. Er sieht Anmaßung und Destabilisierung und findet es anstößig. Auf der anderen Seite hält er Frieden und menschlichen Zusammenhalt für ganz große Werte. Die Frage ist nicht ob links oder rechts, hier handelt es sich um umfassendere Begriffe. Und das ist der Weg, den er meiner Meinung nach geht. Seine eigene Paneuropa-Union ist dafür ein Symbol. Er sieht Menschlichkeit als untrennbares Ganzes. Er teilt die Leute nicht in Nationen auf. Das rührt vielleicht von seiner eigenen Geschichte her, da er einer Familie entstammt, die seinerzeit über viele verschiedene Rassen und Nationen herrschte. Er hat keine Zeit für kleinliche Nationalitätenfragen und seine eigene Vorstellung ist es, Europa als Gesamtheit zu sehen. Ja vielleicht sogar die Welt als Gesamtheit. Er rechnet nicht in ‚Rassen' und ‚Nationen'.

Ich möchte erwähnen, daß ich ein Buch über die Jahre 1918, 1919 und 1920 geschrieben habe, das sich ausführlich mit den Vorgängen innerhalb der – wie wir sie nennen – ‚Central Powers', also Österreich, Ungarn und Deutschland beschäftigt. Es ist eigentlich eine Novelle, ich bin dabei aber sehr auf die Geschichte der Monarchie eingegangen, besonders auch auf die damaligen Ereignisse in der Familie selbst. Als allgemeines Thema beschäftigte mich der Zerfall eines Großreiches. Jedenfalls interessierte ich mich sehr für diese Periode und las auch eine ganze Anzahl Bücher darüber. Dadurch wurde mir deutlich bewußt, daß Otto Habsburgs Vater, nach seiner Thronbesteigung, wahrscheinlich mehr getan hat, um den ersten Weltkrieg zu beenden, als sonst irgend jemand. Er wurde allerdings von den Alliierten dafür sehr schlecht belohnt. Nie wurden seine Bemühungen wirklich anerkannt. Als er im Exil auf Madeira starb, war dies gewiß ein sehr tragisches Geschick für einen Mann, der wohl am meisten unter all den Leuten, die damals unsere Feinde waren, und bereits zu einem sehr frühen Zeitpunkt mit großer Tapferkeit danach strebte, Frieden zu schließen. Nun sehe ich Otto Habsburg in den Fußstapfen seines Vaters, obwohl er diesen kaum gekannt hat, nur als Kind. Er war, glaube ich, bei dessen Tod zehn Jahre alt. Was Otto Habsburg hier leistet, tut er genau in der gleichen Tradition wie sein Vater in den wenigen Jahren, in denen er Kaiser von Österreich und König von Ungarn war.

Wie Otto Habsburg als Kollege im Parlament ist? Lassen Sie es mich gleich vorwegnehmen: der Gedanke, daß er lesen könnte, was ich sage, erfüllt mich mit Verlegenheit. Er ist nämlich ein so sympathischer, bescheidener und netter Mensch, daß ihn alles, was ich sagen kann, wahrscheinlich sehr verlegen machen wird. Er ist ein sehr guter Freund und ein besonderer Freund meiner Gruppe. Die meisten von uns, nehme ich an, sind Föderalisten, und wir würden auch gerne eine föderalistische Entwicklung in Europa sehen; vielleicht möchte Otto Habsburg schneller vorwärtsgehen als wir! Doch wir respektieren alles, was er in dieser Hinsicht empfindet.

Sein Wirken im Europäischen Parlament? Die Antwort ist, daß er sehr hart arbeitet, wenn eine Angelegenheit zur Debatte steht, die ihn interessiert, und es gibt wenig Dinge, die ihn *nicht* interessieren. Er arbeitet beharrlich, um sicherzugehen, daß auch andere seinen Standpunkt verstehen. Andererseits können wir, wenn etwas von Wichtigkeit bei uns vorliegt, stets zu ihm kommen und ihn um seine Meinung fragen. Es ist immer von Vorteil, ihn zu konsultieren, denn seine Beurteilung ist oft die beste. Er hat nicht immer recht, wer hat das schon, doch sein Finger liegt genau auf dem Puls gewisser Gebiete des Parlaments, über die er dann mindestens so gut Bescheid weiß wie irgendein anderer.

Otto Habsburg ist ein Mann, der Europa aufbauen möchte, für die Sicherheit des Westens, für die Sicherheit der Freien Welt. Er weiß, daß dies der einzige Weg ist, um Europa, das sich durch Jahrhunderte und Aberjahrhunderte befehdet hat, schließlich doch zu einem endgültigen Frieden zu führen. Er denkt in derselben Art wie die Väter des Europagedankens, aber er setzt in die Tat um, was diese in ihrer Vorstellung sahen. Wie immer die Absichten Schumans und Monnets waren, und wir betrachten gerne auch Churchill als einen der ersten, Otto Habsburg geht meiner Meinung nach den gleichen Weg, so gut er ihn nur gehen kann.

Mir gefällt die Frage: ,Welche Nationalität hat er in Ihren Augen, ist er Deutscher oder Österreicher? Ein Mann vom Donaubecken? Franzose?

Europäer?' und ich antworte selbstverständlich ohne Zögern: ,Er ist Europäer'. Ich bin davon überzeugt, daß ein Mann, der – wie ich glaube – 12 oder 15 Sprachen versteht und 8, 9 oder 10 fließend spricht, einschließlich, das weiß ich nicht aus eigener Erfahrung, doch es wurde mir gesagt, Latein, kaum als etwas anderes denn als Europäer bezeichnet werden kann.

Was könnte ich noch hinzufügen? Er ist ein wunderbarer Mensch und obwohl sein 70. Geburtstag bevorsteht, schaut er überhaupt nicht wie 70 aus. Er arbeitet unablässig, und es ist wirklich das größte Vergnügen, ihn zu kennen. Natürlich ist Otto Habsburg ein erbitterter Gegner der Sowjetherrschaft und anderer kommunistischer Regime. Da er selbstverständlich mit all den Emigranten des früheren Reiches Kontakt hält, kann er für die Völker aus dem Osten sprechen. Es gibt hier viele Leute im Parlament, die sich sehr für ein ausgedehnteres Europa interessieren. Otto Habsburg selbst würde es gerne sehen, wenn die Europäische Gemeinschaft sich zu etwas viel Größerem entwickelt. Er wünscht, daß jedes europäische Land ein Teil der Europäischen Gemeinschaft wird, und möchte die Grenzen Europas so weit wie möglich stecken. Er würde gerne Polen, Ungarn, die CSSR und Rumänien eingeschlossen wissen, alle Länder Mitteleuropas.

Ich stelle, in meiner Eigenschaft als Historiker, nochmals fest, daß viele dieser Länder zur früheren Österreichisch-Ungarischen Monarchie gehörten. Er ist keineswegs ein Revanchist, aber er hat sicherlich eine umfassendere Idee von dem, was das „größere Europa" darstellen sollte als sonst jemand hier. Otto Habsburg spricht die Sprachen, er kennt ihre Geschichte, er weiß, wie die Menschen empfinden. Wenn er eine Rede hält, werden seine Ansichten von anderen Parlamentariern, die sich sehr bewußt sind, daß die Bevölkerung Osteuropas in unserem Parlament die Stimme Europas vernimmt, unterstützt. Das Europa-Parlament ist die einzige pannationale, übernationale Versammlung, die direkt gewählt wurde, und viele Leute auch in Mittel- und Osteuropa sind der Ansicht, daß wir auch für Osteuropa sprechen können. Niemand sieht dies klarer als Otto Habsburg, und immer wieder, wenn Angelegenheiten auftauchen, die jene Gebiete betreffen, wird er darauf hinweisen, wie diese Völker denken und fühlen, und er ist dafür der gegebene Mann. Es ist meine persönliche Meinung, daß das Europäische Parlament für die Leute im Osten in vieler Hinsicht wichtiger oder genauso wichtig ist wie für den Westen, auf keinen Fall jedoch weniger wichtig. Hier werden wir manchmal geringgeschätzt, dort sehen sie uns als eine Basis der Hoffnung für die Zukunft an. Und – das möchte ich nochmals betonen – Otto Habsburg ist einer jener Menschen, die den Ofen für die Bevölkerung im Osten nicht ausgehen lassen.

Ich möchte noch hinzufügen, daß es hier viele gibt, die die Absicht haben, das Europäische Parlament auch dazu zu benutzen, die Breschnew-Doktrin zurückzuweisen. Das ist jenes permanente ‚Racket', mit dem jedesmal, wenn die kommunistischen Mächte einen Erfolg erzielt haben, der Ostblock diesen irreversibel zu machen trachtet, indem die Sowjetunion sich das Recht herausnimmt, in die inneren Angelegenheiten jedes „sozialistischen" Staates einzugreifen, wenn ein kommunistisches Regime Gefahr läuft, gestürzt zu werden. Unsere Anteilnahme an den Ländern und Völkern Mitteleuropas ist sehr groß, denn schließlich und endlich haben wir mit diesen sehr lange zusammengelebt. Wir verurteilen die sogenannte ‚Breschnew-Doktrin' wo immer sie angewendet wird, aber besonders dann, wenn es den Anschein hat, daß sie in Europa gelten soll.

Lassen Sie mich noch ergänzend festhalten, daß Otto Habsburg über enormen politischen Mut verfügt. Dies trifft auf die Art und Weise, wie er Abgeordneter wurde, und auch auf seine Arbeit in diesem Parlament zu. Er sagt furchtlos, was er zu sagen hat, und ist ein engagierter Verfechter der Freiheit in Europa. Er ist auch ein sehr gebildeter Mann, schon – wie gesagt – auf Grund seiner sprachlichen Fähigkeiten und seiner ausgezeichneten Erziehung. Sein Wissen um die Völker, die Geschichte und die Politik sowie sein persönlicher Bekanntenkreis haben einen großen Radius. Daher bringt er ungeheure Erfahrung und profunde Kenntnis der menschlichen Natur für die Arbeit im Parlament mit.

Als charakteristisch für Otto Habsburg kann zum Beispiel seine kürzliche Rede in der Debatte über Nordirland bezeichnet werden. Ich bin der Meinung, daß dies wieder eine sehr tapfere, offene Ansprache war, die genau zeigte, wo er im Hinblick auf Frieden, Freiheit, Terrorismus und Menschenrechte steht. Jeder hier in diesem Parlament spricht von den Menschenrechten, aber er ist der Mann, der ganz genau über die Voraussetzungen Bescheid weiß, unter denen echte Freiheit existieren kann."

Alfons Goppel, Ministerpräsident a. D., Sprecher der deutschen Abgeordneten in der Europäischen Volkspartei:

„Ich kenne Otto von Habsburg seit vielen Jahren über die Sudetendeutschen Tage. Er ist ein Habsburger und gleichzeitig ein Bürger wie jeder andere.

Es ist eine gute, nützliche Sache, daß Otto von Habsburg als Abgeordneter-Kandidat auftrat, daß er gewählt wurde und in das Europa-Parlament kam. Nach anfänglichen ‚Hemmungen' von dritter Seite konnte von Habsburg alle Widerstände überwinden. Es ist sein Vorteil, mit so vielen persönlichen und sachlichen Erfahrungen ausgestattet zu sein. Er ist gewissenhaft in Anwesenheit und Arbeit, unermüdlich, einfallsreich und unerschrocken.

Wie würde ich die politische Persönlichkeit Otto von Habsburgs charakterisieren? Konservativ? Liberal? Demokratisch? Totalitär? Reaktionär? Nun, meine Antwort: Er paßt in kein Schema, weil er ‚universell' ist. Außerdem: Er ist ein natürliches, ein geborenes politisches Talent. Im politischen Leben verdankt er den Anfang seiner Herkunft, alles weitere seiner Arbeit, sich selbst.

Als Abgeordneter ist er hilfsbereit, kollegial, ein Mann von Initiative und Fleiß. Viele fragen, ob ein quasi außerparteilicher Abgeordneter, wie Otto von Habsburg, eine Chance in einem Parlament habe, wo Parteien und Parteidisziplin dominieren? Nun beim Europäischen Parlament: Ja!

Als was betrachtet man Otto von Habsburg bezüglich seiner Nationalität? Ist er ein Deutscher oder Österreicher? Meine Antwort: Er ist Europäer – deutscher Provenienz.

Irgendein persönliches Erlebnis, eine persönliche Geschichte über Otto von Habsburg? Ich kann nur über seine Beliebtheit und die Wertschätzung seiner Person ein kurzes Erlebnis berichten: Vor dem Beginn einer Gesamtkundgebung an einem Sudetendeutschen Tag stockte ein nicht unbedeutender Teilnehmer mitten im Gespräch und entfernte sich von mir mit dem Zuruf an seine Frau: ‚Der Kaiser kimmt'. Ich sah ihn respektvoll-kameradschaftlich Otto von Habsburg begrüßen.

Dieser Kaiser ist nun einer der bekanntesten und effizientesten Parlamentarier: Herr von Habsburg."

Janssen van Raay, Niederländischer Abgeordneter, Obmann der Europäischen Volkspartei im Rechtsausschuß:

„Ich halte es für sehr nützlich, daß Otto von Habsburg Mitglied des Europäischen Parlamentes geworden ist. Die Tatsache, daß er ein Abkömmling der Habsburg-Dynastie und Sohn des letzten Kaisers von Österreich und Königs von Ungarn ist, ist für mich als Holländer unwichtig. Ich halte ihn nicht wegen seiner Abstammung, sondern wegen seiner persönlichen Fähigkeiten für einen der intelligentesten Menschen, die ich überhaupt kenne, sehr genial, sehr fleißig. Es sind in der Tat seine Qualitäten, die mich dazu geführt haben, ihn zu schätzen, und er ist der beste Kollege, den ich habe. Er ist meines Erachtens demokratisch und konservativ sowie liberal. Bei uns Holländern bedeutet konservativ, daß er an die alten Tugenden glaubt und nicht unbedingt alles ändern möchte, aber konservative Leute können sehr tolerant sein, und er ist es gewiß. Er ist weder totalitär noch reaktionär und schon gar nicht faschistisch: er hat Hitler immer bekämpft. Er ist sicher imstande, Initiativen zu ergreifen, wie er es zum Beispiel im Falle Marokko getan hat, ich habe daran mitgearbeitet.

Bezüglich seiner Nationalität, ist es für mich ohne Bedeutung, ob er Deutscher ist oder Österreicher; ich betrachte Otto von Habsburg als Europäer."

Egon Alfred Klepsch, Vizepräsident des Europa-Parlamentes, Vizepräsident der Europäischen Volkspartei:

„Natürlich ist mir der Name Otto von Habsburg schon sehr lange bekannt. Aber als Mensch und als Politiker lernte ich ihn erst im Europäischen Parlament, nach der Direktwahl, in der Fraktion der Europäischen Volkspartei näher kennen. Nach meiner Meinung befragt, darf ich sagen, daß er ein außerordentlich kreativer, kooperativer und kollegialer Abgeordneter ist. Er ist ein Abgeordneter, bei dem man sich darauf verlassen kann, daß er immer zur Stelle ist, auch bei den Abstimmungen seine Pflicht tut, selbst wenn es manchmal ermüdend lange dauert, und daß er sich mit den Sachverhalten jeweils ausgezeichnet vertraut gemacht hat. Ich würde also sagen: er ist nicht nur ein kreativer, nicht nur ein kluger, intelligenter Mann, sondern auch ein sehr gründlicher Arbeiter. Meiner Ansicht nach war es eine gute Sache, daß Otto von Habsburg kandidierte, zumal er eine Fülle von Verbindungen und Erfahrungen mitbringt und von seiner Tätigkeit als Präsident der Paneuropa-Union her ja einen besonderen Bezug zu der europäischen Aufgabenstellung hat.

Ich glaube, daß seine Abstammung von der Habsburg-Dynastie für ihn durchaus von Vorteil ist, weil sich aus dieser Position eine ganze Reihe von Verbindungen und Kontakten ergibt, die nicht nur sein Einfühlungsvermögen in die verschiedenen Probleme erweitert, sondern auch als Informationsquelle im reichen Umfang zur Verfügung steht. Wenn ich seine Persönlichkeit charakterisieren soll, würde ich ihn für einen konservativen Demokraten halten, im besten Sinne des Wortes, und ich würde sagen, daß er durchaus ein natürliches politisches Talent ist.

Alles was er erreicht hat, davon bin ich überzeugt, verdankt er in erster Linie seinen eigenen persönlichen Fähigkeiten. Als Abgeordneter ist er kollegial, entgegenkommend, stets zur Verfügung, fleißig, ein Mann von Initiative. Er ist auch fähig, bei seinen Parlaments-Kollegen und anderen Gruppen Impulse zu setzen, die akzeptiert werden. Dabei entwickelt er ein außerordentliches taktisches Gespür und Einfühlungsvermögen und diese Eigenschaften ermöglichen es ihm, jeweils die richtigen Stellen zu finden, vor denen er dann seine Anliegen vertritt und durchsetzt. Bei diesem Parlament haben wir es nicht mit einem normalen Parlament zu tun, das Regierung und Opposition kennt. Deshalb ist für einen Abgeordneten, der sich einer Fraktion anschließt, die aus zahlreichen Parteien besteht, auch wenn sie alle der Grundtendenz nach verwandt sind, der Spielraum hier sehr viel größer als in einem nationalen Parlament. Ich glaube, das hat auch ihm viel Bewegungsraum gegeben.

Er ist ein bewußter Europäer und hat die richtige Sicht für die Aufgaben, denen er sich stellt.“

Erwin Lange, deutscher, sozialistischer Abgeordneter, Präsident des Haushalts-Ausschusses:

„Ich kenne Otto von Habsburg, seitdem das direkt gewählte Europäische Parlament zum ersten Mal zusammentrat, das heißt also seit Juli 1979. Vorher war mir Otto von Habsburg nur als letzter Sproß der Habsburger-Dynastie bekannt, mit politischen Auffassungen, die durchaus den meinen nicht entsprachen oder besser gesagt sogar zuwiderliefen. Wenn man die Frage stellt, wie er sich im Europäischen Parlament bewegt, dann ist eigentlich nur zu sagen, daß das, was er hier als Abgeordneter tut, durchaus neben allem anderen bestehen kann, das ist überhaupt keine Frage. Ob es gut oder nützlich war, daß Otto von Habsburg ins Europäische Parlament gewählt worden ist, lasse ich offen, weil er ja auch schon unter anderen Voraussetzungen, von seinem Standpunkt aus, europäische Ideen vertreten hat. Das entspricht ja eigentlich auch der Entwicklung der Habsburg-Dynastie.

Hier im Parlament – wie gesagt – bewegt er sich wie jeder andere auch, und ich kann nicht ohne weiteres sehen, daß er durch seine Herkunft Vorteile oder Nachteile hat. Ich habe den Eindruck, daß er sich hier einfügt, und muß ergänzen, daß ich mit ihm durchaus zurechtkomme.
Es gibt keine Schwierigkeiten in unseren persönlichen Beziehungen und nun, da er zudem stellvertretendes Mitglied des Haushalts-Ausschusses

geworden ist, dem ich vorsitze, gibt es auch auf dieser Ebene überhaupt kein Problem.

Als Nachfahre der Habsburg-Dynastie oder als Sohn des letzten Kaisers von Österreich und Königs von Ungarn, so tritt Otto Habsburg hier nicht auf. Sie merken, ich benutze hier die österreichische Namensform, weil ich ihn von vornherein zuerst einmal als einen aus der früheren Doppelmonarchie Österreich-Ungarn kommenden Europäer ansehe, der die deutsche Staatsbürgerschaft erhalten hat. Das hat sehr viel Kritik ausgelöst. Man hätte die Einbürgerung vielleicht auf eine bessere Art und Weise machen können, dann wären vermutlich nicht so viele – na sagen wir mal – zum Teil feindselige Äußerungen in der deutschen Öffentlichkeit gegenüber dem Habsburger gefallen.

Wenn gefragt wird, wie ist er einzugliedern? Da möchte ich erwähnen, daß er manchmal in der zurückliegenden Zeit Bemerkungen machte, die über eine konservative Haltung hinausgingen, ja fast schon reaktionär waren. Nun muß ich allerdings sagen, so wie er sich hier im Parlament verhält, könnte ich ihn als einen Konservativen charakterisieren, der sich an die demokratischen Spielregeln hält. Ich betone: es gibt da keine Schwierigkeiten. Ich halte ihn für kollegial, auch entgegenkommend und hilfsbereit. Er erfüllt seine Aufgabe, so daß ich ihn weder nach der einen noch der anderen Seite hin charakterisieren könnte. Er hat seine Ideen, die er dann von Zeit zu Zeit auch an den Mann zu bringen versucht, manchmal mit Erfolg, manchmal ohne.

Ich möchte noch einmal wiederholen, wenn jemand in das Europäische Parlament oder sonst ein Parlament gewählt worden ist, dann muß man ihn als Mitglied anerkennen und akzeptieren. Man kann sich dann bei politischen Meinungsverschiedenheiten mit ihm auseinandersetzen; doch das ist das ganz normale Verfahren, das man einander gegenüber anzuwenden hat.“

Jiři Pelikan, Abgeordneter für Italien, gewählt auf der Liste der Sozialistischen Partei Italiens, früher führende Persönlichkeit in der Tschechoslowakei:

„Natürlich habe ich schon viel früher von Dr. Otto von Habsburg gehört, aber persönlich habe ich ihn erst im Europäischen Parlament kennengelernt. Im Wahlkampf von 1979 wurde er von den italienischen Sozialisten zu meinem symbolischen Konkurrenten erklärt; sie sagten: ‚Während die Christdemokraten Leute der Vergangenheit wie Otto von Habsburg oder von Bismarck als ihre Kandidaten nominieren, haben wir

Jiři Pelikan als den Vertreter des Prager Frühlings gewählt'. Ich habe bei dieser Gelegenheit meinen italienischen, sozialistischen Freunden immer gesagt, daß, wenn in Italien der Name Habsburg einen negativen Unterton hat, dies nicht auch in meiner früheren Heimat der Fall sein muß. Dort wird besonders jetzt – unter der sowjetischen Okkupation – die Habsburg-Monarchie nicht allein nur negativ gesehen; die Meinungsfreiheit, die Möglichkeiten der Gewerkschaften und der politischen Parteien waren damals, in der Österreichisch-Ungarischen Monarchie – paradoxerweise – viel größer als heute. Das bedeutet aber nicht, daß die Bürger der Tschechoslowakei zur Habsburg-Monarchie und dem k. u. k. Österreich-Ungarn zurückkehren wollen. Man kann die Geschichte nie zurückdrehen. Damit wollte ich auch meine Meinung ausdrücken, daß die Tatsache, daß Otto von Habsburg ein Abkömmling der Habsburg-Dynastie ist, eher als Nachteil für seine parlamentarische Arbeit zu sehen ist: sie könnte nämlich zu der Annahme führen, daß er die Probleme vom Standpunkt der Vergangenheit lösen möchte.

Als ich jedoch Dr. Otto von Habsburg persönlich im Europa-Parlament kennenlernte, konnte ich konstatieren, daß all dies eine sehr vereinfachte Vorstellung war. Er verfolgt nämlich mit größter Aufmerksamkeit alle aktuellen Entwicklungen in der Welt, bereist verschiedene Länder, um sich dort persönlich zu informieren, und seine Vorschläge und Reden sind ausschließlich den aktuellen Problemen gewidmet. Er ist allerdings bei der Beurteilung der Probleme konservativ und macht daraus kein Hehl. Deshalb befinden wir uns häufig auf verschiedenen Seiten, aber in den Fragen der Menschenrechte in Mittel- und Osteuropa unterschreiben und verteidigen wir oft dieselben Resolutionen.

Pierre Pflimlin, Ministerpräsident a. D., Bürgermeister von Straßburg, Vizepräsident des Europäischen Parlamentes:

„Ich hatte im Laufe der letzten Jahre einige Male Gelegenheit, Otto von Habsburg zu begegnen. In besonderer Erinnerung ist mir ein Vortrag geblieben, den er in Straßburg vor einem zahlreichen Publikum hielt und der große Sachkenntnis und überzeugtes Engagement für die europäische Idee offenbarte.

Nun habe ich seit zwei Jahren den Vorzug, Otto von Habsburg als Kollegen in allen Sitzungen des Europäischen Parlamentes zu treffen. Mit Freude erfuhr ich im Jahre 1979, daß er sich dazu entschlossen hatte, seine Kandidatur aufzustellen. Ich war sofort davon überzeugt, daß seine große Erfahrung, sein Weitblick, seine Kenntnisse der internationalen

Probleme für das neue Parlament außerordentlich wertvoll sein würden.

Seine kaiserliche Abstammung konnte ihm gewiß ein außergewöhnliches Ansehen sichern. Aber seine einfache, schlichte Art im Auftreten und in den Beziehungen zu den Kollegen ließen diese Aura fast vergessen. Die Hochschätzung, die er genießt, beruht nicht auf seinem Namen und seiner historischen Vergangenheit, sondern auf seinem persönlichen Wert.

Wie könnte ich die politische Persönlichkeit Otto von Habsburgs charakterisieren? Mir scheint, er ist konservativ im besten Sinne des Wortes – ein Konservatismus, der keineswegs den Sinn für sozialen Fortschritt vermissen läßt. Es ist ein unerschütterliches Festhalten an den Grundwerten der Ethik unserer christlichen Tradition.

Für die Verteidigung seiner Ideen verfügt er über ein politisches Talent, das sicher angeboren, aber – so scheint es mir jedenfalls – durch langjährige Arbeit verfeinert worden ist. Auch den Andersdenkenden flößt sein Verhalten und seine aufrichtige Stellungnahme Respekt ein. Zu seinen Fraktionskollegen – ich gehöre wie er der christlich-demokratischen Fraktion an – ist sein Verhalten immer kollegial und entgegenkommend. Er ist einer der eifrigsten Mitglieder der Fraktion. In allen wichtigen Debatten hört man seine Stimme. Oft schlägt er Resolutionen oder Stellungnahmen vor, die vielleicht nicht immer einstimmig gebilligt werden, aber immer beachtenswert sind und für die Ergründung des Sachverhalts und der Umstände einen wertvollen Beitrag liefern. In manchen Fällen übt er durch seine Vorschläge und Initiativen einen entscheidenden Einfluß aus.

Ich glaube nicht, daß Otto von Habsburg besser ein Außenseiter geblieben wäre. Sein Beitreten zu einer politischen Fraktion, die seiner Weltanschauung in weitem Maße entspricht, hat ihm die besten Einflußmöglichkeiten gegeben.

In diesem Parlament ist nicht die Nationalität der entscheidende Faktor. Sicherlich werden die nationalen Interessen nicht vernachlässigt. Sie bestimmen nicht selten die Stellungnahmen der einen und der anderen. Aber nationale Delegationen im eigentlichen Sinne gibt es nicht. Der Zusammenschluß erfolgt auf einer übernationalen Basis, auf Grund der weltanschaulichen oder allgemeinen politischen Einstellung. Im Falle einer Persönlichkeit wie Otto von Habsburg genügt diese einfache Aussage: er ist ein Europäer."

Ursula Schleicher, Harfenistin, Abgeordnete von Unterfranken, Obmann im Ausschuß für Gesundheits-, Verbraucher- und Umweltschutz:

„Er ist eine starke Persönlichkeit mit originellen Einfällen, humorvoll und manchmal etwas scharf witzig, jedoch nicht unzutreffend im Urteil. Er ist keineswegs ein durchschnittlicher Abgeordneter, im Gegenteil, er hat eine sehr eigenwillige Note in seiner Arbeit, die überhaupt nicht dem oft so allgemeinen Schema von Abgeordneten entspricht. Im Europa-Wahlkampf sprachen wir öfters bei den gleichen Veranstaltungen. Ich kann nur feststellen, daß er seine Zuhörerschaft begeistert und mitreißt. Er tritt überzeugend für Europa ein. Insofern ist es konsequent, daß er nicht nur dem Parlament angehört, sondern dort auch aktiv mitwirkt.

Seine Reden im Parlament finden selbstverständlich größte Aufmerksamkeit. Er ist durch und durch Europäer, er hat weltweite Verbindungen und ihm wird auf Grund seiner Person sehr viel Vertrauen entgegengebracht. Nachteile sehe ich nur durch die Brille seiner Gegner, was ich politisch als vorteilhaft bewerte.

Er vertritt ein klares Menschenbild, das seine politische Arbeit prägt. Er ist sehr tolerant im Anhören anderer, streng mit sich selbst und selbstverständlich demokratisch. Es ist ihm sicher nicht leichtgefallen. aus der journalistischen Tätigkeit kommend, jetzt persönlich politisch tätig zu sein. Er hat selbst gesagt, daß er im Laufe der Zeit sehr viel dazugelernt hat, was eben erst im politischen Alltag ersichtlich wird. Ich halte ihn für einen guten Politiker.

Er weiß, was Tradition bedeutet, beherrscht viele Sprachen fließend, pflegt besten Kontakt mit seinen vielen Verwandten und mit Freunden, die er im Laufe seines Lebens gewonnen hat. Er ist auch nach wie vor journalistisch tätig, was für unser Parlament sehr wichtig ist. Er hat gelernt, sich ohne Glanz und Krone zurechtzufinden.

Ich halte ihn für einen der wenigen tatsächlichen Europäer. Er hat sich ja fast in jedem Land dieses Kontinents längere Zeit aufgehalten und kennt daher aus eigener Erfahrung die großen Unterschiede in der Mentalität und der Lebensart der verschiedenen Völker.“

Leo Tindemans, Ministerpräsident a. D., derzeit Außenminister Belgiens, Präsident der Europäischen Volkspartei:

„Ich habe Otto von Habsburg 1968 oder 1969 kennengelernt. Es war bei einem Abendessen zu dritt beim damaligen Ministerpräsidenten Belgiens, Gustav Eyskens, in Löwen. Zu der Zeit nannten wir ihn immer Monseigneur. Seither bin ich Otto von Habsburg auf internationalen Zusammenkünften oder hier im Europäischen Parlament oft begegnet.

Er ist ein sehr liebenswürdiger, immer hilfsbereiter Mann. Otto von Habsburg verfügt über große Sprachkenntnisse; er kann sowohl auf Deutsch als auch auf Französisch und Englisch jedem Journalisten mitteilen, was ihm besonders am Herzen liegt und was er als Politiker gerne verbreitet sehen möchte. Er ist tüchtig und zuverlässig im Europa-Parlament. Er kennt die Angelegenheiten, für die er sich interessiert, vor allem im internationalen Bereich, genau und hat auch Interesse an den Fragen der Institutionen. Wenn er seinen Kollegen helfen kann, tut er es immer.

Es war gut, daß er als Kandidat auftrat. Dazu hat doch jeder Bürger Europas das Recht, wenn er an Europa glaubt, wenn er der Meinung ist, daß die europäischen Länder zusammenarbeiten müssen, damit wir noch eine Zukunft haben. Otto von Habsburg mit seinen Kenntnissen der Geschichte, der Vergangenheit seiner Familie, ist ebenfalls berechtigt, auch Abgeordneter zu sein und mitzukämpfen, damit diese Generation möglichst noch das Vereinigte Europa erleben kann. Er ist – das wird oft erwähnt – ein Abkömmling der Habsburger-Dynastie, der Sohn des letzten Kaisers von Österreich und Königs von Ungarn. Ich glaube, daß er sehr gut verstanden hat, daß wir nicht mehr im 19. oder 18. Jahrhundert leben. Wir sind jetzt im 20. Jahrhundert und wir müssen das 21. schon vorbereiten. Er hat viel Kultur, hat einiges durchgemacht, hat gelitten, und ich glaube, er hat das demokratische Recht, jetzt für Europa politisch tätig zu sein. Er kennt Europa; ich kann mir gut vorstellen, daß er in seiner Familie viele Dokumente und Erinnerungsstücke gefunden hat, so daß er vielleicht besser als viele andere weiß, was Europa bedeutet. Und nicht nur Westeuropa, sondern Mittel- und Osteuropa; denn wenn wir heute auch nur im Westen etwas tun können, um Europa zusammenzuführen, so kann Otto von Habsburg doch etwas dazu beitragen, woran wir vielleicht hier an der Nordseeküste nicht immer denken.

Seine Persönlichkeit in der Politik möchte ich als demokratisch-konservativ bezeichnen. Er ist eine natürliche, ungekünstelte politische Persönlichkeit. Ich stelle immer wieder fest, daß er sehr freundlich und sehr menschlich zu den Kollegen ist. Seiner Abstammung verdankt er ohne Zweifel ein geistiges Erbe und das Verständnis für mitteleuropäische Probleme: Österreich, Ungarn und was damit zusammenhängt. Die Vergangenheit kennt er gut und er hat vielleicht auch mehr Kenntnis von dem, was im Osten geschieht, als im allgemeinen wir im Westen. Aber er hat ohne Zweifel seine persönlichen Fähigkeiten, seine Intelligenz, eine Natur, die immer daran interessiert ist, was in der Weltpolitik geschieht.

Als Mensch ist er entgegenkommend und hilfsbereit, hat Initiative und gibt seinen Kollegen Impulse.

Das besonders Schöne am Mandat Otto von Habsburgs ist, finde ich persönlich, daß sein Name diesem Parlament eine gewisse Kontinuität gibt. Wenn es hier einen Habsburg gibt, dann bedeutet das schon etwas meines Erachtens, selbst wenn nicht jeder das gerne hat. Aber man darf in der Welt kein Opfer seines Namens sein. In der Vergangenheit war man vielleicht oft zu stolz, weil man einer großen Familie angehörte. Jetzt hören wir oft, daß gewisse politische Persönlichkeiten stolz darauf sind und sich rühmen, daß ihre Eltern ganz unbekannte, einfache Leute waren. Beide Haltungen sind falsch. Man bedeutet das, was man selber ist, was man selber tut in der Welt, was man vollbringt. Jeder kennt die Familie von Habsburg, aber er bedeutet selbst etwas, er ist ein guter Abgeordneter, er tut seine Pflicht in diesem Parlament, er kämpft hier als Delegierter, und das finde ich gut.

Daß Otto von Habsburg keine politische Reife haben soll, wie gewisse Leute während des Wahlkampfes behaupteten, habe ich nie bemerkt. Wenn er hier in diesem Parlament eine These verteidigt, dann stelle ich immer fest, daß er nicht nur gut dokumentiert ist, sondern auch sehr gut argumentieren und seine Stellung verteidigen kann. Er hat übrigens, und das ist merkwürdig, eine sehr jugendliche Persönlichkeit. Wenn man den Mann anschaut, der jetzt 69 ist, und sieht wie er geht, wie er in diesem Haus herumläuft, wie er auftritt, dann glaubt man, er sei so ungefähr 46 oder 47 Jahre alt. Otto von Habsburg ist ungemein jugendlich und frisch und es interessiert ihn alles, was in der Welt passiert. Er ist nicht nur daran interessiert, sondern er kennt oft die Gegebenheiten durch und durch und hat eine starke persönliche Meinung. Nicht jeder wird darüber glücklich sein, aber er hat seine eigene Überzeugung und verteidigt sie mit Mut. Und das ist, glaube ich, charakteristisch für die Persönlichkeit Otto von Habsburgs."

Louise Weiss, Schriftstellerin, französische Gaullistin, Mitglied des Kulturausschusses, Alterspräsidentin des Europa-Parlamentes:

„Lieber Herr Csonka, . . . Lassen Sie mich Ihnen sagen, daß die eminent europäische Persönlichkeit des Erzherzogs von unserem ganzen Parlament bewundert wird und daß ihm Frankreich für die Intensität, mit der er die derzeit so gefährdete französische Sprache verteidigt, besonders dankbar ist. Mit Seiner Hoheit verbinden mich persönliche Freundschaft und außerordentliche Wertschätzung. Es wird wenig Menschen geben, die ihm an Niveau der Ansichten und der Hingabe gleichkommen, mit der er sich den großen menschlichen Problemen widmet."

So beurteilen die Parlamentskollegen Dr. Otto von Habsburg. Der Autor dieses Buches ist jedoch schließlich auch neugierig auf die Meinung anderer, in seinen Augen sicher sehr kompetenter Beobachter. Deshalb fragt er, last but not least, auch die Saaldiener des Parlamentes. Es ist gerade Pause und mehrere von ihnen unterhalten sich bei einem der Eingänge des Sitzungssaales. Auf die Frage, was für ein Mensch Otto von Habsburg sei, erklärt einer prompt, und die anderen stimmen ihm zu: „Otto von Habsburg? Wenn er uns um etwas ersucht, ist er sehr höflich. Wenn er gar nichts möchte, ist er noch höflicher".

Der Autor

Emilio Vasari (Dr. Emil Csonka) wurde 1923 in Szombathely (Steinamanger) geboren. In den Jahren 1941 bis 1944 studierte er Literaturgeschichte, Geschichte und Soziologie an der Universität Budapest. In Bologna setzte er sein Studium fort und promovierte „summa cum laude".

Seit 1951 werden seine außenpolitischen Vorträge über amerikanische und westdeutsche Rundfunkstationen ausgestrahlt. Seine Artikel erscheinen in bedeutenden deutschsprachigen Blättern, wie „Christ und Welt", „Rheinischer Merkur", „Die Furche", „Salzburger Nachrichten". Er ist Spezialist für die Geschichte der Habsburger nach dem Zusammenbruch der Monarchie. Die Informationen hiefür sammelt er aus zahlreichen geschichtlichen Werken sowie vielen Interviews aus erster Hand mit Dr. Otto von Habsburg und Kaiserin Zita. Seine bisher erschienenen Werke sind „Ein Königsdrama im Schatten Hitlers" (vergriffen), das die Bestrebungen Horthys auf den ungarischen Thron zum Thema hat, „Dr. Otto Habsburg oder Die Leidenschaft für Politik", „Zita – Kaiserin und Königin" (vergriffen), „Der verbannte Kardinal" und „Die ungarische Revolution 1956".